KB116417

사냥꾼,
목동,
비평가

사냥꾼, 목동, 비평가

디지털 거대 기업에 맞서
인간적 삶을 지키는 법

리하르트 다비트 프레히트 지음 박종대 옮김

일러두기
• 원주는 미주로, 옮긴이주는 각주로 표시하였습니다.

이 책은 실로 꿰매어 제본하는 정통적인 사철 방식으로 만들어졌습니다.
사철 방식으로 제본된 책은 오랫동안 보관해도 손상되지 않습니다.

차례

들어가는 글:
첫 만남

〈미래 경제는 조금 다르게 돌아갈 겁니다. 다들 알다시피 24세기에는 돈이라는 게 없습니다. 부의 획득은 더 이상 인간의 삶을 이끄는 동력이 아닙니다. 우리는 우리 자신을 개선하기 위해, 더 나아가 나머지 인류를 개선하기 위해 일을 합니다.〉[1]

우주 전함 USS 엔터프라이즈호의 함장 장뤼크 피카르가 2373년의 미래에서 인류에 닥칠 일, 즉 돈과 임금 노동이 없는 사회를 예언한 지 벌써 20년이 훌쩍 지났다. 1996년에만 해도 인류의 일상이었던 것, 그러니까 물질적 대가를 얻으려고 자신과 사회를 위해 일하던 것이 24세기에는 생각할 수도 없는 일이 되었다.

「스타 트렉 8: 퍼스트 콘택트」에서 미래의 가면을 쓰고 묘사된 것들은 단순히 사이언스 픽션의 판타지에 머물지 않는다. 이는 16세기와 17세기에 자본주의가 서서히 동틀 무렵부터 인류를 사로잡아 온 아득한 꿈이었다. 영국 신사 토머스 모어를 비롯해 칼라브리아 출신의 도미니크회 수도사 톰마소 캄파넬라, 기술에 열광한 대법관 프랜시스 베이컨의 유토피아 사회에도 돈이니 금전적 보수니 하는 이야기는 나오지 않는다. 19세기

초반의 사회주의자들 역시 일은 기계가 하고, 인간은 노래만 하는 사회를 꿈꾸었다. 모두 똑똑한 자동화 시스템 덕분이다. 오스카 와일드도 〈애당초 빈곤이 불가능한 토대를 갖춘 사회의 실험과 건설〉²을 20세기의 과제로 제시했다. 〈자동화〉를 통한 임금 노동의 종식을 꿈꾼 것이다. 이유는 분명하다. 자유로운 시간만이 인간을 인간답게 만들고, 일하지 않는 사람만이 삶의 가장 중요한 목표, 즉 저마다의 개인주의를 실현할 수 있기 때문이다.

카를 마르크스와 프리드리히 엥겔스가 구상한 이상 사회는 훨씬 더 유명하다. 1845년 브뤼셀 망명 시절 두 사람은 공통된 이상과 인간적인 호감, 그리고 포도주에 흠뻑 취한 상태에서 처음으로 〈공산주의〉가 무엇인지 정의를 내렸다. 즉 각자가 **오늘은 이 일을 하고 내일은 저 일을 하는 것이 가능한 사회, 다시 말해 직업적으로 사냥꾼이나 어부, 목동, 비평가가 되지 않고도 그때그때 마음 내키는 대로 아침에는 사냥을 하고, 낮에는 고기를 잡고, 저녁에는 가축을 몰고, 저녁 식사 후에는 비평을 하는 것**³이 가능한 사회가 공산주의라는 것이다. 두 젊은이가 꿈꾼 〈계급 없는 사회〉에서는 〈전인(全人)〉이 만들어지고, 사회적 노동은 〈자유로운 활동〉이 된다.

개인주의, 자의식의 장려, 다감한 배려, 진정한 책임으로서의 공산주의라니? 마르크스와 엥겔스가 꿈꾼 유토피아는 스탈린식 국가 자본주의와 얼마나 다른가! 스탈린식 국가 자본주의는 오랫동안 〈공산주의〉라는 말을 볼모로 삼았고, 〈전인〉의 꿈을 전체주의적 체제로 대체해 버렸다. 진정으로 자유로운 사회의 외형에 대한 상상은 참으로 다채롭고, 또한 시대의 제약을 받는다. 예를 들어 도미니크회 수도사 캄파넬라가 구상한 태양의 나라 사람들은 전부 흰옷을 입고 있고, 오스카 와일드는 비단 재킷 댄디즘을 내세우고, 마르크스와 엥겔스는 공장 굴뚝을 보며 과거 봉건 시대의 목가적 낭만주의를 꿈꾼다. 때로는 피카르 함장의 핵 벙커처럼 초록이라고는 전혀 없는 삭막하고 황량한 공간이 이상적 사회의 외형으로 등장하기도 한다.

　　우리는 현재 변혁의 시기에 서 있다. 오랫동안 갈망해 온 〈자동화〉 덕분에 이제는 많은 사람들이 인류 역사상 처음으로 임금 노동 없이도 충만한 삶을 살아갈지 모른다. 학교에서 여전히 우리에게 동일한 형태로 가르치고 있는 서비스업의 낡은 노동 세계는 서서히 무너지고 있다. 이는 20세기 중반에 광산과 제철소의 고된 육체노동이 무너진 것과 다르지 않다. 그 대신 우리를 유혹하는 것은 소외, 길들여짐, 단조로움에서 벗어난 자기 결정권적 삶이다. 그렇다면 미래의 사냥꾼, 목동, 비평가는 정확히 어떤 모습으로 살아가게 될까? 사회적 비용이 들지 않는 자동화 기계로 막대한 이익이 그들에게 돌아가게 해줄 사람은 누구일까? 또한 그들의 재능과 자기 결정권적 삶을 장려하는 사람은 누구일까? 우리는 살아갈 만한 가치가 있다고 여기는 미래의 현실을 어떤 모습으로 그리고 있을까?

　　유럽, 특히 독일의 상당수 사람들은 살아갈 가치가 있는 미래의 모습을 상상하는 것 자체를 낯설어한다. 지금 우리 세계를 돌아보라. 우리의 문명과 문화는 상상 가능한 최대의 위기에 빠져 있지 않는가? 기후 변화로 아프리카 초원 지대는 말라붙고 있다. 우리는 우리 자신의 문제는 그리 걱정하면서도 정작 작열하는 태양의 열기로 우리의 행성이 번아웃될 가능성은 간과한다. 점점 상승하는 해수면은 비옥한 땅과 전 세계 산호섬을 삼키고 있다. 인구의 급속한 증가는 곳곳에 초거대 도시들을 낳고, 마천루처럼 거대한 쓰레기 더미를 양산한다. 지중해로 흘러 들어와 삼각주처럼 형성된 난민의 물결은 가난을 막는 유럽의 부식된 방벽을 밑에서부터 잠식하고, 그러다 어느 날 그 방벽은 실제로 무너진다. 동물과 식물은 차츰 멸종되고, 살아남는 건 사람들이 찾는 동물원의 예쁘장하고 돈 되는 생물들뿐이다. 석유, 리튬, 코발트, 콜탄, 희토류, 식수 같은 자원을 두고 발생하는 전쟁은 종교 전쟁이나 인도주의적 개입으로 위장한 채 치열하게 벌어진다. 화석 에너지 시대의 강대국들은 도널드 트럼프 같은 종말 현상을 수반한 채 마지막으로 벌떡 일어나 세계를 치유하는 대신 산산조각 낸다. 이것이 진정 자기 결정권적 삶을 보장하는 유토피아의 이상적 배양토일까? 아니면 일종의 전환기일까? 그것도 아니라면 혹시 종말의 서막은 아닐까?

상황은 당혹스럽다. 기술과 매출에 열광하는 이들은 다가올 혁명이 가져다줄 〈황홀한〉 결과에 벌써부터 한껏 부풀어 있는 반면, 서양의 대다수 사람들은 그런 믿음이 없다. 〈**미래**와 **자본주의** 개념은 한 호흡으로 잇달아 말할 경우 전혀 어울리지 않을 만큼 낯설다.〉 작가 잉고 슐체가 10년 전에 쓴 글이다. 우리는 1960년대 및 1970년대와는 달리 더 이상 화성과 달에 식민지를 개척하거나, 수중에 거대 도시를 건설하는 꿈을 꾸지 않는다. 서양 사회는 현 상태의 유지와 〈이대로 계속〉을 외칠 뿐 미래의 장밋빛 발전에 목을 매지 않는다. 그런데 유럽 곳곳의 정치인들이 유권자들에게 〈결속〉과 〈낙관적 믿음〉, 〈안녕〉 같은 근사한 말의 향연을 펼치는 동안에도 기술은 우리 삶의 토대를 파헤치고 모든 상황을 뒤엎는다. 오랫동안 꿈꾸어 온 사회를 변화시킬 〈자동화〉 시스템은 이제 본격적으로 출발선에 서 있다. 인간의 상상력을 뛰어넘는 막대한 정보로 무장한 컴퓨터와 로봇, 점점 자율적으로 행동하는 인공 지능이 그것이다. 이것들은 〈이대로 계속〉과 정반대를 외친다.

그렇다면 이 새로운 사회의 모습은 누가 설계했는가? 그 사회가 어떤 사회이고, 어떻게 형상화되어야 할지 누가 제시했는가? 우리는 우리 자신의 미래를 구글이나 아마존, 페이스북, 애플처럼 이윤의 극대화만 노리는 기업에 맡겨야 하는가? 아니면 〈일단 디지털화부터 하고 생각은 나중에 하자〉면서 무임승차만 노리는 순진한 독일 자유주의자들에게 맡겨야 할까? 그것도 아니라면 기계 독재를 예언한 묵시론자들의 말을 믿어야 할까? 혹은 오래전부터 미래에 대한 해석에서 낙관론자들의 권위를 인정하지 않는 미국 종말론자들의 말을 믿어야 할까? 아니면 어차피 모든 게 너무 늦었기 때문에 지구의 멸망은 피할 수 없다고 생각하는 환경 비관론자들의 말을 믿어야 할까?

유토피아, 체념, 인류의 약속, 좌절이라는 말은 오늘날

다시 중세 후기 때처럼 나란히 붙어 있다. 한편에서는 지상에 실현될 그리스도의 천년 왕국을 기대했고, 다른 한편에서는 곧 다가올 전쟁과 페스트로 인한 대규모 죽음을 예상했다. 오늘날 우리가 알고 있듯이 바로 이러한 동시성이 새로운 것의 시작을 낳았고, 인류의 재탄생과 르네상스의 서막을 열었다. 오늘날 우리가 현재 상황을 저 높은 곳에서 조감한다면, 인류가 그와 비슷한 전환점에 서 있음을 알 수 있다. 그런 기회를 믿는 사람만이 화를 피할 수 있다. 그것도 상황 논리와 대안 부재의 논리, 소심함, 그리고 우리가 하는 일이 모두에게 사랑받길 원하는 당치도 않는 소망을 깨부술 때만 말이다. 오늘날 〈정치〉와 〈유토피아〉는 슘페터가 〈자본주의〉와 〈미래〉의 개념을 두고 말했던 것처럼 결코 하나로 합치될 수 없을 만큼 동떨어져 있다. 그러나 우리가 무엇을 원하지 않는지 아는 것만으로는 삶은 계속 나아가지 못하고, 사회가 파멸로 치닫는 것을 막을 수 없다.

이 책은 이대로 진행될 수밖에 없다는 숙명론을 깨뜨리고, 의지와 실행력만 있으면 얼마든지 해낼 수 있다는 낙관주의로 나아가는 데 기여하고 싶다. 또한 바람직한 미래의 그림을 그리는 데도 도움이 되었으면 한다. 이 책은 실리콘 밸리에 있는 많은 긱스*의 생각과 달리 구원은 결코 기술 자체에 있는 것이 아니라 우리가 그것을 다루고, 그 가능성을 이용하고, 그 위

* *geeks*. 일반적으로 과학과 공학, 게임이나 만화 등 특정 분야를 탁월하게 이해하고 있는 특이한 사람을 이르는 말인데, 여기서는 컴퓨터, 인터넷, 네트워크에 정통한 실리콘 밸리의 전문가들을 가리킨다.

험을 제때 통제하는 방식에 달려 있음을 보여 줄 것이다. 한마디로 기술은 우리의 삶을 결정하지 못한다. 아무도 사용하지 않는 스마트폰이나 인공 지능이 무슨 소용이란 말인가? 중요한 것은 **문화**이다. 우리는 우선 인간에 대한 개념부터 이해하고 나서 기술을 어떻게 발전시키고 사용할지 자문해야 한다. 우리는 기술이 우리를 돕거나 대신하길 원하는가? 인간은 정녕 기술의 극치를 이루길 소망하는가? 인간을 기술에 적응시키는 대신 인간의 진정한 욕구에 초점을 맞추어야 하지 않을까? 문화가 빠진 경제는 비인간적이다. 문화는 단순히 영화관이나 극장, 음악, 그리고 좀 더 잘사는 사람들을 위한 장식물이 아니라, 삶을 살만한 것으로 만드는 방향 정립의 문제이다. 화성과 달에 식민지를 건설하고 수중에 거대 도시를 짓는 것은 결코 그런 방향과 맞지 않는다. 데이터 클라우드의 매트릭스에 갇히는 삶도 마찬가지이다.

T. S. 엘리엇의 말을 자유롭게 옮기자면, 우리는 디지털화를 뇌만이 아니라 〈오장육부와 말단 신경〉⁴으로도 읽어야 할 것이다. 디지털의 미래는 알고리즘화할 수 없다. 알고리즘화는 오직 기계만 가능하다. 디지털의 미래는 그것의 기술적 예언이 실현되었을 때 축복이 되는 것이 아니라, 그것이 지상의 삶을 가능한 한 많은 사람들에게 정말 살아갈 만한 것으로 만들어 줄 때 축복이 된다!

혁명

기술자들은 이제껏 인간을 제대로 이해한 적이 한 번도 없었고,
금융 투기꾼들은 인간의 본질이 어떤 것이건 전혀 상관하지 않
았다. 그렇다면 왜 그런 사람들에게 우리의 미래를 맡겨야 할까?

성과 사회의 종말:
획기적 변화들

한 유령이 글로벌한 사회에 떠돌고 있다. 디지털화의 유령이다. 온 세상이 그 유령을 보고 있다. 한쪽은 기쁜 희망으로, 다른 쪽은 불안과 두려움으로. 디지털화에 당혹감을 느끼지 않는 산업이나 서비스업이 어디 있을까? 양날의 검을 가진 디지털화의 즐거움과 재미에 동참하지 않은 사람이 어디 있을까? 이 사실에서 두 가지가 드러난다. 하나는 지상의 모든 국민 경제가 디지털화를 권력으로 인정했다는 것이고, 또 다른 하나는 디지털화가 저주가 아닌 축복이 되려면 우리가 그 방향을 어디로 정해야 할지 보여 줄 절박한 시점이 되었다는 것이다. 미래는 저절로 **오는 것**이 아니다. 〈미래 연구자〉들은 여전히 단상에서 확신에 찬 어조로 예언을 늘어놓겠지만, 미래는 우리가 **만들어 가는 것**이다. 문제의 핵심은 우리가 **어떻게 살게 될 것이냐**가 아니라 **어떻게 살고 싶으냐**이다.

　　　위대한 바로크 철학자 고트프리트 빌헬름 라이프니츠가 브라운슈바이크의 공작 에른스트 아우구스트에게 전 세계를 0과 1로 이루어진 하나의 보편 언어로 코드화하자고 제안했을 때, 그런 수학적 표현 방식이 언젠가 우리의 일상과 노동 방식

뿐 아니라 우리의 소통과 사고 방식에도 혁명을 야기하리라고는 아무도 상상하지 못했을 것이다. 또한 그 언어가 자율적으로 움직이는 기계와 사물 인터넷, 로봇, 그리고 인간의 뇌 능력을 훌쩍 뛰어넘을 것으로 보이는 인공 지능을 만들어 내리라는 것도 말이다.

그중 많은 것들은 인류가 오랫동안 꿈꾸어 온 것의 실현처럼 보인다. 우리는 마치 천사처럼 시간과 공간을 자유롭게 넘나들며 서핑을 하고, 힘들고 지루한 일에서 해방되었다. 또한 가상 세계를 만들어 냈고, 온갖 질병을 극복했으며, 심지어 언젠가는 불멸에 가까울 정도로 아주 오래 살게 될지도 모른다. 하지만 이런 식으로 현실을 얻고 꿈을 잃으면 무슨 일이 일어날까? 많은 사람들이 그렇게 중시했던 기술과 상관없는 모든 정신적인 삶, 예를 들어 비합리적인 것, 불가해한 것, 우연적인 것, 생동감 넘치는 것의 운명은 어떻게 될까? 기술 세계는 〈성직자, 역사가, 예술가처럼 인간 영혼을 이해한다는 이유로 돈을 번〉 사람들을 파탄으로 이끌지 않을까? 〈사악한 오성(悟性)의 원천〉에 해당하는 수학은 〈인간을 지구의 지배자로 만들기는 했으나 동시에 기계의 노예〉로 이끌지는 않을까?5

이 물음을 던진 사람은 엔지니어이자 수학의 진정한 숭배자였던 오스트리아 작가 로베르트 무질이었다. 그는 기술 혁명이 인간의 정신적 삶을 어떻게 변화시키는지 묘사하기 위해 수천 쪽에 달하는 글을 썼다. 그의 위대한 소설 제목이 암시하듯, 기술 혁명은 우리를 〈특성 없는〉 남자(또는 여자)로 바꿀까?

무질이 소설을 쓰기 시작한 시기는 오늘날 우리가 제2차 산업 혁명이라고 부르는 혁명의 시대, 다시 말해 포드 공장의 컨베이어 벨트에서 시작종이 울린 대량 생산의 시대였다. 그런데 1920년대 중반에 이미 무질은 끝을 모르는 기술의 질주가 인류에게 밀어닥치는 것을 목격했다. 그것은 만물의 기능적 세분화, 〈내면의 황폐화〉, 〈개인 속의 날카로움이 전체 속의 무관심과 괴물처럼 섞이는 혼합〉, 〈개별성의 황야에 버려진 인간의 극심한 고독〉으로 이어지는 길이었다. 그는 이렇게 묻는다. 〈우리의 영혼은 날카로운 논리적 사고를 통해 무엇을 잃어버렸을까?〉

그 시대의 상황과 질문들은 현재 우리와 얼마나 비슷한가! 제4차 산업 혁명의 출발선에 선 오늘날도 인간 삶의 거의 모든 영역은 획기적으로 바뀌었다. 그러한 변화를 야기한 것은 이번에도 혁신적 기술이다. 무질의 말로 묻자면, 그것은 우리의 정신적 삶을 어떻게 바꿀까? 우리의 공동 삶은 또 어떻게 변할까? 기술 혁신은 우리의 자본주의 경제 체계를 강화할까, 아니면 다른 것으로 대체할까? 획기적인 변화들은 제1, 2차 산업 혁명과 비교될 수 있다. 제1차 산업 혁명은 18세기와 19세기에 농업 국가를 산업 국가로 바꾸었고, 제2차 산업 혁명은 20세기 초에 현대적인 소비 사회를 창출해 냈다. 두 혁명은 장기적으로 무수한 사람들에게 축복을 내렸고, 시민 사회의 성공과 사회적 시장 경제에 토대를 마련해 주었다. 물론 거기까지 가는 과정에서 예상치 못한 통제 불능의 변혁으로 부수적 피해도 생겨났다. 예를 들면 영국의 탄광에서 일하며 목숨을 잃은 아이들, 결핵 환자들이 재래식 화장실의 파리처럼 죽어 나가던 19세기 런던과 베를린의 어두운 뒷골목, 농부나 소규모 수공업자의 자식으로 태어나 먹고살기 위해 대도시로 꾸역꾸역 몰려든 사람들을 위한 산재 보험과 고용 보험, 의료 보험의 부재 같은 것들이다. 생활 방식의 입체주의를 낳은 제2차 산업 혁명의 결과도 그에 못지않게 극적이었다. 고층 건물, 승강기, 전기와 자동차의 보급은 현대인들의 삶에 숨 가쁜 속도감을 안겨 주었다. 하지만 그와 동시에 그것들은 과도한 긴장감과 거부 운동, 민족주의적 증오에 불을 지폈고, 그 증오는 격화되어 결국 두 번의 세계 대전에까지 이르게 되었다.

1970년대와 1980년대의 마이크로 전자 공학 혁명인 제3차 산업 혁명만 유일하게 비교적 큰 피해를 주지 않고 무대에 올랐다. 반면에 제4차 산업 혁명이 가하는 타격은 리히터 규모 면에서 엄청나리라고 예상된다. 왜냐하면 이번에는 무엇보다 생산 기계가 아니라 정보 기계들이 바뀌기 때문이다. 현재와 미래에 정보들이 교환되고 촘촘하게 연결되는 속도는 인류 역사상 유례가 없을 정도로 빠르다. 컴퓨터 칩의 저장 용량은 지난 10년 사이 천 배로 늘었을 뿐만 아니라, 향후 수십 년 동안 계속 폭발적으로 증가할 것으로 보인다.

우리 경제의 모든 분야는 현재 원료 조달에서부터 생산, 마케팅, 판매, 물류, 서비스에 이르기까지 디지털화되었다. 이전의 경제 영역은 새로운 경제 부문으로 대체된다. 이른바 플랫폼 자본주의에서는 고객들 스스로 사업을 운영한다. 지금은 이

베이eBay나 우버Uber, 에어비앤비Airbnb를 통해 그것이 가능하지만, 미래에는 블록체인과 핀테크 덕분에 그런 가능성이 점점 확대될 것이다. 많은 새로운 사업 모델의 동력은 **파괴적**이다. 파괴적 혁신은 디지털 혁명의 주문(呪文)이다. 과거의 기술과 오랫동안 유지되어 온 서비스업은 시차를 두고 단계적으로 **개선되는** 대신 곧장 **대체된다**. 택시는 우버에 자리에 내주고, 호텔은 에어비앤비에 잠식되며, 자율 주행 자동차는 전통적인 자동차 산업의 최고급 사양을 대신한다. 또한 미래에는 상당 부분의 생산 과정이 3D 프린터를 통해 진행될 것이다. 은행의 고전적인 고객 사업도 머지않아 기반이 흔들릴 수 있다. 거래 시스템이 디지털화되면 중개인과 금융 기관은 더 이상 필요 없기 때문이다. 이로써 가치 창출의 막대한 부분이 분산된다.

이러한 모든 발전은 자연법칙이 아닌 사고와 경제 활동의 특정 방식, 즉 효율적 사고에 따른 결과이다. 인간이 모든 생산물에서 항상 돈을 불리는 것만 목표로 삼는 것은 결코 인간의 생물학적 본성이 아니다. 만일 그랬다면 인류는 르네상스까지 전반적으로 본성에 어긋나게 산 셈이고, 지금도 세계 일부 부족들, 예를 들어 이투리족이나 마사이족, 필리핀 망얀족은 그렇게 살고 있다는 말이 된다. 비용과 이윤의 산정은 14세기와 15세기의 이탈리아 상인들에 이르러서야 비로소 주도 문화가 되었다. 중세만 해도 사람들은 길드의 정체적인 질서 체계와 고정 가격, 가격 흥정밖에 알지 못했고, 활력과 변화, 진보에 대해서는 강한 의구심을 품었다. 오랫동안 유지되어 온 것에 대한 변화는 배척되었고, 토마스 아퀴나스 같은 교회 권력자는 그러한 변화를 사악하고 위험한 것으로 낙인찍으려고 많은 공을 들였다. 돈에 대한 인식은 좋지 않았고, 그것에 대한 탐욕은 죄악으로 여겨졌으며, 이자는 금지되었다. 물론 교황과 군주들은 그런 규칙을 번번이 어겼음에도 시대의 주도 이데올로기는 여전히 진보가 아닌 〈현상 유지〉였다.

오늘날 우리가 제4차 산업 혁명으로 경제를 좀 더 효율적으로 만들고자 한다면, 그것은 15세기에 어음 발행 및 대부업의 폭발적인 성장과 함께 시작된 논리를 따르는 셈이다. 물론 이 논리를 주도 문화로 만든 것은 산업 생산과 대량 생산의 발명이었다. 이후 효율성과 능률, 최적화는 우리 경제의 동력이 되었다. 우리는 석유와 석탄 같은 화석 연료를 사용하고, 순간을 위해 소진한다. 이 순간은 새로운 어제에 지나지 않는다. 자본주의는 최종 단계를 모르고, 항상 자신이 극복해야 할 새로운 한계만 안다. 그런데 물리적 세계의 물질뿐 아니라 형이상학적 재료도 자본주의에는 자원이 된다. 적어도 제2차 산업 혁명 이후 우리는 시간을 돈으로 여긴다. 포드 공장의 컨베이어 벨트가 명확하게 보여 준 것, 즉 생산 과정에서 시간의 가차 없는 통제는 오늘날 우리의 모든 삶에 적용된다. 시간은 측정되고, 우리가 낭비해선 안 될 소중한 자산으로 부상한다. 효율적 사고, 또는 막스 호르크하이머와 테오도어 W. 아도르노 같은 철학자들의 표현을 빌리자면 〈도구적 이성〉은 가차 없는 사용 논리를 따르고, 이 논리는 갈수록 점점 무자비해지고 빠르게 나아간다.

그런데 제4차 산업 혁명의 효율적 사고에는 완전히 새로운 무언가가 있다. 제4차 산업 혁명은 최적화에 대한 요구를 생산 과정에만 적용하지 않는다. 인간 자체를 최적화가 필요한 존재로 여긴다! 실리콘 밸리의 예언자들은 인간과 기계의 융합을 전파한다. 그들에게는 뇌에 칩 하나만 심으면 호모 사피엔스가 최적화되는 것처럼 보인다. 어쨌든 현재의 호모 사피엔스는 결함이 있는 존재로 여겨진다. 그렇다면 인간이 최적화되어야 한다고 정의한 사람은 대체 누구였을까? 인간에게는 발견되거나 재발견되어야 할 무언가가 빠져 있다는 견해는 플라톤 이후 오랜 철학적 전통을 갖고 있다. 하지만 그것은 인간이 좀 더 정의롭고 이성적이어야 한다는 뜻이었다. 좀 더 사려 깊고 겸손하고 평화롭고 자애로운 것은 우리 종에 해가 될 게 없다. 그리되면 돈과 명성, 권력에 대한 욕망도 좀 더 수월하게 억제할 수 있을 것이다. 그런데 디지털 혁명이 최적화하려는 것은 이런 것들이 아니다. 그것이 노리는 점은 바로 이윤의 최적화이다. 그들에게는 인간의 〈최적화〉가 인간을 좀 더 기계와 비슷하게 만들자는 것, 다시 말해 인간을 좀 더 인간적으로 만드는 것이 아니라 **덜 인간적으로** 만드는 것을 의미한다.

그렇다면 이것은 비효율로 낙인찍힌 무수한 경제 형태와 사업 모델, 기업들만 문제 삼는 게 아니다. 우리 인간의 자기 이해도 문제 삼고, 우리의 생활 방식, 사회생활, 정치적 행태에 존재하는 〈비효율적〉 방식에 대해서도 의문을 제기한다. 하지만 인간이 〈좀 더 스마트해지고〉, 〈좀 더 최적화된〉 상태에서 서로 교류하게 되면 예전보다 〈나아지고〉 행복해질까? 최적화의 본질이 항상 시간 절약과 장애물 없는 최단의 길에 있다고 누가 말했던가? 기술에 점점 더 많은 것을 내맡길수록 우리는 좀 더 개인적이 되는가? 누가, 무슨 목적으로 그런 주장들을 하는가? 언제든 불러낼 수 있는 투명한 삶이 정말 불투명하고 예측할 수 없는 삶보다 더 살 만한 가치가 있는가?

지금까지 실리콘 밸리의 삭막하고 너무나도 비인간적인 진보의 세계에 맞설 인간적인 대안 모델은 없는 듯 보인다. 실리콘 밸리가 내건 테크놀로지를 통한 자유의 약속은 오히려 자유의 감소로 이어진다. 개인 정보의 약탈, 기업과 정보기관의 보이지 않는 감시와 통제, 모든 개인에 대한 최적화의 압박이 그것이다. 〈그래픽 사용자 인터페이스〉가 최적화될수록 사용자로 전락한 인간은 점점 더 스스로를 결함 있는 존재로 느낄 수밖에 없다. 그러다 보면 언젠가는 기계 숭배자들의 생각처럼 인간 스스로도 자신을 기능 장애로 인식하게 된다. 앞으로는 슬라이드 필름, 자동차, LP 음반, 카세트테이프, 플로피 디스켓, CD 같은 기술만 사멸되는 것이 아니라 노키아, 코닥, 폭스바겐, 코메르츠 은행, 훅-코부르크 같은 기업도 사라질 것이다. 그러면 과거에 광산과 제철소가 그랬던 것처럼 공장과 본사 건물만 진보의 가시적 폐허로 덩그러니 남는 것이 아니라, 우리 삶의 기억과 우리의 라이프 스타일, 시대에 뒤처진 우리의 일생도 미래의 테크놀로지 영역에는 더 이상 어울리지 않는 것으로 퇴락하고 만다.

지금까지 공개 토론은 주로 노동 세계로 국한되어 왔다. 정치인과 팝스타, 시인, 예언자, 교수들은 무대와 공청회, 국제 회의에서 노동의 미래에 대해 토론한다. 이런 자리에서는 대개 극단적으로 상반된 진단을 내리는 두 진영이 맞선다. 한쪽에서 는 완전 고용의 시대를 예언한다. 기술적 발전은 항상 생산성을 높였고, 생산성은 노동자 수를 늘리지 않았느냐고 묻는다. 그들 은 자신의 주장을 뒷받침하기 위해 미국의 노벨 경제학상 수상 자 로버트 솔로를 끌어들일 수도 있다. 그의 논문 「경제 성장 이론에 대한 기고 A Contribution to the Theory of Economic Growth」 (1956)에 따르면 기술적 발전은 항상 엄청난 생산성 증가를 이 끌어 냈고, 그걸 보면 성장의 결정적 요인은 노동과 자본이 아니라 기술이라는 것이다. 그렇다면 이번에도 생산성과 성장, 고용의 삼박자 상승을 전제하지 못할 이유가 없다고 주장한다.

이런 입장에 선 사람은 늘 다 알고 있다는 듯이 느긋한 미소를 지으며 말한다. 1933년에 영국의 경제학자 존 메이너드 케인스가 산업 국가의 진보가 대량 실업으로 이어질 거라고 예언했지만, 결과는 어떻게 되었는가? 사람들은 〈불필요해진 노 동력을 투입할 새로운 고용 영역을 떠올리는 것보다 어떻게 하 면 노동 시스템을 효율적으로 구축할지에 더 관심이 많기〉 때문에 대량 실업은 불가피할 거라고 했지만, 그 예언대로 되었던 가? 또 다른 예를 들 수도 있다. 1978년 4월 17일자 『슈피겔』 표지에는 〈진보가 실업을 만든다 ─ 컴퓨터 혁명〉이라는 제목과 함께 무표정한 로봇이 축 늘어진 광산 노동자를 갈고리손으로 들고 있는 사진이 실려 있다. 본문에도 이렇게 적혀 있다. 〈미세한 전자 장치들이 산업과 서비스업의 수많은 일자리를 위협한다.〉 그러나 이 암울한 예언도 적중되지 않았다. 1995년에는 미국의 사회학자이자 경제학자인 제러미 리프킨이 〈노동의 종말〉을 예언했지만, 그조차 아직 요원한 상황이다.

　　증기 기관, 방직기, 전동화, 전자 공학이 발명되고 발전했는데도 노동은 장기적인 면에서 결코 줄지 않고 늘 늘어났다. 오늘날 미래 낙관주의자들은 냉철함으로 무장한 채 예언자들의 말을 믿지 않는다. 그들은 미래에 대한 전망을 쓸데없는 것으로 여긴다. 〈미래〉라는 문제는 어차피 현실 기준으로 재단할 수 없고, 그렇다고 마법 구슬이 있는 것도 아니기 때문이다. 그래서 그들은 주저 없이 세계의 흐름에만 집중하고, 미래를 앞서 생각하는 사람들을 비웃으며, 기술적 진보가 매일 만들어 내는 수많은 사실과 자잘한 수치, 그래프 외에는 아무것도 믿지 않는다.

　　어제의 예언자들은 오늘의 바보들이다. 그럼 2016년 다보스 세계 경제 포럼이 디지털 혁명으로 향후 5년 안에 산업 국가들에서 5백만 개의 일자리가 사라질 거라고 예측한 내용은 전부 잘못된 경고에 지나지 않을까? 또는 옥스퍼드 대학교의 칼 프레이 교수가 미국에서 기존의 직업 가운데 절반이 급격한 변화를 겪거나 사라질 거라고 보면서 제시한 그 섬뜩한 수치도 잘못된 것일까? 그가 마이클 오즈번과 공동으로 집필한 노동의 미래에 관한 방대한 연구도 동일한 결과를 예견한다. 지상의 산

업 국가들에서 향후 25년 내에 직업의 47퍼센트가 사라질 거라는 것이다.[6]

이 수치들 가운데 확실한 건 아무것도 없다. 그것을 제시한 사람들도 잘 알고 있다. 하지만 회계사, 재무 관료, 행정 전문가, 법률가, 세무사, 화물차 운전사, 버스 운전사, 택시 운전사, 은행원, 금융 분석가, 보험 외판원 같은 직업군에서 머지않아 수백만 명이 일자리를 잃을 거라는 사실은 누구나 쉽게 상상할 수 있거나 지극히 개연성이 높은 일이 아닐까? 알고리즘에 기반을 둔 모든 활동은 원칙적으로 대체 가능하다. IBM의 〈왓슨〉 같은 인공 지능 컴퓨터는 영화 홍보용 영상을 제작하거나, 축적된 데이터를 기반으로 얼마든지 의학적 소견과 법률적 판단을 제시할 수 있다. 자율 주행 자동차는 이미 오래전에 현실이 되었고, 기존의 도로가 이런 차들로 뒤덮일 날도 아득한 미래로 느껴지지 않는다. 프레이와 오즈번은 운전을 하는 직업이건 사무직이건 할 것 없이 컴퓨터가 부분적으로나 전체적으로 대체할 수 있는 직업을 7백 개 넘게 나열했다.

과거에는 전문직 종사자들이 했던 일을 미래에는 로봇이 처리한다. 또한 예전에는 전문 인력이 했던 일을 지금은 고객이 온라인상에서 직접 해결한다. 생산하는 소비자를 뜻하는 〈프로슈머prosumer〉의 발달은 디지털화보다 오래되었다. 독일에서 1970년대부터 대형 마트가 생필품 소매점을 대체한 것을 떠올려 보라. 할인 마트의 상품 가격이 저렴한 이유는 대규모이기 때문만이 아니라, 고객의 셀프 서비스로 인건비가 절감된 것이 큰 몫을 차지했다. 1980년대와 1990년대에 널리 보급된 커피 자판기와 승차권 자동 발매기, 그리고 구매자들이 직접 가구를 조립하는 이케아IKEA의 원리도 비슷하다. 디지털 시대의 〈일하는 고객〉의 원칙은 이런 〈셀프 서비스〉의 일관된 계승에 지나지 않는다. 그러니까 이제 고객들은 여행 예약과 탑승 수속, 옷과 책 주문, 계좌 이체 같은 일을 직접 처리한다.

물론 미래에도 누군가는 항상 컴퓨터 화면 뒤에서 고객들의 주문을 정리하고 처리하겠지만, 그 사람의 직업적 성격은 사라지고 말 것이다. 수학자이자 IBM의 기술 이사를 역임한 군터 뒤크 역시 〈컴퓨터 화면 뒤에서 상담하는 직업〉은 사라질 거라고 말한다. 플랫폼 자본주의는 물건, 숙박, 통신, 교통, 에너지, 금융 거래, 영양 섭취, 인생 상담, 배우자 찾기, 오락 할 것 없이 어떤 것이든 거래할 수 있다. 그것도 전문 인력 없이 가능하다. 오스카 와일드가 꿈꾼 〈자동 기계〉의 개선 행진은 걷잡을 수 없을 것처럼 보인다.

그런데 이런 상황이 새로운 고용을 창출해 내지는 않을까? 세계적인 물류 기업 UPS의 배달 기사들은 최소한 앞으로 한동안은 차로 직접 배달하는 대신 드론을 장착하는 것으로 버틸 수 있을 것이다. 물론 이것도 로봇이 모든 것을 대신하기 전까지만 가능해 보인다. 디지털 혁명의 저임금 직업들은 어쩌면 10~20년 후까지 더 존속할 수 있을지 몰라도, 결국 그들의 시간은 끝나고 말 것이다.

반면에 미래 유망 직업으로는 정보 공학 전문가와 엔지

니어가 꼽힌다. 현재 이들은 매우 인기가 높고, 많은 기업들이 구애하다시피 이들을 찾는다. 독일 경제에 용기를 주려는 사람들은 IT 전문가 집단의 등장으로 완전 고용 상태에 이른 독일의 미래 모습을 그린다. 그러나 이것도 좀 더 세밀하게 들여다볼 필요가 있다. 누구나 그런 까다롭고 전문적인 일을 감당할 능력을 갖고 있지는 못하고, 정보 공학의 학업 중단 비율도 상당히 높다. 게다가 장기적으로 기업들이 찾는 인재는 단순히 정보 공학을 공부한 사람이 아니라 최고의 실력을 갖춘 전문가들이다. 왜냐하면 앞으로 단순한 프로그래밍 같은 작업은 인공 지능이 처리할 것이기 때문이다. 따라서 이른바 STEM(과학Science, 기술Technology, 공학Engineering, 수학Mathematics)이라는 분야에서는 고도의 능력을 갖춘 전문가만 구애 대상이 된다. 예를 들어 가상 세계를 구축하는 웹 디자이너나 로봇을 제작하고 점검하고 수리하는 사람들, 그리고 새로운 사업 아이템을 개발하는 사람들이다. 반면에 〈어중간한〉 정보 공학 기술자는 중장기적으로 얼마든지 기계로 대체될 수 있다.

상황이 이렇다 보니, MIT의 테크놀로지 전문가 에릭 브리뇰프슨이나 앤드루 맥아피의 진단도 안심이 되지는 못한다. 그들은 〈앞으로 한동안〉은 자동화된 구글 자동차가 **아직** 모든 도로 위를 달릴 수는 없을 것이고, 게다가 우리 사회에는 〈**여전히** 계산원과 고객 상담원, 변호사, 운전사, 경찰관, 간병인, 매니저, 그리고 다른 노동자〉들이 상당수 존재하고 있다는 사실을 진정시키듯이 언급한다.[7] 〈또한 이들 **모두가**〉 시대의 흐름에 휩쓸려 사라질 〈위험에 처한 것은 아니〉라고 말한다. 간단하게 말해서, 이건 〈**모든** 당사자에게 해당된 문제가 아니고〉[8] 인간에게는 여전히 할 일이 약간 남으리라는 것이다. 하지만 이런 말이 누구에게 위안이 될까? **아직**은 **모두**가 일자리를 잃는 것이 아니라는 사실에 안심할 정치인이 있을까? 독일 같은 나라에서는 아마 임금 노동자의 10분의 1만 생업을 잃어도 사회적 재앙이 되기에 충분해 보인다. 그럼에도 MIT의 두 전문가는 그냥 침착하게 옛 경제 모델을 믿고 최대한 많은 성장을 이루어 내기 위해 노력하라고 조언한다.

브리놀프슨과 맥아피가 쓴 『제2의 기계 시대*The Second Machine Age*』를 읽은 사람은 그런 권유에 놀랄 따름이다. 어쨌든 이 책은 디지털화가 우리의 전체 경제 모델을 해체하고 새로운 모델로 대체할 거라고 선언하지 않았던가! 두 저자는 인공 지능 시대의 새로운 기계들에 대해 열광적으로 보고한다. 어떤 상상력으로도 이렇게 완벽하게 바뀐 세계를 떠올리기는 쉽지 않아 보인다. 하지만 인간과 사회, 정치의 영역으로 돌아오면 판타지는 즉각 끝나고 만다. 제1차 산업 혁명은 인간의 삶을 완전히 뒤엎고, 예전에는 교회와 귀족이 지배하던 곳에 시민 민주주의라는 완전히 새로운 사회 모델을 탄생시키지 않았던가? 하지만 MIT의 두 전문가는 우리의 현대 경제 모델과 사회 모델이 비교적 큰 변혁에도 불구하고 영구히 지속될 거라고 믿는다. 노동 시장은 교육에 대한 좀 더 과감한 투자, 더 높은 교사 봉급, 창업에 대한 자극, 더 빠른 네트워크로 보충될 수 있다는 것이다. 고용자 연합회로서는 듣기 좋은 소리다. 그러나 사실 이런 제안들의 순진한 측면은 1970년대의 민방위 홍보 영상을 연상시킨다. 핵전쟁이 일어나면 모래주머니로 방어벽을 쌓고 바닥에 납작 엎드린 뒤 가방으로 머리를 보호하라고 권하던 그 영상 말이다.

미래에도 당연히 새로운 직업은 생길 것이다. 다만 얼마나 많이 생길지가 문제다. 그 직업들은 저임금 분야보다는 최첨단 IT와 다음 세 분야에서 생길 것이다. 첫 번째 분야는 좀 더 높은 차원의 제4차 서비스업이다. 시기에 잘 맞춰 공항을 짓는 것은 디지털 시대에도 분명 흥미진진한 도전이다. 프로젝트 매니지먼트와 물류는 미래의 직업이다. 프로젝트 관리를 기계에만 맡기기엔 삶은 너무 다채롭고, 환경은 너무 쉽게 변하며, 인간은 예측하기 너무 어려운 존재다. 가만히 생각해 보면 24세기의 엔터프라이즈호도 승무원 없이 유지되지는 못한다.

두 번째 분야는 인간이 미래에도 실제 인간과 직접적으로 관계하는 것에 가치를 두는 직업군이다. 유치원과 학교 교사를 로봇과 컴퓨터 프로그램으로 대체하는 것은 분명 언젠가 기술적으로는 가능할 것이다. 하지만 그것은 바람직하지도 않고, 결국 불가능하다. 다정한 목소리로 서로 말을 주고받고, 타인에 대해 관심과 배려를 나타내는 것은 포기할 수 없는 귀중한 자산이다. 이것은 사회 복지사, 보호 관찰관, 치료사들에게도 해당되는 얘기다. 또한 호텔 프런트 직원, 휴가지의 엔터테이너, 매력적이고 수완 좋은 판매원, 조경사, 인테리어 디자이너, 미용사 같은 직업도 기계로 대체되기 어렵다. 우리의 건강과 관련된 영역도 다르지 않다. 대학 병원과 무선으로 연결된 스마트 손목 측정기는 분명 당뇨병 환자의 생명을 지키고 구할 수 있다. 또한 그것을 차고 있는 사람의 혈압을 매 순간 의사보다 더 믿을 만하게 측정할 수도 있다. 하지만 우리에게는 우리 자신의 육체적·심리적 상태에 대해 말하고 싶은 인간이 필요하지 않을까? 얼굴이 빨개지거나 당혹스럽게 시선을 옆으로 돌리지 않으면서 우리의 벌거벗은 몸을 바라볼 수 있는 사람이 필요하지 않을까? 외모에 따라 우리를 평가하는 것이 아니라, 잘생기거나 예쁘지 않아도 우리를 받아 주는 누군가가 필요하지 않을까? 기술적인 측면에서는 의사가 기계에 우위권을 내줄 수밖에 없다고 하더라도, 인간에 대한 책임감 측면에서는 여전히 의사의 역할이 중요하다. 어쩌면 우리의 〈가정의〉가 미래에는 정말 우리의 **라이프 스카우트**Life Scout가 되어 줄지 모른다. 우리의 집으로 찾아오고, 우리의 생활권을 잘 알고, 우리의 말에 귀를 기울이고, 정신적으로나 육체적으로 우리를 보살펴 주는 사람 말이다. 여가, 휴양, 건강은 앞으로도 좋은 인력에 대한 수요가 높은 영역이다.

수공업도 미래의 승자 그룹에 들 것으로 보인다. 왜냐하면 지금까지 전문 숙련 기술을 요구하던 서비스 업종이 줄어들수록 대학 졸업장을 필요로 하지 않는 직종의 가치는 점점 높아질 것이기 때문이다. 공장에서 규격에 맞춰 생산되던 상품은 장차 3D 프린터를 통해 공급될 것이고, 그리되면 이케아 같은 사업 모델은 위협을 받을 수밖에 없다. 그 대신 훌륭한 수공예품, 예를 들어 인간이 손수 제작한 테이블이나 멋지게 깔아 놓은 돌바닥은 앞으로 과거 어느 때보다 소중하고 비싸질 것이다. 또한 남이 만들거나 소비자가 직접 조립한 물건을 인쇄하는 3D 상점에서는 모든 것을 조립하거나 변경하는 솜씨 좋은 수공업자가 필요하고, 미래의 가사 도우미 역을 맡을 로봇도 자신을 수리할 누군가가 필요할 것이다.

그럼에도 불구하고 추세는 분명해 보인다. 미래에는 아주 많은 〈직업〉이 사라질 것이다. 저임금 직종과 단순 서비스직에서부터 비교적 숙련된 기술을 필요로 하는 서비스직에 이르기까지. 앞으로 새로운 노동 시장에서 어떤 직업이 생겨날지 아직 모른다고 해서 고용 상태가 지금처럼 지속되거나, 아니면 심지어 증가할 거라고 믿는 것은 경솔할 뿐 아니라 미친 짓이다. 왜냐하면 이전의 산업 혁명들과는 달리 디지털화는 새로운 영역을 개척하는 것이 아니라 기존의 영역을 좀 더 효율적으로 만드는 데 핵심이 있기 때문이다. 모든 경제학 이론과 마찬가지로 로버트 솔로의 모델도 자연법칙이 아니다. 디지털화가 생산성을 비약적으로 촉진시킬 가능성은 매우 높다. 물론 솔로 본인은 개인적으로 이 문제에서 자신의 이론 모델보다 회의적인 입장이지만 말이다. 어쨌든 고용의 측면에서는 생산성이 높아진다고 해서 반드시 고용이 증가하는 것은 아니다.

거기에는 최소한 두 가지의 강력한 이유가 있다. 지금껏 세 차례의 산업 혁명은 세계화와 함께 진행되었다. 1764년 제임스 하그리브스가 방적기를 발명할 당시 영국과 네덜란드의 동인도 회사, 서인도 회사 범선들은 이미 150년 전부터 대양을 누비며 향신료와 노예, 목화를 거래하고 있었다. 이러한 무역 덕분에 새로운 테크놀로지의 획기적인 상품, 즉 목화 방적 제품은 세계 곳곳으로 공급되었다. 멀리 떨어진 나라들은 아직 원료 공급자에 지나지 않았지만, 제국주의는 거기서 점점 더 많은 가능성을 발견했다. 예를 들어 벨기에가 야만적이기 짝이 없는 방식으로 콩고에서 고무 원료를 채굴해 오지 않았더라면 제2차 산업 혁명의 동력이 된 자동차가 어떻게 만들어질 수 있었겠는가? 또한 제3차 산업 혁명은 동남아시아를 섬유 산업의 작업 공장으로 만들었고, 브라질과 아르헨티나를 동물 사료 생산 기지로 만들었다. 자동차, 기계, 전자 제품의 저렴한 생산과 새로운 판매 시장은 서로 손을 맞잡고 발전해 나갔다.

이처럼 지금까지는 생산성 효율이 높아지는 만큼 가용할 수 있는 원료와 판매 시장의 부피도 커져 왔다. 오늘날 중단된 것이 바로 이 과정이다. 지구상에 남은 마지막 천연자원을 두고 현재 서구와 중국의 싸움이 치열하다. 예전에는 소수 몇 나라만 경쟁하던 곳에 지금은 다 합하면 인구가 총 20억 명이 넘는 국가들이 경쟁하고 있다. 게다가 콩고와 중앙아프리카 공화국, 남수단, 소말리아, 아프가니스탄처럼 저개발 국가 중에서도 가장 밑바닥에 있는 국가들이 장차 서구와 극동 아시아의 고효율 국가에서 만든 제품을 대량으로 소비해 줄 새로운 용의 나라로 발전할 수 있으리라고는 아무도 믿지 않는다. 과거의 기술 혁명과 달리 오늘날에는 이미 모든 케이크가 분배되었고, 따라서 생산성의 효율적 향상이 고용 증가로 이어지는 일은 일어나지 않는다.

생산과 관련해서 덧붙이자면, 많은 디지털 사업 모델의 특별한 매력은 생산이 전통적 의미로 이루어지지 않는다는 데 있다. 이것이 바로 생산성 향상이 반드시 고용의 증가로 이어지지 않는 두 번째 이유이다. 전통적 기업이나 은행이 아닌 플랫폼을 기반으로 하는 사업은 부가 가치를 창출하지 못한다. 그것은 개인 정보를 마음대로 이용해서 특정 소비자에게 다가가는 사업도 마찬가지이다. 기계와 자동차, 비행기, 철도, 도로, 건물 같은 영역에서는 국민 경제적 이익과 기업 이익은 서로 연결될 수 있다. 그러나 페이스북과 구글의 이익은 국민 경제적 이익과 연결되지 않는다. 대량의 데이터베이스를 기계적으로 결합하고 자동화된 알고리즘에 의거해서 결정을 내리는 것은 어마어마한 사업이다. 다만 문제는 누구를 위해 그렇게 하느냐는 것이다. 그것은 반드시 〈모두의 복리 증진을 위한〉 행위도 아니고, 일자리도 정말 어처구니가 없을 정도로 적게 만들어 낸다. 30억 유로의 매출을 올리는 독일 이베이에서 일하는 사람은 겨우 80명뿐이고, 심지어 유튜브는 그보다도 훨씬 적다.

그에 따른 결과는 자주 언급되어 왔다. 국가적 또는 초국가적 — 이것이 훨씬 좋다 — 개입 정책과 현명한 정치적 판단 없이는 디지털화는 빈부 격차를 더욱 심화시킨다는 것이다! 통제되지 않은 디지털화는 사회학자들이 이미 수년 전부터 진단

성과 사회의 종말: 획기적 변화들

하고 하소연해 온 계층 말뚝을 사회 깊숙이 박아 넣을 것이다. 중산층은 자본 소득과 유산, 자녀들에 대한 불평등한 교육 기회를 기준으로 좀 더 세밀하게 구분되어 중하층과 중상층으로 다시 나누어진다. 또한 다가올 일에 대한 나쁜 전조는 현재 이미 많은 흑갈색의 침전물을 어지럽게 흩날리고 있다.

이런 상황을 실제로 진지하게 받아들이는 사람은 누구인가? 경제 포럼의 연단에는 미래 연구자와 트렌드 연구자들이 우글거리고 있고, 그들은 신속한 사고 전환을 요구하면서 스토리텔러와 네트워크 구축자, 경영 코치, 동화 구연자, 배후 기획자, 멘토 같은 미래 직업을 설파한다. 마치 미래의 국민 경제가 실제로 그런 직업에 달린 것처럼 말이다! 그들은 젊은이들에게 각자의 돛단배를 겉으로만 안전해 보이는 대기업의 항구에 계류하지 말고 스스로 〈창업주〉가 되라고 용기를 북돋운다. 일리가 있는 말이다. 좌절이 새로운 도전의 시작이라는 〈실패 문화〉가 독일에 부족함을 한탄하는 것 역시 타당하다. 또한 우리가 누군가의 실질적인 능력보다 우수한 성적과 학력, 전공만 점점 지나치게 따지는 세태를 지적하는 것도 옳다. 그러나 독일 사회의 문화적 습성과 양태를 면밀히 조사해야 한다고 요구하는 사람들에게는 정치적 사고가 부족할 때가 너무 많다. 정치적 사고 없이는 아무리 사람들의 귀에 좋게 들리는 말도 **공기 펌프로 바람의 방향을 바꾸려는 시도에 지나지 않는다.**

정치인들은 단순히 관료주의를 철폐하는 데만 머물지 말고 더 많은 일을 해야 한다. 독일의 많은 젊은이들이 힘들게 용기를 내서 창업에 나서고, 그럼으로써 정말 몇 퍼센트의 소수가 성공을 거둔다고 하더라도 그런 기업들이 즉각 미국의 5대 소프트웨어 기업 중 하나에 매각된다면 무슨 의미가 있겠는가? 그런 일은 실제로 곳곳에서 벌어지고 있다. 한 나라 경제의 어떤 문제가 그런 식으로 해결되고, 어떤 일자리가 그것으로 지켜지고 창출되겠는가? 대서양 너머 미국의 상황만 잠시 들여다보아도 고도의 혁신적 디지털 경제가 국민 경제를 저절로 구제하지는 못한다는 것은 너무나 명확하다. 실리콘 밸리가 붐을 이루는 동안 전통적 산업은 곳곳에서 무너졌고, 그와 함께 실업과 좌절, 트럼프 지지자들을 양산했다. 게다가 아무리 대담한 낙관론자라도 현재의 정치적 조건하에서는 독일 기업들(어쩌면 SAP*는 제외할 수 있을지 모른다)이 소프트웨어 개발이나 소셜 네트워크 분야에서 즉각 다른 곳에 합병되지 않고 실리콘 밸리와 당당하게 경쟁할 수 있으리라고는 생각하지 못한다.

착취에 시달리던 19세기의 뒷골목 프롤레타리아가 소박한 풍요로움이 보장된 노동자로 자리 잡기까지는 거의 한 세기가 걸렸다. 거기에는 기업가 정신뿐 아니라 사회적 압력하에 새로 도입된 복지법도 크게 기여했다. 그러나 지난 수년간 독일 정부, 특히 사회 민주주의 정부의 노동 정책을 유심히 관찰한 사람이라면 거기서 좋은 이념을 찾아내기란 쉽지 않음을 알 것이다. 물론 최저 임금제 도입을 기뻐하는 사람도 있고, 포괄 임

* IBM 출신 엔지니어 5명이 설립한 독일의 회사.

성과 사회의 종말: 획기적 변화들

금제가 많은 노동자와 고용인에게 유리한 건 사실이다. 하지만 일자리 자체가 10~20년 내에 사라진다면 그게 무슨 소용이 있을까? 만일 기업에 고용되어 일하는 사람의 수가 줄어드는 대신 각자의 노동력을 경매에 붙이게 되면 노동조합은 어떻게 될까? 완전히 새로워진 세계에서 누가 노동자를 돕고, 누가 그들에게 예전의 그 훌륭했던 연대감을 불러일으킬 수 있을까?

오늘과 내일을 막론하고 경제적으로 사라지는 것은 수많은 사람의 심리적 자존감이다. 사람들은 여전히 성과를 미덕으로, 좀 더 정확히 말해 열심히 노력하는 노동 윤리의 의미에서 〈유능함〉으로 정의한다. 그러나 우리는 현재 수많은 사람들에게 노동이 사라지는, 어쨌든 돈의 형태로 임금을 지불하는 노동이 사라지는 시대를 향해 나아가고 있다. 이는 현재 우리의 사회 시스템에 비추어 보면 종말을 의미한다. 일하는 사람은 점점 줄어드는데 그들이 불입해야 할 돈은 점점 많아지는 것이다. 터무니없을 정도로 말이다. 그리되면 노동 사회는 어떻게 될까?

질문을 바꾸어 보자. 지금까지의 능력 중심 사회는 왜 계속 유지되어야 하는가? 그로 인해 생산성이 높아진다면 지루하고 소외된 노동이 사라지는 게 뭐가 나쁜가?

호모 하빌리스와 호모 에렉투스가 최초의 주먹 도끼를 사용한 이후 인간은 기술을 통해 가능한 많은 노동이 줄어들길 꿈꾸어 왔다. 하지만 유감스럽게도 과거의 세 차례 산업 혁명조차 아무 도움이 되지 못했다. 생산성이 증가할수록 노동력은 점점 더 많이 필요해졌다. 노동의 수고가 줄고 적당한 노동으로 나아가는 진보의 흔적은 어디에서도 찾을 수 없었다. 19세기에도 영국과 프랑스, 독일의 인구 80퍼센트는 고대 로마의 노예들보다 딱히 더 나은 삶을 살지 못했다. 그들은 정치적으로나 개인적으로나 거의 아무런 권리를 누리지 못했고, 노동과 질병으로 이른 나이에 죽었다. 제2차 산업 혁명 이후 공장 노동자의 세계가 얼마나 참혹한지는 찰리 채플린의 영화 「모던 타임스」가 잘 보여 준다. 노동자는 거대한 기계의 톱니바퀴에 지나지 않았다. 오늘날 누가 과거의 그런 노동 세계를 애도할까? 19세기 말엽의 광산과 지옥 같은 제철소, 등골 휘는 밭일을 누가 아쉬워할까? 현재 사라지고 있는 수많은 지루한 사무직을 백 년 후에 누가 슬퍼할까? 또한 소란스럽고 악취 나고 위험하기 짝이 없는 현재의 도로 교통을 누가 안타까워할까?

적게 일하거나, 임금을 위해 일하지 않는 것은 희망찬 약속이지 저주가 아니다. 물론 그에 걸맞게 발전한 문화권에 사는 경우에만 말이다. 인간의 가치를 돈으로 환산할 수 있는 노동 성과로만 판단하는 것은 인간의 본질과 연결된 변하지 않는 속성이 아니다. 이는 윌리엄 페티, 존 로크, 더들리 노스, 조사이어 차일드 같은 사람들과 연결된 상당히 영국적인 개념이다. 수천 년 동안 인간 사회는 다른 미덕과 사회적 가치 평가를 알고 있다. 그렇다면 생산성의 훨씬 높은 단계에서 새로운 미덕의 개념을 찾아내지 못할 이유가 어디 있는가?

테크놀로지가 임금 직업을 대체하는 것 자체는 문제가 되지 않는다. 무엇보다 큰 문제는 테크놀로지가 통제에서 벗어나 지극히 비윤리적인 목적에 사용될 경우이다. 이러한 현상은 안타깝게도 현재의 강력한 사업 모델들에서 이미 자주 볼 수 있다. 섬뜩한 일이다. 작금의 정보 공학자, 프로그래머, 네트워크 디자이너는 더 나은 미래가 아니라 소수의 이익을 위해 일한다. 그러면서 우리의 삶과 공동생활을 정당한 민주적 절차 없이 바꾼다. 수없이 반복된 그들의 약속은 우리의 삶을 **더 단순하게** 만든다는 것이지, **더 민주적으로** 만든다는 것이 아니다. 그러나 좀 더 단순한 삶의 약속은 이미 지킬 수가 없다. 삶의 복잡성을 줄이려는 시도들이 오히려 그것을 계속 높여 가고 있다.

우리가 디지털 기술과 그 추진자들에게 정말 감사해야 할 것은 점점 세계화되어 가는 통일 문명이다. 디지털 코드는 놀이하듯이 가볍게 국가와 문화의 경계를 뛰어넘고, 나일강 유역이건 라인강 유역이건 아마존 유역이건 어디서든 똑같이 이해되는, 1과 0으로 이루어진 기술적 보편 언어 속에서 국가와 문화의 경계를 무너뜨린다. 하지만 그로써 생겨나는 것은 이윤에 환호하고 손실에 슬퍼하는 풍조의 글로벌한 통일 문화이다.

문화적으로 관찰하면 모든 진보는 동시에 퇴보이다. 인간 문화의 다양성은 점점 축소되고 있다. 그 과정은 효율적 사고의 진군과 함께 시작되었고, 그 사고의 가장 강력한 수단인 돈을 통해 더욱 힘을 얻었다. 돈은 오직 양으로만 그 가치가 측정되는 유일한 사물이다. 그것이 지배하는 곳에서는 경계가 사라지고, 돈이 투입되면 조용한 장터가 원료, 상품, 투기가 난무하는 거대한 세계적 시장으로 변한다. 우리는 문화를 부와 바꾼다. 우리의 생활 방식은 서로 비슷해진다. 처음에는 유럽과 북아메리카에서, 그다음에는 아시아와 나머지 세계에서. 사회적 차이와 전통도 돈을 통해 무너진다. 돈은 귀족이건 평민이건, 기독교 신자건 불교 신자건, 아랍인이건 독일인이건, 남자건 여자건 차별하지 않는다. 오직 부자와 빈자만 있을 뿐이다. 『뉴욕타임스』의 칼럼니스트 토머스 프리드먼이 2005년에 베스트셀러 『세계는 평평하다 The World is Flat』에서 선포한 것처럼, 오늘날의 세계가 〈평평하다〉면 그건 화면처럼 평평할 뿐만 아니라 문화적으로도 평평하다는 뜻이다.9

통일성의 논리는 곧 돈의 논리다. 기원전 6세기 리디아에서 발명된 이후 돈은 그 자체의 물질적 한계를 벗어나고자 했다. 처음에 돈의 가치는 그것이 가진 물질적 가치와 일치했지만, 시간이 갈수록 돈은 순수한 상징으로 변해 갔다. 늦어도 15세기의 어음 도입 및 18세기 초의 지폐 도입과 함께 돈은 완전히 실제 가치에서 해방되어 잠재 가치가 되었다. 산업 국가들에서 돈이 단기간에 현실 대상으로서의 기능을 상실하고 순수하게 가상의 존재가 된 것은 놀랍지 않다. 즉 돈은 이제 영혼 없는 컴퓨터로 순식간에 극초 단타 매매*가 이루어지는, 현금이 오가지 않는 지불 거래 수단이 된 것이다.

피렌체에서 런던과 샌프란시스코만을 거쳐 전 세계를 장악한 효율적 사고는 세계의 차이를 무너뜨렸다. 그 끝에는 어떤

* 주가나 파생 상품의 미세한 가격 변동을 이용해 1초에 자동으로 수백에서 수천 번까지 매매해서 수익을 올리는 거래 방식.

스타일과 신조, 전통도 대변하지 않는, 아무렇게나 옷을 입은 운동화 차림의 기업가가 서 있다. 인류에 대한 그의 약속은 분명하다. 자신이 속한 문화 속에서 살기 싫다면 최소한 자기만의 세계, 그러니까 가상 공간에서 검색 활동을 통해 스스로 창출한 세계에서 살아도 된다는 것이다. 이전에는 삶의 저항에 부딪혀 허우적대던 것들이 이제는 배후의 얼굴 없는 수익자들이 면밀하게 관리하는 자기애적 거울 방으로 바뀐다.

　　수많은 자기만의 세상으로 이루어진 이 세계가 많은 사람들에게 전율을 불러일으키는 것은 이중적 모순 때문이다. 이 세계는 아주 광범하게 사회의 위계질서를 철폐하지만, 그와 동시에 불평등을 심화시킨다. 이 세계는 거울 앞의 우리에게 더 많은 자유를 약속할수록 등 뒤에서는 우리의 것을 점점 더 많이 빼앗아 간다. 타격을 입는 것은 바로 우리의 민주주의와 사회질서의 토대를 이루는 계몽적 가치들이다. 모든 중요한 사회적 과정은 항상 당사자들의 〈등 뒤에서〉, 그리고 정치적으로 의식하지 못하는 공간에서 일어난다는 마르크스의 유구한 깨달음이 재차 증명되고 있다.

　　계몽적 가치의 상황은 좋지 않다! 미래 사회의 모든 유토피아는 그 가치들을 어떻게 구할지 고민해야 한다. 만일 많은 사람들에게 나타날 임금 노동의 종말이 단지 그들의 노동력 대신 정보를 활용하는 방향으로만 나아간다면 디지털화가 제시한 거대한 약속은 빛이 바랜다. 오스카 와일드의 말처럼, 소외된 임금 노동이 아닌 생산적 개인주의가 문화를 결정하게 될 거라는 약속 말이다.

20세기 후반 독일에서 자란 사람은 서양 문화의 역사와 경제적 활동 방식이 무한한 상승선이 아니라는 사실을 믿지 못할 때가 많다. 특히 독일의 복지 발달은 우리 경제 질서의 지속적인 축복을 의심하기에는 너무나 매력적으로 보인다. 그것을 의심하는 사람은 불평 가득한 먹물 나부랭이나 〈좌파적인〉 사고로 여겨진다. 하지만 역사적으로 보면, 그런 생각을 좌파로 여기는 것은 참으로 희한한 판단이다. 걷잡을 수 없는 기술적·경제적 진보에 대한 믿음은 철저한 좌파의 유산이지 않는가! 그들은 기술이 세계를 지속적으로 개선시키고, 그를 통해 노동자들이 자신의 권리와 안전한 삶, 교육과 복지를 보장받게 되리라고 믿지 않았던가! 반면에 우파이거나 보수적인 사람은 항상 서양 사회의 자유주의적, 또는 극단적 자유주의적 발전 상황을 전통과 도덕, 가치의 몰락으로 여긴다.

오늘날 디지털 혁명은 2백 년 넘게 굳건히 자리 잡아 온, 진보적 좌파와 보수적 우파라는 피아(彼我) 진영의 노선과는 완전히 반대 방향으로 흘러가고 있다. 디지털 혁명은 기존의 온갖 보수주의를 전방위적으로 위협한다. 물론 그렇다고 좌파의 입장에 서지도 않는다. 아니, 상황은 정반대이다. 디지털 혁명은 모든 민주적 통제에서 벗어나 수십억 이용자들의 등 뒤에서 보이지 않는 불투명한 사업을 한다는 점에서 자본주의 경제가 치달을 수 있는 가장 극단적인 변형이다. 또한 다채롭고 예쁘게 디자인된 가상 세계에서 사람들의 행동을 조종하고, 20세기 독재자들은 꿈만 꿀 수 있었던 막강한 영향력을 사람들의 무의식에 행사한다. 게다가 모든 사회적 공간, 예를 들어 각자의 자동차, 집, 우정, 연애 관계 속으로도 밀고 들어간다.

이익을 목적으로 인간들에게서 얻어 낼 수 있는 모든 것을 활용하는 것이 비인간적이라는 데는 대부분의 사람들이 동의할 것이다. 하지만 그와 함께 독일처럼 부유한 나라의 많은 사람들에게는 한 가지 문제가 생겨난다. 자신의 성공을 근거로 당연히 긍정하게 될 우리 사회의 경제 형태가 나중에 우리가 진심으로 한탄하게 될 문화와 가치 상실을 수반한다는 것이다. 만일 인간이 무수한 데이터로 분해되고, 그렇게 획득된 프로필이 봉투에 담겨 최고가를 부르는 사람에게 판매되어 소비자들에게 물건을 사도록 하는 수단으로 이용된다면 인간의 개성, 즉 〈도저히 나누어질 수 없는 인간 저마다의 특성〉은 어떻게 될 것인가? 한층 더 뚜렷하고 가시적인 것은 소음과 속도, 지속적 광고, 주의력 강탈이다. 이것들은 우리의 사회적 공간으로, 아이들과의 식사 자리로 서슴없이 침범해서 연대감을 해체하고, 아늑함과 고요, 칩거, 〈혼자 있음〉을 방해한다.

유례없는 풍요에도 불구하고(물론 분배의 상황은 점점 열악해지고 있다) 우리 시대에 낙관론이 사라지고 있는 것은 놀랍지 않다. 입에 침을 튀기며 직원들에게 디지털의 장밋빛 미래를 장담하는 회사 사장도 와인을 두어 잔 마시고 나면 미래에 모든 것이 더 나아질지 어떨지 본인도 확신하지 못한다. 경제적으로 볼 때 세계는 지금 균형을 잃은 채 비틀거리고, 우리는 막대한 요구에 짓눌린다. 왜냐하면 계몽적 가치를 지키고 우리 세계를 보호하는 것은 인간이건 기업이건 혼자서는 할 수 없는 일이기 때문이다. 따라서 정치인들에 대한 주문은 그만큼 더 긴하고 절박하다. 그들은 우리가 살 만한 미래를 만들 수 있도록 도와야 한다. 그들이 과연 그 막중한 도전을 감당할 수 있을까?

우리는 타이타닉호에서 한가하게 비치 의자의
위치나 바꾸고 있다:
무리한 요구

눈앞의 좁은 반경에서 바닥을 내려다보면 괴물은 보이지 않는
다. 롤란트 에머리히 감독의 1998년 영화 「고질라」에서는 다섯
명의 과학자가 파나마의 한 구덩이에서 공포의 도마뱀 흔적을
뒤쫓는다. 핵폭탄 실험으로 돌연변이가 된 도마뱀의 흔적이 그
곳에 남아 있었다. 그런데 어떤 표시도 보이지 않는다. 과학자
들이 어쩔 줄 몰라하며 서 있는 동안 카메라는 공중을 훑고 올
라가 위에서부터 그들이 지금 어떤 구덩이 안에 있는지 보여 준
다. 바로 괴물의 깊은 발자국 안이다.[10]

　　이 이야기를 갑자기 왜 꺼내느냐고? 우리는 디지털화를
다루는 현 독일 정치에서 바로 그런 사람들을 보고 있기 때문이
다. 그들은 서로 비슷비슷한 수준으로 알고 있는 무언가를 찾아
나가고, 그 과정에서 이미 길들여진 평가 척도에만 목을 맨다.
그런 상황에서는 어떤 것도 찾아내지 못하고, 어떤 것도 파악하
지 못한다. 디지털화는 단순히 우리가 익히 아는 길 위에서 펼
쳐지는 경제 활동의 또 다른 효율성 증가가 아니다. 그것은 지
난 250년 동안의 경제 활동에서 가장 큰 변화다. 그것도 세계사
적 차원에서 이루어지는 삶의 변화이자 가치의 변화이고, 그와

동시에 현대적 개인의 자유를 향해 걷잡을 수 없이 펼쳐지는 전면적이고 범문화적인 공격이다. 우리의 사적 영역의 미래는 지금 백척간두에 서 있다. 우리의 민주주의는 이 걷잡을 수 없는 조종 가능성의 시대를 맞아 과연 어떻게 유지될 수 있을까? 아니, 정말 유지될 수나 있을까?

2014년 자신들의 〈디지털 의제〉를 소개한 세 명의 독일 장관도 괴물을 보지 못한 채 괴물의 발자국 안에서만 움직이는 연구자일 수 있다. 그 디지털 의제는 진정 어린 결정과 구체적인 계획 없이 시중에 떠도는 일반적인 이야기들만 담은 소심한 서류에 불과했다. 내부 보안이나 정보 보안, 정보 보호의 문제이건, 아니면 저작권이나 망 중립성의 문제이건 명확하게 결정을 내리는 건 아무것도 없고, 그저 막연한 표현으로 두루뭉술하게 넘어갔다. 정보기관을 위해서는 더 많은 정보의 습득을 바라고, 시민들을 위해서는 더 많은 익명성을 원했다. 망의 속도를 높이기 위해 유리 섬유 케이블을 더 많이 깔아야 한다는 계획에서만 자신들이 원하는 것을 정확히 알고 있는 듯했다.

〈가이드라인〉으로 제시된 것도 불안과 무방향성의 선언이나 다름없었다. 왜냐하면 시민들을 보호할 수 있는 효과적인 방법이 무엇인지, 또 〈사회와 경제에 대한 보호와 신뢰〉를 어떻게 보장할 것인지는 의제에 담겨 있지 않았기 때문이다. 게다가 수십억 유로를 쏟아부어야 할 광대역 투자로 납세자들이 실제로 얼마만큼 이익을 볼 것인지에 대한 언급도 없었다. 재주는 곰이 부리고 이익은 다른 누군가가 챙기는 일이 얼마든지 생길 수 있다. 그뿐만이 아니다. 미래의 노동 시장에 대한 언급은 물론이고 비윤리적 정보 거래 사업에 대한 언급도 없었고, 실리콘밸리의 막강한 디지털 권력에 맞서 독일 경제를 보호할 방책에 대한 설명도 없었으며, 경우에 따라 있을 수 있는 교육 혁명에 대한 언급도, 어마어마한 권력으로 성장하게 될 정보기관을 어떻게 통제할지에 대한 언급도 없었다. 사이버 전쟁의 악몽에 대해서는 말할 것도 없다. 또한 소셜 네트워크의 조작 위험, 위기에 처한 민주주의의 미래, 그리고 무엇보다 우리의 인간상과 가치에 대한 언급도 전혀 없었다.

〈인터넷은 우리 모두에게 미지의 신천지입니다.〉 2013년 (!) 미 국가 안보국NSA의 휴대폰 감청 스캔들이 불거졌을 때 앙겔라 메르켈 총리가 했던 이 말은 괴물의 발자국 안에 있던 세 명의 장관에게 딱 들어맞는다. 물론 독일 내무부 장관은 2014년 구글에 개인 프로필 작성의 금지를 요구했다. 경제부 장관은 대규모 플랫폼 운영자들의 조직을 개별 단위로 해체하는 방안을 숙고했다. 심지어 법무부 장관은 디지털 콘체른들*에게 그들의 알고리즘을 공개하라고 요구했다. 그러나 이 모든 것이 디지털 의제에는 담겨 있지 않았다. 어떤 목표도 진지하게 추진되지 않았고, 4년이 지났음에도 관련 법률조차 제정되지 않았다.

상황은 오히려 거꾸로 돌아갔다. 2017년에 들어와서도 정치에서는 디지털화에 관한 언급이 거의 나오지 않았다. 사회

---

* 콘체른이란 법적으로 독립된 다양한 분야의 기업들이 통일된 관리하에 결합되어 있는 형태를 말한다.

전체적인 차원에서는 말이다. 2013년의 가장 중요한 선거 이슈는 바이에른 국도를 이용하는 오스트리아 운전자에게 적용할 외국인 차량 통행료였다. 2017년 선거에서도 기독교 사회연합(기사당CSU)은 또 다른 이슈를 내걸었다. 전쟁과 굶주림, 가난을 피해 독일로 오는 사람들에 대해 〈상한선〉을 마련하자는 것이었다. 이런 걱정을 하는 나라는 어떤 나라인가! 멀리 수평선에서 거대한 산을 이루며 몰려오는 디지털 해일을 보면서 독일과 유럽, 세계가 어떻게 될지에 대한 계획과 생각, 전략은 묻지 않고 자신들을 무작정 믿어 달라고 외치는 정치인들을 믿는 나라라니! 독일 정치인들은 현실을 무시하기로 아예 작정한 것인가? 아니면 거대한 해일이 몰려오는데도 **타이타닉호에서 한가하게 비치 의자의 위치나 바꾸고 있는 것은 아닐까?**

자유민주당(자민당FDP)만 유일하게 독일 역사상 처음으로 디지털화를 선거 구호 — 〈디지털화가 모든 것을 바꾼다. 정치는 언제 변할 것인가?〉— 로 내세웠다. 그런데 디지털화로 인해 모든 것이 바뀔 거라는 이 의제에서도 정작 중요한 것은 빠진 느낌이다. 창업을 장려하고 광속 케이블을 까는 것으로는 사회적 변혁에 대한 충분한 대비가 되지 못한다. 훨씬 더 근본적인 질문은 다음과 같다. **디지털화가 모든 것을 바꾼다. 디지털화는 누가 바꿀까?**

우리 사회에서 디지털 기기를 점점 더 많이 사용하고, 컴퓨터와 로봇에 작업을 시키며, 이것들을 연결해서 사용하는 것은 인간의 일이다. 그렇다면 이것 역시 인간이 하는 다른 일들처럼 얼마든지 달라질 수 있다. 디지털화가 우리 사회를 바꿀 거라는 점은 분명하다. 그러나 어떻게 바꿀지는 아직 정해져 있지 않다. 경제, 문화, 교육, 정치에서의 궤도 수정은 미확정 상태이지만, 그것이 단순히 기술이나 경제적 성질만 띠지 않으리라는 점은 분명하다.

오스트리아의 유대계 철학자 마르틴 부버는 시대를 초월하는 교훈을 남겼다. 〈모든 것을 바꾸지 않고는 무언가를 바꿀 수 없다.〉 이것은 일상의 경험을 통해 누구나 잘 알고 있다. 부부에게 아이가 생기거나, 자식이 장성해서 집을 나가게 되면 예전의 삶은 갑자기 확 바뀐다. 특정한 변화가 모든 것을 바꾼다. 기술적·경제적 혁명과 같은 변화는 말할 것도 없다. 우리는 새 시대의 출발선상에 서 있다. 우리 정치인들은 이 상황을 잘 이해하고 있을까?

서양 사회의 정치를 들여다보면 〈모든 것이 변한다〉는 것은 그들로선 상상할 수 없는 일에 가깝다. 과거에 선견지명이 있던 사람들은 서구 통합과 동방 정책, 유럽 연합과 유로를 추진했지만, 오늘날의 정치인들은 눈앞의 것만 본다. 남들이 망가뜨린 것을 수리하고, 대중 매체가 관심을 보이는 것에 논평만 하는 정치로는 미래상을 만들지 못한다. 정치인들은 정말 미련할 정도로 대중에게 사랑받기 위해 안달하고, 가능한 한 누구도 적으로 만들려고 하지 않는다. 그러면서 정작 중요한 문제들에 대해서는 어깨만 으쓱하고 만다. 게다가 거대한 변혁을 정치적 의제로 바꾸려는 생각도 하지 않는다. 정치인들은 경제적 수익만 노리는 사람들에게 디지털화를 맡기면 그 잠재력으로 기대하는 만큼 세계가 풍요로워지는 것이 아니라, 오히려 빈약하고 공허해진다는 사실을 알지 못하는 듯하다. 다시 말해 삶의 의미와 노동, 경험, 감정은 공허해지고, 놀라움과 진실성은 빈약해지는 것을 모른다는 것이다. 게다가 디지털화가 시장 규범을 위해 사회 규범의 범위를 축소시킬 우려가 있다는 사실도 그들은 깨닫지 못하는 듯하다. 이는 대학생이 너무 비싸게 구한 방을 친구들에게 무료로 빌려 주는 대신 인터넷에서 기한을 정해 되파는 것과는 다르다. 사회 심리학자들이 〈자기 효능감*Selbstwirksamkeit*〉이라고 부르는 근본적인 경험은 인공 지능의 세상에서는 어떻게 될까? 어떤 일을 성공적으로 수행해 나갈 능력이 스스로에게 있다고 믿고 의미를 부여하는 그 감정 말이다. 현재 이루어지는 디지털화로는 점점 더 많은 사람들이 삶의 과정에서 소외될 위험이 존재하지 않을까?

정치인들은 직무상 이 모든 일이 자신의 소관이 아니라고 생각한다. 하지만 그것이 실제로 그들의 일이 아니라서 그렇게 보는 게 아니다. 이유는 다른 데 있다. 독일 정치는 지난 수십년 동안 커다란 변화를 회피하는 데만 주력해 왔다. **무언가를 바꾸려는 사람은 목표를 찾고, 무언가를 저지하려는 사람은 이유를 찾는다.** 적어도 20년 전부터, 아니 그보다 훨씬 오래전부터 독일인들은 이유가 목표를 일방적으로 압도하는 세상에서 살고 있다. 전략적 사고는 없어진 지 오래다. 전략적으로 생각한다는 것은 미래에 하나의 목표를 설정하고 단계적으로 나아가는 것을 의미한다. 그러나 오래전부터 독일을 지배하는 것은 전술뿐이다. 상황에 따라 유권자들에게 이익을 약속하는 단기적인 숙고만 존재하는 것이다. **전략에 대한 전술의 승리가 우리 나라를 마비시켰다.**

우리는 그에 대한 책임을 현직 정치인들에게 돌리길 좋아하지만, 그것은 정치인들만의 문제가 아니다. 고위급 정치인이 되고자 하는 사람조차 구체적 실행 계획을 갖고 움직이는 것은 분명 아니다. 과거에는 날선 원석으로 시작한 이상주의자도 세월이 흐르면 차츰 시냇가의 조약돌처럼 둥글둥글해진다. 물론 정당이 제도화되면 현실의 눈치를 보지 않을 수 없지만, 그것이 거대한 마비 상태의 유일한 원인은 아니다. 정치인들도 오래전부터 정보의 홍수와 살인적인 시간 압박에 내맡겨져 있다. 게다가 사람들의 흥분과 새로운 사건, 문제, 요구라는 것도 결국 그때만 잠시 버티면 지나가고 만다는 것을 경험으로 알다 보니 그들은 줄기차게 현 상태를 고수하려고 한다. 무언가 중대한 결정을 내리는 것은 그들의 직업적 성격에 맞지 않고 재선에도 영향을 끼친다. 도시의 불빛 오염이 밤하늘의 별빛을 덮는 것처럼 현재가 모든 미래를 덮고 있다. 이런 관점에서 보면 디지털화는 인간의 작품이 아니라 낯선 힘의 거역할 수 없는 명령처럼 보인다. 이 명령에 맞설 자는 없어 보인다. 시민의 힘도, 국가도. 대안 제시나 관철 의지를 강력하게 드러내는 정치인은 거의 눈에 띄지 않는다. 중대한 결정은 어차피 유럽 연합의 소관인데, 그 기구가 그런 결정을 쉽사리 내리지 않는다는 것은 누구나 알고 있다. 그러다 혹시 방향을 바꾸는 용기 있는 결정이 내려지면 법적 분쟁이 발생하고, 그러면 능력 있는 변호사들이 나와 실리콘 밸리의 팰로앨토와 마운틴뷰에 사는 돈 많은 고객들 편에 서서 그 결정을 무력화시킨다.

디지털의 미래와 관련한 이런 무기력증은 생태계를 위해 우리의 경제 체질을 바꾸어야 한다는 절박한 요구에도 비슷하게 해당된다. 환경 운동과 녹색당 창당에 이어 〈유기농〉과 〈친환경〉 개념이 흥청망청 소비하던 사회에서 독일인들의 보편적 의식으로 자리 잡기까지는 30년 넘게 걸렸다. 하지만 이러한 개념들이 일반적으로 받아들여지고 있는 상황에서도 환경 의식은 생태학적으로 위험한 산업 분야에서는 여전히 거의 반영되지 않고 있다. **인간은 수천 년 동안 자신이 무엇을 믿는지 몰랐지만, 지금은 자신이 아는 것도 믿지 않는다.** 우리는 기후 변화와 그 파멸적인 결과를 알고 있다. 하지만 믿지는 않는다. 일상에서도 믿지 않고, 정치계에서도 믿지 않는다. 지구가 지금보다 2~3도 더 더워져도 우리 인간, 아무튼 유럽인들은 여전히 살 만하다고 생각하는 것이다. 우리는 소비와 돈, 유흥, 쓰레기 같은 것들의 끊임없는 양적 성장으로 이루어진 우리 삶의 모델이 이대로 무한히 지속될 수 없다는 것도 알고 있다. 또한 이 상황을 바꾸기 위해서는 새로운 경제 모델이 요구된다는 것도 알고, **우리에게 진정으로 필요한 것은 더 많은 물건이 아니라 더 많은 시간과 여가라는 것**도 안다. 그러나 앞서 말했듯이, 무언가를 안다는 것이 그것을 믿고 그것에 따라 행동한다는 것을 의미하지는 않는다.

우리가 디지털화에 대해 지구의 생태적 미래처럼 그렇게 무책임하게 대처한다면, 인류 계몽과 시민 시대가 지금까지 일구어 낸 업적은 얼마 안 가 끝장나고 말 것이다. 디지털화와 생태적 재앙의 밀접한 연관성은 굳이 따로 설명할 필요가 없을 정도로 명백하다. 미래의 디지털 서버들이 소비할 엄청난 양의 에너지는 어디서 나오겠는가? 우리 삶의 모델은 이제 전체적으로 재고 조사가 필요하다. 우리에게 무엇보다 요구되는 것은 새로운 사회 계약이다. 경제적 변혁의 시대이기에 더더욱 좋은 기회처럼 보인다.

어쨌든 디지털화의 결과들이 야기할 문명적 혼돈에 질서를 잡으려는 일부의 시도는 이 자리에서 언급할 필요가 있는 듯하다. 2016년 〈유럽 연합 디지털 기본권 헌장〉의 시민 프로젝트 속에는 기본권에 대한 큰 염려가 담겨 있다.[11] 기본권, 저항권, 급부권, 평등권, 동참권, 기본권 규범, 그리고 보호 의무에 대해 숙고하는 것은 합리적이며 올바르다. 마찬가지로 이런 권리들을 두고 국가와 시민 사이에 결판을 볼 때까지 아직은 부차적으로만 싸워야 한다는 것도 올바르다. 물론 디지털화가 권위적 국가들에 조지 오웰의 『1984년』을 능가할 정도로 막강한 감시 수단을 쥐여 주기는 하겠지만, 현재의 분위기를 보면 독일의 기본권은 도를 넘은 인터넷 영리업체들보다 국가에 맡기는 것이 덜 위험해 보인다.

이런 맥락에서 디지털 헌장은 권리들에 대해 반복적으로

언급한다. 예를 들면 〈노동에 대한 권리〉가 그중 하나이다. 그런데 이것은 좀 생경하다. 미래에 수백만 명을 위한 일자리가 사라진다면 그런 권리가 무슨 소용이겠는가? 다음 조항도 그에 못지않게 낯설어 보인다. 〈노동은 생계유지와 자기실현의 중요한 토대로 계속 유지되어야 한다.〉 계속 유지되어야 한다고? 저임금 직종뿐 아니라 다른 많은 직업에서 노동이 과연 자기실현이었던 적이 한 번이라도 있는가? 게다가 우리의 임금 노동 사회가 지금까지의 방식대로 영원히 지속되어야 한다고 어떻게 명문화할 수 있는가? 그런 조항은 때가 되면 사라지고 말 어떤 일시적인 상태를 존속시키기 위한 규칙일 뿐이다. 결국 이것들이 보여 주는 바는 명확하다. 헌장의 법률적 규정으로는 급속하게 변하는 역동적 삶을 하나의 작은 종이 상자 같은 틀에 집어넣을 수 없다는 것이다.

기술적 진보가 인류 역사에서 되돌릴 수 없는 탁월한 진보임은 분명하다. 그러나 오늘날 상상할 수 없을 만큼 많은 정보의 수집과 처리는 디지털 기업들을 스파이로 만들었을 뿐 아니라 정보기관의 꿈도 사회적 악몽으로 바꾸었다. 그뿐만이 아니다. 그것은 정치를 마비시키고, 과도한 요구 속에서 정지시켰다. 하지만 우리가 느끼는 무기력함뿐 아니라 방향 정립의 변화도 정치와 사회의 윤리적 토대를 침식했다. 이는 곧 세상 만물에 대한 측정과 계량화의 승리였다.

이런 순수 경험론적 나침반의 정신적 아버지는 17세기

영국의 투기꾼이자 경제학자인 윌리엄 페티였다. 그는 남들이 인간과 운명에 주목하는 곳에서 자원을 보았다. 그의 작품 『정치 산술Political Arithmetic』은 수학적 냉철함에 대한 매력으로 가득하다. 이로써 그는 행정 통계의 기초를 세웠고, 오직 숫자만으로 모든 것을 이야기했다. 또한 통치란 믿을 만한 숫자와 통계의 토대 위에서만 가능하고, 정부의 행위를 결정하는 것도 원칙적으로 통계적 이성이라고 생각했다. 오늘날 정치인들의 지향점도 그와 별반 다르지 않다. 그들의 심리적 지형도는 모두 숫자와 통계, 여론 조사로 표시되어 있다. 더 나은 삶은 국내 총생산량으로 나타나고, 그들의 시장 가치는 선호도 순위로 결정된다.

그에 대한 대가는 정치적 창의성과 소신의 현저한 결핍으로 나타났다. 컴퓨터가 힘든 계산을 단 몇 초 만에 처리하게 된 이후 세상의 모든 것과 모든 사람에 대한 계량화는 전 사회의 윤리적 토대를 허물었다. 이제 중요한 것은 질이 아니라 양이 되었다. 이제는 양만 손쉽게 측정하면 되기에 그전까지 질적 평가를 내리기 위해 갖추어야 했던 판단력 형성의 지난한 과정은 대부분 생략되고 말았다.

그로 인해 특히 충격을 받은 쪽은 대학과 연구 기관이다. 경제학자들과 정신과학자들(정신과학 분야가 더 심각하다)은 이런 상황을 통해 예전의 나침반을 잃어버렸다. 1960년대와 1970년대처럼 오늘날에도 정치학자와 사회학자, 교육학자, 문화학자, 커뮤니케이션학자, 언론학자들이 정치에 결정적인 자극을 불어넣을 수 있을까? 대학의 모든 학과들은 경험론적 연구의 엄청난 부담으로 거의 마비된 듯하다. 교육학자나 사회학자로서 프로젝트를 추진하는 사람은 수치로 계량화된 결과를 내놓아야 한다. 그래야 의미 있는 연구로 인정받는다. 그러나 의도와 해석, 개입을 집단적 수치로 전환하는 것은 후유증을 남길 수밖에 없다. 학교나 다른 기관들의 질을 평가하는 문제에서조차 오늘날에는 마치 그 질이 양적으로 분명히 파악될 수 있을 것처럼 거의 경험론적으로만 판단된다. 이런 영혼 없는 활동을 향해 철학자 마르틴 젤은 이렇게 외친다. 〈세계의 측정할 수 있는 측면은 세계가 아니다. 그것은 세계의 측정할 수 있는 한 측면일 뿐이다!〉

산더미처럼 쌓인 이 정보들은 어떻게 될까? 가장 바람직한 경우는 어떤 자료가 누군가에게 발견되는 것이다. 실무 전문가들이 수백 쪽에 달하는 연구 논문과 평가서를 발췌하고, 비서관들이 그것을 두 쪽으로 요약하면, 정치인은 그것을 다시 세 줄로 줄여 연설문에 집어넣는다. 이런 수고를 보고 있자면 〈늪 속에서 절망에 빠진 채 찬밥 신세가 된 개구리들의 장엄한 울음소리〉라는 니체의 문장이 떠오른다. 물론 경험론에 토대를 둔 연구는 결코 그렇게 장엄하지 않다. 그런 연구는 사회적으로 중요한 담론을 만들어 내지 못하는 하청 업체의 기술에 지나지 않는다. 정신과학의 몰락은 디지털 정보 처리의 개선 행진과 함께 시작되었다고 해도 과언이 아닐 듯하다. 왜냐하면 정신과학은 과학적으로 점점 더 정밀해지는 쪽으로 나아갈수록 사회에서 그 중요성이 떨어지기 때문이다. 정보의 양이 많아질수록 정신 과학에 대한 관심은 줄어든다.

이러한 배경을 알고 나면, 프랑스 대혁명의 서광 속에서 장차 모든 정치를 합리적 사회 수학으로 만들어 나갈 학문들의 강렬한 개선 행진에 열광한 콩도르세 후작의 꿈은 얼마나 낭만적인가! 그에 따르면 정치는 학문이 되고, 학문은 정치가 된다. 하지만 오늘날 정치와 학문은 예전보다 훨씬 더 멀리 떨어져 있다. 다시 말해 유례가 없을 정도로 비철학적인 정치와 정치적 철학 사이에는 일치가 아니라, 프랑스의 철학자 자크 랑시에르가 민주주의의 파리한 석양빛 속에서 〈불화 la mésentente〉라고 불렀던 것만 존재한다.

세계를 해석하는 대신 경험론적으로만 파악하려는 사람은 정치와 사회 과학의 몰락을 공고히 하는 이 불화의 간극을 더욱 벌리고 있다. 아카데미 문화가 가진 상상력의 보고에서 아이디어를 얻지 못하는 정치는 눈먼 봉사나 다름없고, 정치적으로 아무런 영향을 주지 못하는 아카데미 문화는 공허하다. 오늘날 정치를 알고, 그러면서도 정치를 바꾸기보다 공명심을 채우는 데 급급한 이런저런 위원회나 자문 기구들도 그것을 모르는 건 아니다.

이런 실태와 그 사회적 결과를 현실적으로 판단하려면 다음과 같은 질문을 진지하게 던져 볼 필요가 있다. 만일 컴퓨터와 정보 처리 프로그램이 사라진다면 오늘날 사회 과학 분야의 교수들은 무엇을 할 수 있을까? 각 분과는 어느 방향으로 발전해 나갈까? 혹시 〈경험 모라토리엄 *Empirie-Moratorium*〉 사태라도 발생하면 무슨 일이 생길까? 아마 많은 교수와 연구자들이 무엇을 해야 할지 몰라 손을 놓는 일이 발생할 것이다.

그렇다고 경험론적 방식이 합리적이고 성공적으로 통하는 분야가 있다는 사실까지 비판하는 것은 아니다. 다만 유구한 전통이 있는 사회 과학 분과들을 단순히 숫자의 하청 업체 정도로 강등시키는 경험론의 독재를 탓할 뿐이다. **우리는 인식을 지식으로 대체하거나, 심지어 부차적인 것을 일차적인 것으로 여기는 경우가 너무 많다.** 인식은 항상 개인적인 해석 지평과 관련이 있는 반면에 지식은 그렇지 않다. 그래서 얼마나 많은 지식을 모으든 지식만으로는 인식과 지혜, 그리고 올바른 행동을 위한 지침이 생겨나지 않는다.

스위스의 심리학자 장 피아제는 말한다. 무엇을 해야 할지 모르는 상황에서 우리가 써야 할 것은 바로 이지력이라고. 숫자에 초점을 맞추는 사람은 사고의 경계가 좁고, 그래서 자신이 무엇을 해야 하는지 언제나 알고 있다. 이런 의미에서 계량화는 사고를 대체한다. 이때 등한시되는 것은 판단력과 판단의 기쁨, 가치, 신조, 품성의 육성이다. 아리스토텔레스에서부터 칸트를 거쳐 프랑크푸르트학파에 이르기까지 서양 문화의 전 도덕적 자산은 결과주의와 위험 영향 평가로 대체되고 있다. 테오도어 W. 아도르노의 비판적 사회학과 알폰스 질버만의 경험론적 사회학 사이의 1960년대 논쟁은 오래전에 결판났다. 질버만 학파의 승리로 끝난 것이다. 어쩌면 재앙을 머금은 정치와 사회 과학의 평화로운 공존은 더 이상 에토스를 낳지 않는다. 그러나 유권자들이 선거전에서 전통적으로 정치인들에게 찾았던 것은 바로 이 에토스 — 이것이 출발점이다 — 즉 우리가 〈내적 확신〉을 갖고 지지했던 도덕적 품성이다.

요즘 유럽의 거의 모든 곳에서 만날 수 있는 현대 정치는 전술적 영리함과 지극히 유연한 원칙에 입각해 에토스를 포기하는 것이 특징이다. 이런 차원에서 보면, 기술 관료에게 나라의 통치까지 맡기는 것은 차라리 일관성이 있는 듯하다. 기술 관료들은 자신이 정확히 평가할 수 없다고 생각하는 일은 아무것도 하지 않는다. 그들은 스스로 구체적인 내용이나 주제를 갖고 있지 않고, 대중 매체를 통해 그런 것들이 그들을 찾아온다. 예를 들어 금융 위기, 채무 위기, 도청 스캔들, 난민 위기 같은 것들이다. 이 중에서 예감하거나 알고 있던 문제는 하나도 없다. 어디서도 미래를 계획하고 소신에 따라 구축해 나갈 수 없기에 정치는 시시각각 변하는 날씨처럼 그런 문제들을 만날 뿐이다. **현재가 미래를 독재적으로 지배하는 세상이다. 모든 것은 움직이지만 아무것도 변하지 않는다.**

정치의 건설적 힘이었던 유토피아는 사라졌다. 〈아무 데도 없는 곳〉이라는 뜻의 유토피아는 측정이 불가능하고, 그래서 어디서도 등장하지 않는다. 우리가 미래에 어떻게 살지는 더 이상 정치인이 아니라 디지털 혁명의 환상가와 이상주의자들이 결정한다. 예를 들면 구글, 페이스북, 아마존, 애플, 마이크로소프트, 삼성 같은 기업이다. 이런 디지털 초강대 권력에 비하면 그에 맞서는 정치인들은 전략적 피그미에 불과하다. 그들은 이미 오래전에 힘을 잃었다. 우리가 선출하는 사람이 힘도 갖고 있어야 선거라는 것이 의미가 있다는 점을 고려하면, 우리는 사실 구글이나 페이스북의 최고 경영자를 지도자로 뽑아야 할 것이다. 그러면 그들은 자신의 전략과 비전을 공개하고, 우리는 이렇게 물을 수 있다. 〈당신들은 우리의 정보로 무엇을 하려고 하는가? 우리는 커뮤니케이션 영역에서 어떤 변화를 원하고, 어떤 변화를 허용하지 않는 것이 더 좋은가? 당신들은 권력과 자본의 유례없이 집중된 힘을 누구를 위해 쓰는가?〉 이런 질문을 던져야 하는 이유는 분명하다. 사회적 파장과 부수적 피해가 큰 이 모든 것은 우리가 한마디도 참견하지 못하는 상태에서 우리의 삶을 근본적으로 바꾸기 때문이다. 그런 디지털 권력에 비하면 누가 독일 총리가 될 것인지는 사실 거론할 가치조차 없어 보인다.

우리는 경험적인 것과 반응적인 것의 영역에서 어떻게 벗어날 수 있을까? 잘 알려져 있듯이 문화란 그 속에서 일어나는 모든 것에 대한 가치 중립적인 묘사로 유지되는 것이 아니라 해석과 해설, 중점, 선호, 존중과 추방, 수용과 비수용으로 이루어진다. 그런데 놀랍게도 디지털화만큼은 정치인들에 의해 진지하게 도덕적 평가가 내려지거나 해석되는 경우가 거의 없다. 그 대신 우리는 자유주의자들에게서는 디지털화에 대해 놀랄 만큼 순진한 긍정을, 좌파 정당의 일부에서는 총체적인 부정을,

다른 정당들에서는 가치 평가 자체가 놀랄 만큼 드물다는 사실을 확인할 수 있다.

부족한 것은 세밀한 관점이다. 디지털 혁명은 인간과 민족에게서 익숙한 세계의 상당 부분을 비롯해 그와 결부된 감정 세계를 앗아 간다. 수십 년, 아니 가끔은 수백 년 동안 통용되어 온 삶의 경험과 지식은 더 이상 통용되지 않는다. 모든 지식을 마우스 클릭 한 번으로 즉시 불러내어 내 것으로 만들 수 있다면 교육이 무슨 소용 있겠는가? 예부터 보존되어 오던 것들이 효력을 잃으면 우리는 어떻게 해야 할까? 또한 옛 고객들의 충성심이 보상을 받는 것이 아니라, 오히려 새 고객들보다 더 나쁜 가격으로 불이익을 받는다면 어떻게 해야 할까? 만일 의사와 교사, 대학 교원들이 권위를 잃어버리면? 많은 직업에서 평생을 수집해 온 경험들이 하루아침에 더 이상 아무 가치도 없어진다면? 인간이 역사상 알고 있던 그 어떤 간극보다 더 큰 간극이 오늘과 어제 사이에 놓인다면?

이 모든 것은 해석되고 분류되고 평가되어야 한다. 문화와 문명은 사실적인 것은 물론이고 가치로 생명을 이어 간다. 그것을 통해 도덕과 공동체, 정신, 정치가 소멸되지 않고 유지된다. 하지만 디지털의 주도 이데올로기 속에는 가치라는 것이 없다. 모든 문화는 자기 안의 인간을 좀 더 행복하게 만들고 있는지 물어야 한다. 더 나아가 좀 더 현명하고 온화하고 고상하게 만들고 있는지 물어야 한다. 효율적 사고와 자본의 논리가 결코 문화의 유일한 척도가 되어서는 안 된다. 우리가 제1차 산업 혁명의 역사에서 배운 것이 하나 있다면 경제적인 척도만을 만물의 척도로 삼는 것은 부도덕하고, 경제적인 척도는 비인간적인 행태로 나아갈 수밖에 없다는 것이다.

이런 상황에서 요즘 두 가지 흐름이 두드러진다. 하나는 그런 비인간적인 면을 보지 않으려는 흐름이고, 다른 하나는 그것을 두려워하는 흐름이다. 이런 흐름은 출판계에도 반영된다. 한편에서는 낙관적으로 용기를 북돋우는 서적들이 있다. 이 책들은 우리 삶을 훨씬 편리하게 해주고 우리에게 〈즐거움을 안겨줄〉 기기들에 대해 열광하며, 우리 모두가 그런 환상적인 미래를 누리게 될 것이라고 약속한다. 이런 책들에는 비슷비슷한 이야기가 담겨 있을 때가 많다. 우선 무어의 법칙*을 비롯해서 저장 능력과 칩 성능의 기하급수적인 발달을 이야기하고, 시대의 열차를 놓친 코닥과 노키아의 사례를 즐기듯이 토로하며, 게다가 동일한 역사적 오판들, 예를 들어 빌헬름 2세가 우리의 미래를 자동차가 아닌 말[馬]에서 보았다거나, 아니면 1977년 가정집에는 컴퓨터가 필요 없을 거라고 단언한 디지털 사업가 켄 올센의 오판을 신나게 인용한다.

이런 유의 책들은 주로 단순한 언어를 사용하고, 도표와 그래픽, 기믹, 귀여운 상징들에 대한 사랑을 보여 준다. 기술과 사회, 정치는 서로 느슨하게 연결되어 있을 뿐이다. 삶의 곤경과 난관은 기술자들의 방식대로 〈문제〉와 〈해결〉의 무한한 연

---

* 인터넷 경제의 3원칙 가운데 하나로, 마이크로 칩에 저장할 수 있는 데이터의 양이 24개월마다 두 배씩 증가한다는 법칙.

속으로 설명된다. 그러다 보니 여러 관련성이 실제로 뒤얽혀 있는 삶의 다원성은 존재하지 않는다. 기술적 즐거움과 기쁨 저편의 감정들은 전문적으로 공포를 조장하는 사람들에 의해 움직이는 감상적인 것이나 비합리적인 불안으로 치부된다. 마지막에는 기술적 혁신과 기업가 정신, 용기에 대한 희망찬 호소가 등장한다. 여기서 용기란 디지털화를 그냥 즐겁게 기다리거나, 디지털화에서 가능한 한 많은 이익을 얻어 내려는 용기를 말한다. 〈인생은 시장이고, 우리는 소비자에 지나지 않으니……〉

훨씬 까다로운 것은 두 번째 흐름이다. 그들은 개인과 사회, 민주주의의 미래에 대한 디지털 혁명의 의미를 분석한다. 이런 풍속화의 배경색은 대체로 암울하다. 그들은 2011년에 이미 디지털 경제와 인터넷의 어두운 면을 경고한 바 있는 벨라루스계의 미국 언론인 예브게니 모로조프의 견해를 따른다. 또한 미 중앙 정보국 요원 에드워드 스노든이 상업적 이해관계와 정보기관의 이해관계, 즉 디지털 콘체른과 국가 권력의 치명적인 결합에 대해 폭로한 내용도 즐겨 근거로 제시한다. 그들은 디지털 혁명과의 어떤 싸움도 어쩌면 이미 패배로 결정 났을지도 모를 만큼 멀찍이 앞서 나가는 위협적인 발전 상황을 경고한다.

이런 흐름이 대규모 투자자 일론 머스크와 스웨덴 출신의 철학자 닉 보스트롬과 함께 미국의 미래 진단 영역에서 독보적인 지위를 차지한 것은 이미 오래되었다. 현 상태에 대한 비관적 진단과 미래에 대한 묵시론적 예언이 득실거리는 것에서 알 수 있듯이, 세계 어디서도 미국만큼 두려운 시선으로 디지털화를 바라보는 나라는 없다. 그에 비하면 실리콘 밸리는 완전히 다른 세계에 둘러싸인 고립 영토처럼 보인다. 그러니까 요즘 다른 어떤 산업 국가보다 종말론적 예언이 들어맞을 조짐이 커 보이는 미국이라는 나라에서 자기만의 외딴섬을 이루며 사는 것처럼 보인다는 말이다. 독일의 연단에서는 여전히 미국의 정신을 복사하는 것이 추천되지만, 정작 미국 본토에서는 이미 오래전부터 인공 지능의 개선 행진을 멈추려는 시도가 비판적 여론을 중심으로 진지하게 고려되고 있다. 빌 게이츠조차 그사이 그런 경고자들의 대열에 합류했고, 너무 빠른 발전 속도를 경계하면서 기계세의 도입으로 그런 발전에 제동을 걸 것을 추천한다.[12] 그러나 기계가 이미 기존의 궤도에서 전속력으로 벗어나고 있는 상황에서 브레이크액 하나 교체하는 것이 무슨 소용이 있을까?

그렇다면 독일의 상황은 어떨까? 해커들의 모임인 카오스 컴퓨터 클럽, 인터넷, 미래 기관, 인터넷 창업 파트, 그리고 드물게는 대학에서, 빈번하게는 술에 취하고 기술에 젖은 기나긴 밤 동안에 미래 설계자들이 생겨난다. 더 정확히 말하자면 지나치게 불려서 말하거나 지나치게 줄여서 말하는 사람들로 이루어진 아류 미래 설계자들이다. 경제적으로 높은 기대, 사회적으로 많은 우려, 작은 희망, 약간의 경시, 그리고 단면도, 정면도, 모자이크, 이것들은 결코 하나의 전체를 보여 주는 그림이 아니다. 우리 사회의 디지털화를 위한 적극적인 미래 시나리오는 없다. 물론 대도시들이 지금보다 더 푸르러지고 에너지 효율적으로 변할 수는 있다. 또한 의료 기술이 더 정밀해지고, 노인들이 가사 도우미이자 애완동물로서 똑똑한 로봇을 쓰고, 인공 지능이 장착된 조명이 우리에게 좀 더 편리하고 아름다운 빛을 선사할 수는 있다. 하지만 이 모든 것은 사회적·정치적·경제적 비전이 아니며, 우리가 인간적인 물감으로 칠하고 싶고 소망할 수 있는 미래 그림을 위한 틀이 되지 못한다.

오늘날 우리에게 무엇이 필요한지는 가늠이 되지 않는다. 그렇다고 그것을 정치에 맡길 수는 없다. 앞서 언급했듯이 정치는 그 자체로 창의력을 발휘할 수 없기 때문이다. 정치계를 향해 불평을 늘어놓는 것은 별 보람이 없다. 〈정치〉라는 것은 사람들이 비판적 의견을 보낼 수 있는 무슨 수신처가 있는 것도 아니고, 우편함이 있는 것도 아니다. 그런 면에서는 〈경제〉나 〈자본주의〉도 마찬가지이다. 정치인들은 비판적 여론 때문에 반응할 수밖에 없을 때만 반응한다. 그리고 비판적 여론은 의식의 변화로만 생겨난다. 그런 의식의 변화를 위해선 단순히 불안이나 염려만으로는 충분치 않다. 이 대목에서 특히 필요한 것은 적극적인 미래 시나리오이다. 우리는 인간을 단조롭고 고되며 품위 없는 노동에서 해방시키는 사회 형태와 경제 형태가 가능하다는 것을 보여 주어야 한다. 또한 그 사회가 우리에게 어쩌면, 심지어 한 인간의 가치까지 그가 받는 임금으로 측정될 수 있다는 우리 사회의 묵시적 편견을 없앨 수도 있음을 보여 주어야 한다.

우리는 디지털 테크놀로지의 여러 가능성을 단순히 경제

우리는 타이타닉호에서 한가하게 패치 의자의 위치나 바꾸고 있다: 무리한 낙관적 경쟁의 시각에서만 보지 않고 좋은 사회 모델로 나아갈 기회로 볼 줄 알아야 한다. 지금 옛 중산층의 비옥한 토양에서 새로운 삶의 형태가 곳곳에서 벌써 싹을 틔우고 있다. 자동차를 공유하고, 도시 농부로서 옥상 정원을 가꾸는 디지털 원주민들 *digital natives*이다. 그런데 이런 현상은 단순히 여유 있는 사람들의 복고적 취향에 그칠까, 아니면 사회적 미래가 될까? 이 문제는 정치적으로 결정되어야 한다. 선(善)으로의 구조 변경은 저절로 일어나지 않기 때문이다. 어떤 식의 경제 논리도 그 자체로는 인간적 존엄에 어울리는 삶을 생산해 내지 않는다. 삶의 기회를 민주화하는 것은 정치적 과제이다. 만일 정치에서 아무 일도 일어나지 않는다면, 오직 정보를 독점한 기업과 노동력을 시장에 내놓고 착취당하는 사람들만 존재하는, 거기다 배불리 먹인 노예들만 만들어 내는 시나리오도 현실이 될 수 있다. 이러한 끔찍한 미래상, 즉 디스토피아를 일단 한번 그려 볼 것이다. 인간적인 유토피아의 대척점에 있는 것이 어떤 것인지 알기 위해서이다. 그런 다음 많은 사람들이 디지털 혁명의 초기에 새로운 삶의 불안에 대해 어떻게 반응하는지, 또 왜 그렇게 반응하는지 살펴볼 것이다.

펠로앨토 자본주의가 세상을 지배하다:
디스토피아

2040년 독일. 2018년에 태어난 아이들은 이제 청년이 되었다. 그들은 더 이상 도전과 실패, 시행착오와 경험의 세계에 살지 않고, 자신들에게 뭐가 좋은지 말해 주는 정보의 매트릭스 속에서 산다. 어른이 되면 뇌쇄적인 여인이나 잘생긴 남자가 진짜라고 믿을 만큼 생생한 홀로그램으로 그들 앞에 나타난다. 이 세계는 우리가 간밤에 어떻게 잤는지, 무슨 꿈을 꿨는지, 왜 그런 꿈을 꾸었는지 설명해 준다. 또한 우리의 혈당 수치는 물론이고 심혈관 정보와 호르몬 상태도 훤히 꿰고 있다. 게다가 오늘은 무슨 일을 할지 우리에게 추천해 주고, 2018년의 사람들은 꿈도 못 꿀 상품들을 제공해 준다. 우리의 삶이 실패하는 일은 더 이상 있을 수 없고, 구글과 페이스북 같은 기업들은 자유의 독재로부터 우리를 해방시켰다.

　　사고의 위험에서 벗어난 이런 삶에서 수명이 1백 세를 훌쩍 넘길 가능성은 무척 커졌다. 우리의 모든 세포는 배양기로 복제가 가능해졌고, 필요시에는 3D 프린터가 우리에게 새로운 신장과 간, 또는 〈자신의〉 새로운 심장을 출력해 낸다. 이제 내 신체 기관을 정말 마음대로 만들어 낼 수 있게 된 것이다. 우리가 거리를 걸어갈 때면 모든 것이 망으로 연결되어 있다. 감지 센서와 카메라가 우리의 발걸음 하나하나를 감시한다. 이제 범죄는 불가능하다. 이상한 행동은 즉시 포착되기 때문이다. 길거리 조명은 필요에 따라 불이 들어오고, 상품의 가격은 누가 상점에 들어서느냐에 따라, 또 고객의 구매 욕구에 따라 달라진다. 이제는 자율 주행 자동차도 따로 주문할 필요가 없다. 우리에게 언제 차가 필요한지 자동차 스스로 알고 있기 때문이다. 주변의 상점들도 대부분 전시용이다. 모든 상품은 온라인과 드론으로 배달된다. 우리는 파트너도 검색 프로그램으로 찾거나, 아니면 우리의 옛 낭만적 욕구를 충족시키기 위해 파트너가 〈우연을 가장해서〉 찾아온다.

돈은 아직 존재한다. 심지어 예전보다 더 많이 존재한다. 물론 동전이나 지폐의 형태는 아니다. 현실이 된 「트루먼 쇼」의 배경 뒤에서 셀 수도 없을 만큼 많은 돈이 일부 계층에 쏠린다. 많은 사람들이 기본 소득으로 받는 돈은 여전히 일하는 사람들의 주머니로 주도면밀하게 들어간다. 양극화 사회는 돈을 잘 버는 소수 계층과 경제적으로 종속된 수많은 사람들로 나뉜다. 한쪽의 자식들은 사립 학교에서 일류 대학을 거쳐 빅 데이터 회사의 심리 분석 팀에 들어가고, 다른 쪽 아이들은 로봇을 보조해서 봉급도 시원찮은 유치원 교사나 미용사, 요양사로 근근이 살아간다. 심지어 그중에는 일을 하지 않는 사람도 많다. 이 아이들이 엘리트 직업으로 나아갈 길은 애초에 차단되어 있고, 공립 학교를 다니는 아이들은 영원히 밑바닥 인생에 머문다.

승리자는 다국적 투자자와 기업, 투기꾼, 그리고 긱스이다. 사업가들에게 정보 거래는 순수한 금융 투자보다 훨씬 규모가 크고, 무엇보다 훨씬 안전한 비즈니스일 뿐이다. 그들은 그게 돈이 된다는 것을 안다. 하지만 윤리 문제에는 전혀 관심이 없다. 어쨌든 직업적인 차원에서는 그렇다. 그들은 사업을 개인적으로 운영하지 않는다. 실리콘 밸리는 효율적 사고를 마크 저커버그나 래리 페이지가 상상한 것보다 훨씬 멀리 진척시켰다. 그들의 사업 파트너와 하청 업체는 주로 남자들이다. 그것도 이미 열네 살 때부터 거부할 수 없는 힘으로 여자들을 설득시킨 알고리즘을 발견한 사람들이다. 제2 기계 시대의 이런 젊은 홍위병들은 투자자들 덕분에 꿈을 이루었다. 그들은 감시 국가를 두려워하지 않는다. 어차피 그들의 일상에서는 숨길 게 없다. 구글 같은 기업들이 우리를 매트릭스 속에 넣고 재운다고 해도 잃을 게 없다. 사회적 판타지가 아닌 그저 기술적 판타지만 갖고 있는 사람은 공항에서건 기차역에서건, 아니면 레스토랑에서건 다들 스마트폰에 빠져 있는 것이 거슬리지 않는다. 또한 그들에게 불멸을 선사해 줄 디지털 의학에 대한 꿈과 자신들이 인류를 몰락시킬 만큼 막대한 에너지와 자원을 소비하는 행태 사이의 모순도 느끼지 못한다. 늙어서 R2-D2 유형의 로봇에게 간병을 받을 거라는 상상도 그들에게는 공포가 아니라 기쁨이다. 이제는 요양원이 아니라 내 집에서 삶을 마감할 수 있게 된 것이다! 그들은 타인에게 피해를 주는 것에 대한 염려도 하지 않는다. 이미 그런 식으로 사회를 개조했고, 2040년의 세계를 만들었다. 위험보다 지루한 것을 선호하고, 비본래적인 삶이 본래적인 삶을 이겨 낸 세계이다!

실리콘 밸리의 비상은 여러 곳에서 확인되는데, 그중에서 눈에 띄는 것은 삶의 불안에 대한 승리이다. 애플리케이션과 알고리즘은 우연과 운명, 삶의 모험을 점점 더 많이 다루고, 그것으로 엄청난 돈벌이를 한다. 2018년에는 1조 달러가 채 되지 않던 GAFA(구글Google, 애플Apple, 페이스북Facebook, 아마존Amazon)의 시가 총액이 2040년에는 50조 달러에 이른다. 이 기업들은 2010년대에 벌써 엑슨 모빌, 페트로 차이나, 제너럴 일렉트릭처럼 시가 총액이 가장 높은 대기업들을 최상층부에서 몰아내고 대신 그 자리를 확실히 지킨다. 2040년에 이르면 옛 산업의 챔피언들 중 남아 있는 것은 하나도 없다. 그중에서 활용할 가치가 있는 것들은 모두 GAFA에 흡수된다. 마크 저커버그는 수년 전부터 미국 대통령이고, 옛 산업계 출신의 무뢰배 같은 국가수반 트럼프는 오래전에 죽었다.

유럽이든 미국이든 아직 힘이 있을 때 거대 독점 기업들의 사업 방향에 제동을 걸지 않았다. 또한 아직 그럴 여지가 있을 때 시민들의 침범할 수 없는 영역과 자유를 지킬 기회를 놓쳤다. 그렇게 만든 최대의 적은 다름 아닌 독일 경제인 연합이었다. 그들은 GAFA의 사업 방향과 정보 거래가 몹시 마음에 들지 않음에도 불구하고, 오히려 그런 기업들에 붙어 이득을 얻는 길을 택했다. 그러다 보니 인간의 사적 영역에 대한 상업적 약탈을 비윤리적인 사업으로 금지하는 것에 전력으로 반발한 것도 바로 그들이었다. 이 게임에서 우리가 이기지 못하고 시간이 갈수록 점점 패배의 나락으로 떨어지리라는 사실을, 2018년 당시에는 아직 많은 사람들이 내다보지 못했다. 물론 현실을 냉철하게 바라볼 줄 아는 사람이라면 그 사실을 꽤 정확히 예견할 수 있었을지 모른다. 생각해 보라. 구글 하나만 해도 2018년에 이미 유럽의 통신 사업자들을 전부 합친 것보다 시가 총액이 높지 않던가! 경쟁으로 그런 기업을 따라잡을 수 있으리라는 생각은 당시에 이미 허황한 기대에 지나지 않았다.

개인 정보 염탐을 옹호하는 두 번째 세력은 독일 정보기관이었다. 체질적으로 개인 정보 수집을 두 팔 들고 환영하는 연방 정보원BND과 헌법 수호국, 군사 안보 연방국MAD은 정보 수집을 제한하거나 사적 정보를 식별할 수 없도록 만드는 모든 시도를 방해했다. 테러 발생과 관련해서 여론으로부터 무엇이든 해보라는 독촉에 시달리던 내무부 장관도 정보기관의 소망에 부응했다. 정보기관으로서는 테러와의 전쟁에서 강경하고 단호한 태도를 보이는 것 말고는 다른 선택이 없었다. 그들은 매년 개인 정보에 대한 감시 시스템 덕분에 테러를 조기에 막은 사례를 언론에 공개했다. 그렇다면 광기에 사로잡힌 무슬림들의 테러는 2010년대라는 아주 좋지 않은 시기에 일어난 셈이다. 만일 그 시기에 테러가 집중되지 않았다면 정보기관들이 공공 영역과 인터넷상에서 지금과 같은 감시 시스템을 가동할 기회를 잡을 수 있었을까? 또한 냉전이 끝난 지 30년 가까이 지난 시점에 베를린 쇼세가(街)에 새로운 정보기관 본부가 설치될 이유가 있었을까? 그것도 예전의 풀라흐나 쾰른에 있던 본부보다 훨씬 더 큰 규모로? 이제는 서류를 보관할 캐비닛이나 창고는 필요 없고, 그저 쪼그만 데이터 저장 장치만 있으면 되는 시대가 아닌가? 모든 것이 점점 작아지는 시대에 정보기관의 규모는 거꾸로 점점 커져 가고 있다.

그런데 어느 시대건 남용 없는 권력은 별로 매력이 없다. 그것은 2018년이건 그 이전이건, 아니면 2040년이건 다르지 않다. 인터넷상에서 무한한 커뮤니케이션의 자유를 누릴 수 있을 거라는 장밋빛 약속에 이어 우리를 찾아온 것은 자유의 봄이 아니라 전체주의적 감시의 기나긴 겨울이었다. 서방의 민주주의는 놀랄 정도로 빠르게 그런 현실에 순응했다. 한편에서는 헌법적 가치를 치켜세우고 연설할 때마다 자유를 찬양하던 사람이, 다른 한편에서는 새로운 형태의 감시와 통제 가능성을 적극 활용했다. 그래서 사회학에서 **이동 기준선** *shifting baseline* 이라고 부르는 현상이 일어났다. 그러니까 어떤 일이 그 자체로 봐서는 별로 주목할 만한 가치가 없는 수없이 작은 단계를 거쳐 완전히 새로운 차원으로 이동하는 현상이 일어난 것이다. 독일인들은 그런 무수한 단계를 거쳐 과거에 나치가 되었고, 또한 자외선 차단 지수 3에서 지수 50에 적응했다. 독일인들이 자유의 제한을 큰 반발 없이 받아들이고 디지털 세계의 자잘한 축복에 기뻐하게 된 것도 모두 그런 현상의 일환이다. 자동차의 내비게이션 기기에서부터 자율 주행 자동차까지, 범죄 예방을 위한 감시 카메라에서부터 어떤 움직임도 피해 갈 수 없는 수천 개의 센서를 갖춘 스마트 시티까지, 그리고 아군의 실질적인 위험이 없는 전쟁에서부터 이제는 아무도 얼굴을 드러내지 않고, 설사 문제가 생기더라도 법정에서 책임질 사람조차 없는 체계적인 드론에 이르기까지.

그렇다면 우리는 어째서 우리 자신을 지키지 않았을까? 물론 투덜대거나 불평하는 사람은 여기저기에 있었다. 하지만 특정 사업 방침이나 감시 시스템에 반기를 드는 사람은 즉시 심사가 꼬이거나 괜한 공포를 조장하는 사람으로 몰렸다. 아니, 그보다 더 심하게는 기술과 진보의 적으로 내몰렸다. 그러나 그들은 기술과 진보에 반대한 것이 아니었다. 그저 **특정한** 기술이 투입되지 않기를 바랐고, **지금과는 다른** 진보를 원했을 뿐이다. **그러나 진보는 대안 없음의 가면을 쓰고 나타나길 좋아한다.** 우리가 결코 다르게 상상할 수 없을 만큼 우리의 머릿속에 강력하게 각인된 진보의 모습은 기업의 로비스트들이 우리에게 심어준 것이다.

2018년 당시, 우리는 에르난 코르테스와 프란시스코 피사로가 16세기에 신세계를 정복했던 것을 기억했어야 한다. 이두 정복자는 주변에 도박을 걸려고 하는 사람이 없었기에 단 7백 명의 대원만 이끌고 아스테카 왕국을 침략했으며, 160명의 대담한 남자들만 이끌고 잉카 제국을 짓밟았다. 그런데 원주민 문화는 이 침략자들을 바다 건너에서 온 신들로 여겼다. 정복자들은 불화를 조장하고, 새로운 이념과 동경, 전염병을 여러 부족에게 침투시켰다. 아마 원주민들이 초창기에 거세게 반발했더라면 그들을 막기는 한결 수월했을 것이다. 우리는 2018년 독일 경제와 정치의 많은 영역에서 그와 비슷한 상황을 보았다. 정작 경제인과 정치인들만 그렇게 보지 않았을 뿐이다. 그들은 독일 경제의 중추에 해당하는 건강한 중산층만 보았고, 인구 대비 독일이 미국보다 세계 경제에서 중요한 특허를 더 많이 갖고 있다는 사실에만 눈을 돌렸으며, 독일 경제를 방어 능력이 출중한 고도의 문화이자 세계 시장의 선도자로 생각했다. 그러나 그들의 화살은 적의 방패에 막혀 부질없이 부러진 반면, 적들의 치명적인 총알은 우리를 하나씩 명중시켰다.

　게다가 그들은 정신적 멘토나 정치적 고문, 시대정신에 해박하다는 지식인, 순종적인 무임 승차꾼, 영원한 떠돌이 장사치로부터도 형편없는 조언을 받는다. 그래서 대머리에 어울리지도 않는 초록색 안경을 쓰고, 현란한 색깔의 운동화를 신고, 불룩 나온 배에 헐렁한 스웨터를 입은 채 무대에 서서 디지털 혁신과 실리콘 밸리의 미래에 대해 열광적으로 떠들어 댄다. 또한 과거에 진짜 행상들이 재봉실을 팔았던 것처럼 자신의 행상 보따리에서 **내일의 휴식**을 위한 처방전을 꺼내어 팔고, 그들이 직접 만들기라도 할 것 같은 장밋빛 미래를 약속한다. 심지어 어떤 이들은 넥타이를 풀고 자신들의 적과 똑같은 스타일로 옷을 입고 수염을 길러야 적들의 마법이 자신과 자신들의 옛 회사로 이식될 거라고 믿기도 한다.

　낙관론은 사람들에게 동기를 부여할 뿐 아니라 가끔은 불안을 잠재우기도 한다. 하지만 합당한 이유로 의심을 불러일으킬 만한 발전 과정을 무조건 반갑게만 맞으라고 요구한다면, 그것은 이데올로기가 되어 버린다. 여기서 합당한 이유란 이렇다. 그 발전이 국민 경제에 불리하게 작용할 수도 있고, 또 그들이 약속하는 삶의 질이라는 것이 우리에게는 개선(改善)이 아닌 개악(改惡)으로 느껴질 수도 있다는 것이다. 그럼에도 실리콘 밸리는 일찌감치 **변화**와 **발명**을 우리 세계의 자연법칙으로 선포해 버렸다. 그러고는 그들의 변혁을 어린애 같은 순진무구함과 연결시켰다. 마크 저커버그의 말을 들어 보자. 〈나는 주로 내가 좋아하는 것만 만들었습니다.〉 이 시대의 거대한 변혁이 마치 아이 방의 장식 하나 바꾼 것 정도로밖에 들리지 않는다. 혹은 이렇게 말하기도 한다. 〈우리는 매일 아침 돈을 벌겠다는 목표를 갖고 일어나지 않습니다.〉[13] 실리콘 밸리에서는 누구도 돈을 목표로 삼지 않는다니, 이 얼마나 아름다운 말인가! 이렇게 해서 그 아름답고 새로운 세계는 점점 멀리 퍼져 나갔고, 자기만의 고유한 법칙에 따라 우리 삶의 모든 것을 새롭게 발명하고 바꾸어 나갔다.

2040년 실리콘 밸리의 세계적인 대기업들은 걷잡을 수 없이 비상했던 과거를 떠올리기 좋아한다. 시작은 유년기에 해당하는 1990년대인데, 서부 개척 시대나 다름없던 시대였다. 그때까지만 해도 인터넷은 여기저기에 사람들이 흩어져 사는 보편의 광야였고, 모두에게 더 많은 민주주의와 참여권을 약속하는 거대한 자유의 땅이었다. 그런데 2000년경에 이르자 좀 더 똑똑하고 전문적이며 맵시 있는 것들이 등장했다. 이들은 투기 자본을 등에 업은 채 새로운 방식으로 땅을 개간하고, 효율적으로 경작했다. 이때 그들이 사용한 것은 약정서 체결이었다. 즉 자신의 구역에 남들이 넘어올 수 없도록 강력한 철조망을 쳐서 영토를 확정한 것이다. 그들은 자신의 땅에 트위터, 인스타그램, 페이스북, 링크드인, 왓츠앱 같은 근사한 이름을 붙였고, 서로 고객을 주고받으며 끌어들였다. 그런데 그들이 만든 상품은 곧 그들의 손을 떠나 버렸다. 사용자들이 자유로운 인터넷상에서 저커버그처럼 자신이 좋아하는 것을 만들고, 그와 함께 그것들을 잘 보호된 자신만의 사유 재산으로 만든 것이다. 이렇게 해서 어느 때부터인가 인터넷은 더 이상 모두의 것이 아닌 소수의 것이 되어 버렸다. 여기서 소수란 GAFA를 비롯해 중국의 BAT(바이두 Baidu, 알리바바 Alibaba, 텐센트 Tencent), 러시아의 메일러 Mail. Ru 그룹과 얀덱스 Yandex 같은 기업이다.

이 새로운 정보의 군주들은 강력한 친구나 우군 없이는 유지될 수 없기에 곧 지금까지 축적해 온 어마어마한 양의 정보를 각자 고향 땅의 정보기관들과 상시적으로 나누기 시작했다. 이 부분에 대해서는 전직 미 중앙 정보국 요원 스노든이 충분히 폭로한 바 있다. 반면에 중국에서는 마치 딴 세계인 듯 그런 수고를 들일 필요조차 없었다. 중국 정부는 2010년대에 인간 개선을 위한 〈디지털 플랜〉을 세웠다. 베이징 대학교의 장정 교수는 그것을 가리켜 〈인류 역사상 한 번도 없었고, 지구상 어디에도 아직 존재하지 않는 계획〉이라며 두 팔 벌려 환영했다. 좋은 사람과 나쁜 사람을 구분하기 위해 〈사회 신용 평가국〉을 설치하다니 얼마나 〈흥분되는〉 일인가![14] 2020년 이후 중국인들은 꾸준히 개선될 것이고, 그러다 결국 흠이라고는 찾아볼 수 없는 인간으로 변할 것이다. 이 〈사회 신용 시스템〉은 모든 시민의 정보를 파악하고, 그들이 교통 법규를 잘 지키는지, 부모님을 자주 찾아뵙는지, 또는 자식을 너무 많이 낳는 건 아닌지, 인터넷에서 영화를 불법 다운로드하는 건 아닌지, 산책 중에 개똥을 방치하는 건 아닌지 등 여러 사회적 행동을 보면서 사회 신용 점수를 매긴다. 그래서 좋은 행동을 한 사람은 국가로부터 특혜를 받고, 그렇지 않은 사람은 불이익을 당한다. 사회 신용 점수가 일정 점수 이하로 떨어지면 사회적 활동에 여러 제약이 생긴다. 하지만 다들 아는 것처럼 그런 일은 아주 드물게 일어난다. 중국의 사회 신용 시스템은 현재, 그러니까 2040년에는 흠결 없이 완벽하게 잘 돌아간다. 20년 전부터 말이다. 이로써 〈신용 있는 사람은 하늘 아래 어디든 자유롭게 다닐 수 있고, 신용 없는 사람은 단 한 걸음도 떼기 어렵게 하겠다〉는 중국 정부의 공식 목표가 모범적으로 성취되었다.

물론 세계의 다른 지역에서도 이런 시스템은 작동한다. 방식만 조금 더 세련될 뿐이다. 유럽과 미국에 있는 사람들은 자유를 사랑하고, 자유에 대한 환상을 갖고 있다. 하지만 현실은 그렇지 않다. 〈우리는 당신이 어디에 있는지 알고, 어디에 있었는지도 안다. 또한 당신이 무슨 생각을 하는지도 웬만큼 안다.〉 에릭 슈미트 구글 회장이 2011년에 했던 이 말은 사람들에게 당혹감을 불러일으켰다.[15] 다른 문장도 지극히 중국적으로 들린다. 〈남들이 몰랐으면 하는 일이 있다면 어차피 하지 않는 게 좋다.〉[16] 이후 이런 문장들은 계속 반복되지 않았고, 언제부터인가 사람들의 기억에서 멀어졌다. 그런데 2010년대에 벌써 미국에서 범죄자가 재범을 저지를 확률이 얼마나 되고, 형량이 얼마나 높아야 하는지를 알고리즘이 결정한다는 사실에 주목해야 한다. 수학적으로 저장된 한 인물의 과거에 대한 앎이 그 사람의 미래를 결정하는 것이다. 개인은 더 이상 자유 의지를 가진 인간으로 간주되지 않는다. 그래서 심리적 복합성은 배제되고, 오직 수치로 판단되며 낙인찍힌다. 과거에 세상을 떠들썩하게 한 과오를 저지른 사람은 어디에서도 취직을 하기 어려워진다. 의료 보험사는 수집한 영양 정보와 건강 정보에 따라 개인적으로 각각 다르게 요율을 산출하기 시작한다. 기업들은 혈압과 혈당, 콜레스테롤, 중성 지방, 허리 치수 등에 관해 좀 더 세분화된 정보를 요구하고, 그에 따라 의료 보험 비용을 산출한다.

2010년대에 유럽에서 개인 정보 보호 차원에서 아직 금지되어 있던 것들이 2020년대에는 교묘한 방법으로 회피되었다. 그러다 얼마 가지 않아, 결국 유럽 역시 미국과 더 이상 차이가 없어졌다. 1993년에 상영된 영화 「데몰리션 맨」과 같은 사회로 발전한 것이다. 이 사회에서 폭력과 범죄는 더 이상 존재하지 않는다. 최소한 예전에 거리에서 일상적으로 일어나던 범죄는 일어나지 않는다. 사람들은 공개적으로 욕을 하거나, 일탈적인 의견을 내거나, 성적인 욕망을 드러내지 않으려고 조심한다. 인터넷 대기업과 정보기관들의 생산적인 유착 관계는 사람들의 행동을 획일화했다. 게다가 그 관계는 단순히 현상 유지에 머물지 않고 거기서 더 나아가, 2010년대에 이미 효력이 입증된 두 조직의 인원 교환으로까지 발전해 나갔다. 정보 양도에 대한 대가로 국가는 기업들이 염탐과 정보 거래, 광고로 돈을 벌어들이는 사업 모델에 손을 대지 않았다.

그와 함께 철학과 사회의 근본 가치들은 수년에 걸쳐 바뀌었다. 20세기에 유럽의 자유 국가들과 미국은 아직 계몽주의에 뿌리를 두고 있었다. 사람들은 로크와 루소, 몽테스키외, 칸트의 정신을 불러냈다. 또한 만인의 자유와 평등을 강조했고, 끊임없이 인권의 의미를 환기시켰으며, 칸트의 판단력에 기초해서 자유의 적절한 사용을 정의했다. 그러다 21세기에 들어서자 더 이상 그런 이야기는 나오지 않았다. 아니, 가끔 고위 정치인의 특별 연설에서나 간간이 나올 뿐이었다. 사람들은 자율성을 편리함과 바꾸었고, 자유를 안락함과, 숙고를 즐거움과 바꾸었다. 계몽주의의 인간상은 감시 센서와 디지털 클라우드의 아름답고 새로운 디지털 세계에서는 들어설 자리가 없었다. 알고리즘과 그것을 운용하는 사람들이 나를 나 자신보다 더 잘 알고 있다면 판단력이 무슨 소용 있겠는가? **인생은 시간 때우기일 뿐이다.** 나의 이성과 의지, 그리고 나 자신에 대한 앎은 〈성숙하지〉 않다. 그보다 훨씬 더 성숙한 것은 바로 알고리즘으로 파악된 내 행동의 총계이다. 그것은 내가 무엇을 했는지, 내가 누구인지 말해 줄 뿐만 아니라, 다음에 내가 무엇을 할지도 말해 준다. 이런 세계에서 전통적인 의미의 자유가 들어설 자리는 없다. 기껏해야 자유에 대한 환상만 있을 뿐이다. 우리 인간에게 가끔 푸른 숲을 바라보거나, 운동을 하거나, 남들에게 인정받는 것이 필요하듯 딱 그만큼만 필요한 그런 자유의 환상 말이다.

21세기의 주문(呪文)은 〈판단력〉이 아니라 〈행위〉이다. 계몽주의 철학자들에게 인간 행위는 의지에 따른 결정의 표현이었다. 그런데 20세기 초에 상황이 바뀌었다. 행동주의가 유행을 탔고, 그와 함께 유기체에 대한 새로운 관점도 주목을 받았다. 미국의 심리학자 존 B. 왓슨 같은 연구자가 볼 때, 동물이든 인간이든 모든 유기체는 자극과 반응으로 이루어진 기계이다. 생물은 환경을 탐색하고 그 과정에서 외부로부터 자극을 받는다. 그때 불쾌감을 유발하는 것은 반사적으로 피하고, 쾌감을 유발하는 것은 따라간다. 외향적인 행위든 내향적인 사고든 둘다 동일한 틀에 따라 움직이는데, 어떤 경우에는 그 틀이 명확하게 드러나고, 또 어떤 경우에는 명확하게 드러나지 않는다. 생물은 자극과 반응의 메커니즘에 따라 자신의 행동을 바꿀지 어떨지를 결정한다. 이 과정을 충분히 오랫동안 관찰하면 그 어떤 행동도 어느 시점에선 확실하게 예측할 수 있다는 것이다.

이후 유기체의 행동과 기술적 시스템의 동일시는 또 한 걸음 나아갔다. 그 걸음의 주인공은 미국의 수학자 노버트 위너였다. 그는 1943년, 그러니까 제2차 세계 대전 중에 전투기 조종사들의 행동을 분석함으로써 인공두뇌학을 만들었다. 기계와 살아 있는 유기체, 그리고 사회 조직 간의 조종과 통제에 관한 학문이었다. 인간의 행동을 일단 제대로 분석하면 환경 변화를 통해 그 행동을 원하는 대로 조종할 수 있다는 것이다. 그때 위너가 생각한 것은 의수나 의족처럼 쉽게 조종이 가능한 별 위험이 없는 단순한 물건이었다. 반면에 인공두뇌학이 사업 모델이 되고, 환경을 바꿈으로써 인간을 목표한 바대로 조종한다는 것은 상상도 못했다. 나중에 그는 인간 사회의 〈자동화〉를 꿈꾸었다. 오스카 와일드의 소망처럼 지루한 인간 노동을 대체해 주고, 그로써 인간이 계속 성장해 나가며, 스스로를 시험해 보고, 인간의 예술적 능력을 넓히는 것을 돕는 그런 〈자동화〉 말이다. 1948년에 출간된 책 제목, 『인간의 인간적 활용 ── 인공두뇌학과 사회 *The Human Use of Human Beings ── Cybernetics and Society*』가 이미 그의 강령을 보여 준다. 지능이 있는 기계는 〈인간의 이익을 위해 투입되고, 인간에게 더 많은 자유를 제공하며, 인간의 정신적 지평을 넓혀 주어야지, 그것으로 돈을 벌거나 기계를 새로운 황금 송아지로 경배하는 일은 없어야 한다.〉[17]

　　이후 수십 년 동안 인공두뇌학은 인공 지능 연구에서부터 행동 경제학에 이르기까지 수많은 분과로 세분화되었다. 그중에서 최근에 등장한 것이 〈옆구리를 쿡 찔러〉 바람직한 행동으로 유인하는 넛지 이론인데, 미국의 경제학자 리처드 세일러는 이 이론으로 2017년에 노벨상을 받았다. 그의 동료 캐스 선스타인은 그런 지식으로 무장한 채 2009년에 벌써 백악관 규제 정보국으로 자리를 바꾸었다.

기계를 프로그래밍하건, 아니면 인간을 조건 반사화하건 행동을 결정하고 조종하는 데는 동일한 메커니즘이 작동한다. 그런데 21세기에 들어서자 인공두뇌학적 조종으로 경제적 이익을 얻는 것에 대한 사회적 금기는 완전히 뒷걸음질 쳤다. 구글과 페이스북 같은 기업들의 등장 이후 그것은 오히려 세계에서 가장 짭짤한 사업 모델로 자리 잡았다. 첫 번째 단계에서는 인터넷 검색기나 소셜 네트워크를 사용하는 사람들의 정보를 판다. 다시 말해서, 개인 정보를 프로필 형태로 조합한 뒤 봉투에 담아 가장 많은 돈을 부르는 사람에게 넘기는 것이다. 두 번째 단계에서는 그 정보를 분석해서 사용자의 어떤 행동이 다음 행동으로 이어질지 가늠한다. 게다가 사용자의 미래 행동은 정보 선택이나 구매 추천, 또는 가끔은 교묘하게 은폐된 방식으로 조종되기도 한다. 이렇게 해서 사용자의 행동은 기업과 광고주, 또는 심각한 경우에는 정보기관이 원하는 방식으로 조종된다.

2016년에 러시아 해커들이 미국 대통령 선거에 개입했다는 주장 — 사실일 가능성이 높다 — 은 그 당시에는 그저 하나의 고약한 스캔들에 그쳤을지 모른다. 하지만 그사이 우리는 모든 정부와 기업, 정보기관, 단체들이 선거에 영향을 미친다는 것을 안다. 이유는 간단하다. 그게 아주 쉽기 때문이다. 지금과 같은 기술적 환경에서는 선거라고 해서 특별한 것이 아니다. 개인들에 대해 하루 수십억 건씩 조작과 조종이 이루어지는 현실을 감안하면, 선거를 조작하는 것은 결코 어려운 일이 아니다. 소셜 네트워크는 사용자의 자극-반응 메커니즘이 작동하는 환경을 끊임없이 바꾸고, 그로써 결정과 소망, 선호, 의도를 조종한다. 2040년에는 이제 누구도 계몽주의의 가치든, 아니면 〈자기 판단력의 주인〉이라는 계몽주의의 격정적 인간상이든 더 이상 알지 못한다. 그것은 개인을 행복하게 만드는 데도 필요하지 않고, 포스트 민주주의 *post democracy*를 위해서도 필요하지 않다. 여기서 포스트 민주주의란, 선거로 당선된 정치인들이 실제로는 아무 권력이 없음에도 겉으로만 민주주의 방식으로 돌아가는 것처럼 보이는 국가 형태를 말한다.

21세기 인공두뇌학 수준의 정치는 여전히 국회에 앉아 국사를 좌지우지하는 인간들을 결코 믿지 않을 것이다. 사회의 미래를 왜 그런 인간들에게 맡겨야 하는가? 민주주의를 좀 더 효율적으로 만들면 될 것을. 또한 민주주의를 조종하고 생산해 낼 수 있다면 왜 민주주의를 국민에게 맡겨야 할까? 프랑스의 철학자 랑시에르가 말한 포스트 민주주의는 2040년보다 훨씬 전에 이미 현실이 되었다. 정치는 모형화되고, 시뮬레이션되고, 언론에 소비되며, 기술 관료들에 의해 배후나 전면에서 결정된다. 선거전은 위약(僞藥) 효과를 발휘하고, 향수의 감정을 이용하며, 권력 관계를 진짜처럼 믿게 만든다. 하지만 2010년대에 이미 선거전은 현실의 삶과는 아무 상관이 없을 정도로 연출되고, 선거 이슈는 협소화하며, 철저히 계획에 따라 움직였다. 비전이 없기는 마찬가지인 두 총리 후보자의 〈토론회〉는 황색 언론 수준의 스포츠 결전이나 다름없었다. 게다가 영국의 사회학자 콜린 크라우치가 2004년에 벌써 관찰했던 사실, 그러니까 공

공 기관과 국가 기관에 대해 점점 부정적으로 변하는 가치 평가
는 마침내 이 기관들의 완벽한 무장 해제로 이어졌다. 경제에
해당되는 것은 정치에도 해당된다. 즉 실제로 힘을 가진 사람은
거울 뒤 보이지 않는 곳에 서 있다.

2040년도를 좀 더 자세히 들여다보자. 이 사회에서 거의
모든 권력을 장악한 사람은 2018년 당시 좀 더 나은 세상을 만
들겠다고 약속한 이들이다. 〈세계를 연결하는 것이 세계를 자유
롭게 하는 것〉이라는 에릭 슈미트의 슬로건은 노골적인 냉소로
비친다. 무슨 일을 하라고 컴퓨터에게 말하는 사람은 별로 없
다. 오히려 컴퓨터가 시키는 대로 하는 사람만 많다. 게다가 일
하지 않는 사람들은 더 많다. 예전에는 숙련 기술을 요구했던
많은 일들을 이제는 인간이 직접 할 필요가 없어졌다. 그 결과
인간의 수공업적 능력과 방향 정립 능력, 스스로 성장해 나가는
능력은 역사적으로 유례가 없을 정도로 퇴보했다. 인간은 자동
차를 운전하고, 지도를 읽고, 혼자서 세계를 헤쳐 나가는 법을
잊어버렸다. 전자 기기가 우리에게 온갖 것을 상기시켜 주기에
이제는 무언가를 기억할 필요가 없다. 또한 세계에 대한 지식도
점점 저장할 필요가 없어졌다. 기계가 대신해 주기 때문이다.
그로 인해 대부분의 사람은 다시 어린아이가 되어 버렸다. 세계
에 대한 지식 면에서나, (기술적) 보살핌에 의존하는 면에서나,
아니면 기계 (또는 머릿속에 이식한 칩) 없이는 집을 나서지 못
할 정도로 삶에 대한 용기가 부족한 면에서나 말이다. 이제 인

간은 석기 시대의 그림 문자로 소통하고, 어린아이같이 세계를 좋음과 싫음의 범주로만 나눈다.

이 정도로 판단력이 없어지다 보니 돈을 사취하기는 한 결 쉬워진다. 2010년대 말 이후 아무도 디지털 가격 시스템에 반발하지 않는다. 온라인이건 오프라인이건 모든 가격은 확실하지 않고, 오직 누가 사느냐, 언제 사느냐, 얼마나 많은 사람들이 사느냐에 따라 정해진다. 이런 식으로 고객은 최악의 갈취를 당한다. 지능적인 기계들은 소비자들이 항상 손해를 볼 수밖에 없는 가격에 적응하도록 수많은 요소들을 만들어 낸다. 평생 가격을 연구하는 사람들은 자신의 사업이 망하지 않도록 노력하는 반면에 다른 모든 사람들은 피해를 본다. 보험 회사와 스마트폰, 유료 방송의 장기 고객 역시 피해자이다. 고객에 대한 충성은 배신이 된다. 하지만 여기에도 **이동 기준선**의 원칙이 작동한다. 모든 것은 자잘한 단계 속에서 매일 일상적으로 진행되다가, 마침내 언젠가는 누구도 그런 일에 신경을 쓰지 않게 되는 것이다. 어제는 부도덕했던 것이 내일은 정상이 된다.

2040년에는 누구도 그런 것에 흥분하지 않는다. 사람들은 옷에 칩을 달고 다니고, 칩은 생산자에게 그때그때의 소재지를 알려 준다. 이제는 누가 어디에서 무엇을 사건 항상 생산자의 표적 안에 있다. 모든 것을 결정하는 건 알고리즘이다. 삶의 모든 영역에는 상품과 행복을 약속하는 것들이 널려 있다. 네트워크 속의 흔적을 보고 사람들은 우리가 누구인지 안다. 네트워크 속에서의 정체성이 우리가 우리 자신이라고 생각하는 것보다 훨씬 객관적이고 실질적으로 여겨진다. 우리의 삶은 이제 존재가 아니라 디자인이다. 산정된 우리의 욕구에 적응한 사용자 표피가 우리의 삶이라는 말이다. 어디에서도 우리를 막아서는 것은 없다. 우리의 환경은 게으름뱅이 천국처럼 이지적이다. 물건들은 우리가 말하는 그대로 따르고, 우리가 부르기도 전에 자동차나 드론으로 배달되어 온다. 우리의 도시만 스마트한 것이 아니라, 우리의 집도 스마트하다. 모든 것이 손가락 하나로 척척 움직인다. 범죄와 위험이 없기에 우리는 토머스 모어의 유토피아 섬처럼 대문을 없애도 될 만큼 안전하고 자유롭다. 비자유 속의 자유라니, 이 얼마나 멋진가! 올바른 매트릭스 안에는 잘못된 삶이란 없다.

다른 시대를 살았던 노인들만 이런 것이 낯설고 부담스럽다. 이들은 슈퍼마켓이나 초대형 마트에서 물어볼 사람이나 이야기할 사람이 없다는 사실을 힘들어한다. 실제로 매장에는 직원이 없다. 직원 대신 청소기처럼 생기고 동그란 눈만 반짝거리는 로봇이 있을 뿐이다. 노인들 말고도 수많은 숫자와 접속 코드, 암호를 기억하지 못하거나, 그런 것들을 잊었을 때 도움을 주는 애플리케이션으로 들어가는 방법을 모르는 사람들도 고통을 겪기는 마찬가지이다. 반면에 2018년에 태어난 사람들은 아무 문제가 없다. 그들은 다른 어떤 것보다 패스워드와 접속 코드를 기억하는 데 이미 충분히 길들여져 있다.

하지만 그들이 노인이 되면 회고할 수 있는 것은 하나의 세계가 아니라 단지 일과 게임뿐이다. 그들의 부모는 2018년에

한 〈세계〉의 가치가 어디에 있는지, 또 시행착오로 얻은 좋은 경험과 나쁜 경험을 토대로 스스로 구축한 삶의 가치가 어디에 있는지 알고 있었다. 또한 나이가 들수록 대체로 어린 시절의 정서적이고 창조적이고 도덕적인 근간도 점점 또렷해졌다. 그러나 바로 그런 부모들이 2010년대에 이미 자식들에게 삶의 거의 모든 나쁜 경험들을 배려하는 마음으로 면제시켜 주었고, 대신 함께 만들지는 않았지만 그 어떤 위험도 없이 편하게 걸어갈 수 있는 기술 세계 속으로 자식들을 밀어 넣었다. 그리고 자식이 배우지도 않은 플루트를 제대로 연주할 때마다 재능을 눈치채고 트위터로 올리기는 했지만, 그런 자식의 손가락 재능이 단지 스마트폰을 터치하고 누르는 기술에만 사용되는 것을 그냥 지켜보기만 했다. 아이들이 스마트폰과 태블릿 PC로 보내는 시간이 다른 용도로는 사용되지 않는 시간이라는 것을 부모는 분명히 알고 있었다. 다른 곳에서 인생의 집을 지을 돌을 가져오지 않는다면 삶은 아무것도 구축하지 못한다. 그러나 숭고한 교육 이상보다 부모에게 더 중요한 것은 결국 가정의 평화와 아이들이다. 컴퓨터나 스마트폰만 내주면 아이들은 금방 즐거워하면서 더 이상 칭얼대거나 짜증을 부리지 않는다.

2040년에 20대 초반의 세대는 세상에 태어날 때부터 시장 조사 기관이 목표 그룹으로 삼은 대상이었다. 그들은 인간이나 시민이 아니라 고객이자 사용자이자 소비자이고, 그런 존재로서 이기적이고 조급하며 게으르다. 이런 관점에 발맞추어 세상 어디에나 존재하는 광고는 그들의 출생 때부터 수십억 유로를 들여 비위를 맞추었고, 그와 함께 남들보다 먼저 혜택을 누리라고, 남들에게 질투심을 느끼게 하라고, 원하는 것은 뭐든 즉시 손에 넣으라고, 어떤 것도 힘들여 수고할 필요가 없다고 호소한다.

이 아이들은 부모가 자신들에게 무한대로 쏟은 사랑을 나중에 어떤 파트너에게서도 지속적으로 다시 발견할 수 없기에 쉴 새 없이 행복을 찾는 유목민이 된다. 즐거운 일들 사이의 중간 상태를 점점 견디기 힘들어하기 때문이다. 비일상적인 것에 대한 일상적인 수요는 어마어마하다. 그들의 삶의 영화는 빠르게 편집되어야 하고, 깜짝 놀랄 사건과 절정이 쉼 없이 이어지면서도 위험은 없어야 한다. 그들은 모든 것에서 최고의 이익을 찾고, 돈이나 비용과 관련해서는 가장 유리한 가격으로 최고의 체험을 할 수 있는 것을 찾는다. 그들의 삶은 〈목적〉의 독재에 예속되어 있다. 그들이 하는 일에는 모두 하나의 목적이 있고, 대개는 재미를 얻는 것이 그 목적이다. 그들이 동경하는 것은 엘리시움Elysium, 즉 축복받은 자들의 땅이다. 2013년에 나온 동일한 제목의 미국 영화처럼 말이다. 이 영화 속의 엘리시움에서는 특혜를 받는 사람들은 아름답고 다채로운 삶을 즐긴다. 반면에 지구는 경제적 파탄과 인구 과잉으로 몰락의 길을 걷는다. 그런데 진짜 엘리시움은 여전히 소수에게만 주어지고, 이 세계의 체류는 부당하게 이익을 취한 사람들 사이에서만 대물림된다. 그래서 지배자들은 의미 있는 물건이건 무의미한 물건이건 수백만 가지 상품으로 나머지 사람들에게 오락거리와 재미를 제공한다. 일상에서 현실과 허구 사이의 경계는 흐릿해져 이제는 그에 대한 질문조차 제기되지 않는다.

이런 상황이다 보니 개발 도상국에서는 거대 도시들의 끔찍한 상황도 지구의 참혹한 상태처럼 일상적으로 넘어간다. 2018년에도 그랬지만, 2040년의 지배자들도 지구의 참혹한 상태에는 아무 관심이 없다. 디지털 거대 기업도 이 문제를 해결할 생각을 하는 것이 아니라, 세계의 부패와 곰팡이를 생기 있는 색깔로 덧씌울 뿐이다. 철저하게 허구화된 사회는 불행과 가난, 환경 재앙을 마치 다른 세계의 일처럼 비치게 하고, 스크린 터치 한 번으로 그런 장면들을 즉시 다채롭고 재미있는 다른 화면으로 바꾸어 버린다. 모든 것이 잘 갖추어진 디지털 특혜 사회로 넘어오려다 국경 지대에서 사살된 수십만 명에 대한 소식이 보도되기는 하지만, 도덕적 각성으로까지 이어지지는 못한다. 2018년의 산업적 동물 사육의 잔인함처럼 말이다. 별로 아름답지는 않지만, 결국 어쩔 수 없는 일이라는 것이다.

이제는 늙음도 극복된다. 2040년에는 육체적으로 무탈하게 1백 세를 넘길 가능성이 상당히 커졌다. 개인의 건강은 꾸준히 체크되고, 건강 관련 정보는 쉼 없이 수집되며 초 단위로 평가된다. 특히 그것을 강력하게 요구하는 곳은 보험 회사이다. 유전 공학과 복제 기술은 기적에 가까운 수준으로 발달했다. 완전히 뿌리 뽑지 못하는 것은 정신 박약뿐이다. 그에 대한 연구가 아직 미진한 것도 아마 표준화된 수백만 건의 성형 수술보다 돈이 되지 않기 때문일 것이다. 엘리시움으로 진입한 사람이나,

아니면 이것이 훨씬 나은 경우인데, 애초에 그곳에서 태어난 사람은 나이가 들어서도 인간에 의해 보살핌을 받는다. 간병인들은 예쁘고 똑똑하며, 치약 광고처럼 산뜻하다. 엘리시움에 속하지 않는 사람들은 강력한 팔과 보들보들한 피부를 가진 귀여운 로봇들에 의해 보살핌을 받는다. 어느 모로 보나 훌륭한 시스템이다. 왜냐하면 유기물과 무기물을 구분하는 내적 나침반은 이미 오래전에 정지되었고, 자신의 육체적 상태에 대한 감정도 무너졌기 때문이다. 건강 상태는 이제 기계만 정확히 안다. 기계는 나의 연장된 자아이며, 나의 주인이자 보호자로서 우리가 안고 있는 모든 문제를 해결해 준다.

2040년의 인간은 자신의 육체에 대한 감정을 잃어버렸거나, 아니면 더 이상 만들어 내지 못한다. 그와 함께 생물학적인 것에 대한 본능도 전반적으로 상실되었다. **미래의 인간은 다른 동물들보다 컴퓨터와 심정적으로 더 가깝다고 느낀다.** 자연과의 관련성에 대한 감정은 사라졌다. 2040년에 인간들이 사는 세계는 더 이상 직접적인 자연 경험과는 아무 관계가 없다. 우리가 만나는 것은 인간의 손이나 기계의 손에서 나온 것이고, 문화 또는 기술의 세계이다. 문화와 기술은 구분이 되지 않을 정도로 융합되어 있다. 우리가 보는 것은 모두 인간을 반영하고 있다. 이 세계에 이제 초월적인 것은 없다. 인간이 기술을 통해 자연에 대한 지배력을 넓혀 갈수록 정복된 자연은 인간에게 점점 더 영혼이 없는 것으로 비치기 때문이다.

소비의 신전에서 연출되고, 귀금속 진열창처럼 번쩍거리

며, 숭배의 대상으로서 제식을 올리는 기술의 광고술은 경탄을 자아낸다. 황금 송아지에 대한 위너의 불안은 이미 21세기 초에 애플 스토어에서 사실로 확인되었다. 인간은 기술의 성취에 환호를 보내며 집단적 나르시시즘에 빠진다. 우리가 만들어 내지 않은 것은 더 이상 가치가 없다. 그로써 자연은 가치가 없는 하찮은 것으로 전락하고, 우리의 아이들에게는 느리고 실망스러우며 한눈에 조망할 수 있는 것으로 비친다. 현실은 가상 현실의 상대가 되지 못한다. 〈고향〉과 〈자연〉, 〈본래성〉, 〈권위〉, 〈포근함〉 같은 감정적 차원은 사멸된다. 언젠가는 누구도 그것들이 무엇인지, 또 그것들이 자신에게 있었는지도 알지 못한다. **2040년의 인간은 디지털 노숙자이다.** 기술 단위인 비트와 바이트만 끼고 사는 사람은 어디에도 집이 없다.

그런 면에서는 둥근 모양의 창의력 책상이 있는 실리콘밸리의 위계질서 없는 커다란 사무실을 비롯해, 디지털광들의 가상 현실 터전을 좀 더 안락하게 꾸미려고 피트니스 룸과 유리 온실을 설치한 디지털 본산도 다르지 않다. 이는 하와이 나일강변의 마요르카섬처럼 자연스러운 세계로서,* 그사이 세계의 모든 기업이 베끼고 있다. 그곳 주민들의 생활 세계에는 실질적 경험은 빈곤한 대신 중계된 영상만 가득하다. 여기에서는 누구도 세계의 기아와 불의, 난민 문제, 지구의 착취에 대한 답을 찾지 않는다. 디지털광들의 세계는 이 모든 것을 아는 것 같지 않고, 오히려 태연하게 세계의 진짜 문제들을 증폭시키는 데 기여

* 실제로 하와이는 태평양, 나일강은 아프리카, 마요르카섬은 지중해에 있다.

텔로텔로토 자본주의가 세상을 지배하다: 디스토피아

하는 것으로 보인다. 그러면서 지금껏 이 세상에 존재하지 않았던 다른 문제의 해결에만 몰두한다. 2010년대에 동아시아의 한 기업이 생산한 3D 안경에 대해 생각해 보라. 이 안경은 루프트한자 탑승객들에게 지금 향하고 있는 휴가지의 실제 모습이 실망스럽게 느껴질 만큼 그곳의 이상적 영상을 보여 주지 않는가? 어떤 현실도 머릿속의 영상을 따라가지 못한다. 혹은 같은 회사가 만든 다스 베이더 헬멧을 쓰고 비행기 바닥을 관통해서 내려다보는 승객을 떠올려 보라. 승객들은 발밑의 빈곤에 역겨움을 느낄 것이다. 이런 것들을 만든 사람들은 2040년보다 훨씬 오래전에 이미 현실에 대한 본능이 사라졌음을 보여 준다. 그들은 세계의 걱정거리와 궁핍에 대한 이야기를 듣는 대신 인간과 기계의 완벽한 융합을 꿈꾸었다. 또는 더 정확히 말하자면, 슈퍼맨의 탄생을 꿈꾸었다.

슈퍼맨은 깨끗한 물도, 열대 우림도, 바다 휴가도 필요 없을까? 게다가 지상의 어떤 기후에도 맞춰서 살아갈 수 있고, 대지에서 생산되는 것들을 먹지 않고도 살 수 있을까? 2016년 구글의 부사장 서배스천 스런이 〈슈퍼맨〉을 꿈꾸면서 그런 문제에 대해 조금도 고민하지 않은 것은 이상하기 짝이 없다. 〈우리는 인공 지능의 도움으로 지금껏 어느 시대보다 강력하게 우리 감각과 능력의 자연적·생물학적 한계를 뛰어넘게 될 것입니다. 또한 우리는 모든 것을 기억할 것이고, 모든 사람을 알게 될 것이며, 지금은 아직 불가능하게 여겨지거나 생각지도 못하는 물건을 창조해 내게 될 것입니다.)[18] 스런이 이 말을 했을 당시 누구도 흐뭇한 미소를 짓지 않았다. 왜냐하면 우리가 모든 것을 기억하고 모든 사람을 알게 될 거라는 목표는 정말 바보 같았기 때문이다. 심지어 인터뷰어가 스런에게 〈당신은 저녁에 퇴근하고 집으로 돌아가면 어떤 일을 하나요? 혹시 재충전을 하는 당신만의 방법이 있나요?〉라고 물었을 때, 그가 다음과 같이 대답하자 터져 나오는 웃음을 참지 못해 손으로 입까지 틀어막아야 했다. 〈휴식 같은 건 없습니다. 내 가족과 나는 세계를 더 나은 곳으로 만들기 위해 다 함께 노력할 뿐입니다.〉

스런의 세계가 우리를 더 행복하게 해줄까, 아니면 미치게 할까? 우리는 정말 스런 같은 사람들처럼 죽음을 물리치기 위해 노력해야 할까? 세계 인구는 급속도로 증가하고, 지구의 자원은 점점 줄어들기만 하는데? 인간은 포유동물로서 자연을 헤쳐 나가고, 자연에 적응해서 사는 본능을 잊어버렸다. 자본주의 경제가 시작된 이후 우리는 마치 바이러스처럼 자연 환경을 다루었다. 그러니까 자신의 숙주를 덮쳐 착취하고 파괴하며, 그런 다음 다른 곳으로 계속 이동하다가, 결국에는 어떤 적당한 환경도 더 이상 찾을 수 없는 그런 바이러스 말이다.

2040년에도 이러한 파괴적인 생활 방식은 전혀 바뀌지 않았다. 테크노 슈퍼맨에 대한 인간의 유치하고 허황한 꿈도 끝나지 않았다. 아니, 정반대이다. 비인간적인 것에 대한 숭배는 심지어 점점 더 커져 갔고, 기술은 종교가 되었다. 2040년 기술의 대제사장들은 이렇게 약속한다. 2060년에는 죽은 사람도 매트릭스 안에서 디지털로 저장할 수 있게 될 거라고. 인간의 뇌를 디지털로 보존한다는 것이다. 그들의 약속은 테크노 영역에서의 환생이다. 이 모든 것은 2010년대에 이미 구글의 기술 개발국 팀장인 레이먼드 커즈와일이 예언한 바 있다. 다만 그가 알지 못했던 것은 지구상에는 이제 불멸이 들어설 자리가 없다는 것이다. 왜냐하면 2040년에 아직 불멸의 방법을 찾아 노력하는 와중에도 우리는, 다른 한편으로 에너지와 자원 소비로 인류를 절멸시키고 있기 때문이다.

　　인간은 어차피 기술의 대제사장들이 마치 자연법칙처럼 예언한 것, 그러니까 언젠가 특이점*의 시대, 즉 인류세(人類世)를 끝장낼 인공 지능의 시대가 도래하는 것을 경험하지 못할 것이다. 왜냐하면 인간을 넘어서는 지성이 인류의 종말을 알리기 훨씬 이전에 지구라는 혹성에는 더 이상 사람이 살 수 없게 될 테니까. 어쨌든 이러한 염려, 그러니까 제5차 산업 혁명에 대한 불안은 부질없었다. 스탠리 큐브릭 감독이 「2001: 스페이스 오디세이」라는 영화에서 예견했던 인간 대(對) 기계의 싸움도 일어나지 않았다. 또한 옥스퍼드 대학교의 철학자이자 〈트랜스휴머니스트〉**인 닉 보스트롬이 평생 천착했던 문제, 즉 우리가 인공 지능에 어떻게 인간의 선한 도덕을 심어 줄 것인가 하는 문제도 결국 제기되지 못했다. 그는 오히려 인간 사회에 대한 문

---

* 　*singularity*. 인공 지능이 비약적으로 발전해서 인간의 지능을 뛰어넘는 기점.

** 　트랜스휴머니즘은 과학과 기술을 이용해 인간의 정신적 육체적 성질 및 능력을 개선하려는 지적 문화 운동을 말한다.

제를 제기했어야 했다. 다시 말해서, 인간은 2070년에 나쁜 슈퍼 로봇의 권력 장악 없이도 완전히 멸종했다. 인간의 자연적인 지능을 자신들의 실질적인 문제를 해결하는 데 쓰지 않고 계속 인공 지능이나 만들어 나감으로써. 지구에 남은 것은 슈퍼컴퓨터와 거대한 서버, 그리고 전능에 가까운 로봇뿐이다. 달의 영원한 정적에 남겨진 우주 비행사의 깃발과 차량, 관측기, 위성처럼. 그러나 저 아래 지구에 남은 것들은 시간에 침식당하고 수백만 년에 걸쳐 시뻘겋게 녹이 슨다. 그러다 결국에는 무엇이 남을까? 그것들 위로 휩쓸고 지나가는 바람만 남지 않을까?

지나간 것은 죽지 않는다:
레트로피아*

사회는 역사가 필요하다. 역사는 우리 삶의 부조(浮彫)에 깊이를 부여하고, 그 깊이는 사회의 울림통이 된다. 형성된 것은 그것이 무엇으로 이루어졌는지 앎으로써 현재의 모습으로 인식된다. 인간은 세 가지 시간 공간, 즉 과거와 현재, 미래의 주민이다. 그런 점에서 지나간 것은 죽지 않는다. 결코 사라지지 않는다는 말이다. 어쨌든 인간의 머릿속에 계속 살아 있는 동안은. 미래도 결코 그 자체로 약속이 아니라, 항상 현재의 근심을 완화시켜 준다는 측면에서 현재의 지평 속에서만 존재한다.

　　인간 삶의 걱정거리와 꼭 필요한 것들은 문제와 해결의 도식에 따르지 않는다. 우리 삶에서 가치 있고 중요한 것들은 거의 모두 그 자체로 문제도, 해결도 아니다. 우리의 모순과 특성, 가공되지 않은 경험, 다채로운 기억, 열정, 성공과 패배는 누군가 그에 대한 해결책을 제시한다고 해서 없어지지 않는다. 좋거나 고통스러운 과거, 떨쳐 버렸거나 지금껏 끌고 온 과거의 세례를 받지 않고 찾아오는 미래는 없다. 인간은 현재의 자기 모습을 사랑한다. 스스로 생각하는 것보다 훨씬 더 많이. 인간

* Retropia. 〈과거 지향적 유토피아〉를 가리킨다.

은 자신의 경험을 높이 평가한다. 그것은 다른 사람이 아닌 바로 **자신의** 경험이기 때문이다. 나이 들어 구부정해졌을 때 우리는 우리 자신의 역사가 아니고 무엇이겠는가?

인간이 요동과 변혁, 즉 **단절**을 오직 드물게만, 혹은 그로부터 직접적인 이득을 기대할 수 있을 때만 높이 평가한다는 사실은 이상한 일이 아니다. 오히려 인간은 대개 시간과 공간 속에서 전통과 관습, 지속적인 것의 확고한 토대를 훨씬 더 좋아한다. 현재 다른 대륙에서 유럽이나 미국으로 수백만 명이 몰려가는 일이나, 그와 발맞춰 어제 통용되던 것들이 오늘 바로 부정당하는 일처럼, 우리 시대가 급속도로 변하고 있다는 사실은 단순히 비합리적이라고 볼 수만은 없는 불안을 야기한다. 인간의 불안은 그 자체로는 합리적이지 않고 감정적일 때가 많지만, 사실 좀 더 깊숙이 들여다보면 지극히 이성적이다. 우리 종의 출현 이후 인간의 생존을 보장한 것이 불안이기 때문이다. 머리 위에 올린 지붕들, 우리가 해석하고 이해할 수 있을 만큼 좁은 땅덩어리와 삶의 과정들, 이런 것들은 생물학적으로 중요하고 그와 함께 심리적으로도 중요하다. 그런데 새로운 경제 형태에서는, 그러니까 지구 내 모든 공간의 경계가 사라지고, 문화의 뿌리가 급속도로 뽑히고, 전통이 새로운 것으로 대체되고, 평평하던 사회가 빈부로 양분되며, 곳곳에 수요와 욕구가 일깨워지는 경제 체제에서는 그런 영혼의 고향은 의미가 없다. 우리의 시간 감각에도 비슷한 변화가 일어난다. 우리의 경제는 변화와 속도를 종교로 만들었고, 존재를 희생하면서까지 변화를 숭배의 대상으로 선포했다. 이런 식으로 경제는 부단히 자신의 과거로 스스로를 위협한다. 예부터 내려오는 것들에 대한 평가는 좋지 않다. 그 자체로 낡은 것이기 때문이다.

20세기 인간들이 살았던 시간과 공간의 좌표는 해체되었다. 인간이 거기서 공유했던 경험과 동질성은 빠른 속도로 지나간 것과 떨쳐 버린 것이 되었다. 지금껏 우리가 알아 왔던 것처럼 디지털화의 열렬한 대변인들은 우리가 취하는 것들이 **좋고 옳은지** 묻지 않는다. 우리의 기존 가치와 부합하는지도 묻지 않는다. 그들에게 중요한 것은 우리가 시대의 흐름에 늦지 않게 **제때** 접속하는 것뿐이다. 이로써 **도덕의 문제는 시간의 문제가 되었다.** 이제 미래 사회를 결정하는 것은 판단력이나 가치 평가, 동의가 아니라 **외부에 의한 강제**이다. 이런 의미에서 속도는 도덕성을 뒷전으로 밀어 놓는다. 디지털화가 먼저이고 의심은 나중이라는 것이다.

하지만 과거와 현재를 더 이상 이어 갈 수 있는 것으로 여기지 않는 사람들, 어쨌든 지속적으로는 그게 불가능하다고 생각하는 사람들은 의심의 물결이 봇물처럼 밀어닥치는 것을 놀라워하지 않는다. 2018년의 독일 사람들은 아직 2040년의 디스토피아적 인내의 상황에서 살지 않는다. 2018년에도 경제 공청회장에 머리가 허연 늑대들, 그러니까 이미 많은 세월을 살아 왔고 기술의 대변자들이 부르짖는 낙관주의를 더 이상 믿으려 하지 않는 늑대들이 객석에 앉아 있는 것을 나쁘게 생각할 수 있을까? 혹은 최고 경영자들이 아직 독일어를 쓰고 검증된 인물이었던 옛 시절을 떠올리는 것을 나쁘게 생각할 수 있을까? 아니면 부모와 자식이 다 함께 앉아 시답잖은 텔레비전 프로그램을 보면서 식탁에서 대화를 나누는 것을? 남자가 털모자 쓴 꼬맹이가 아니라 아직 남자였던 시절을? 그들은 기술자들이 인간을 제대로 이해한 적이 한 번도 없고, 금융 투기꾼들이 인간에게는 하등 관심이 없다고 느낀다. 그렇다면 왜 하필 그런 인간들에게 우리의 미래를 맡겨야 할까?

그들은 그렇게 느꼈지만, 그에 대한 적절한 말을 찾는 것은 드물었다. 그들의 비판의 목소리는 조심스럽고 나직했다. 그들은 자신의 염려와 불안이 사람들에게 호응을 받지 못한다는 것을 알고 있다. 생각해 보라. 시대에 뒤떨어진 고물로 낙인찍히고 싶은 사람이 어디 있겠는가? 사람들은 늘 이전부터 변혁을 두려워해 왔다. 19세기 초 공장의 기계를 파괴한 사람들은 시대의 신호를 알아보지 못했고, 빌헬름 2세도 자동차가 아닌 말이 우리의 미래라고 말하지 않았던가! 결국 (거의) 모든 사람들을 좀 더 자유롭고 건강하고 부유하게 만든 것은 기술이 아닐까? 진보가 너무 강하게 느껴지는 사람은 그 자신이 너무 약한 사람이다. 이런 논리에 부딪혀 미래 경제에 대한 회의론자들은 입을 다물었다.

그들은 염려를 혼자 삭인다. 예전에는 옳고 의미 있던 것이 이제는 그렇지 않다. 직업도 그들에게는 가늠이 되지 않고 조망조차 할 수 없는 것을 함께하라고 요구한다. 하지만 생각은 그러고 싶어도 감정이 가로막는다. 어제의 지식과 능력은 디지털 시대에선 아무 가치가 없다. 그렇다면 자식에게 무엇을 가르

쳐야 할까? 그들이 가진 삶의 지혜와 사고방식, 기술적 노하우, 도덕, 관습은 이미 낡은 가구처럼 케케묵었다. 그들의 조부모 세대에게는 평생 동안 편안한 고향이었던 것이 불과 수십 년 만에 바뀌었다. 아직도 책을 읽는 사람이 있을까? 그들의 자식들에게는 더 이상 책꽂이가 필요 없다. 그들은 결코 자식들에게 나처럼 하라고 말할 수 없을 것이다.

인간의 생각과 감정, 관심은 더 이상 중요해 보이지 않는다. 하지만 18세기에 아일랜드 출신의 영국 보수주의 정치인이자 작가인 에드먼드 버크에게는 그것들이 권위의 유일한 버팀목이었다. 그는 사회의 유지와 번성, 발전을 결정하는 것이 법률이나 서명 문서의 조항들이 아니라 사회 구성들원 간의 〈공통점, 유사성, 공감〉이라고 보았다. 그들의 〈도덕과 교제 형식, 삶의 습관들〉이 사회적 결합을 촉진하고, 〈가슴으로 확정된 의무〉를 장려한다.[19] 그러나 거대한 디지털 콘체른들은 자신들의 새로운 세계 권력을 행사할 때 도덕과 관습에 기초해서 권력을 행사해야 한다는 준칙에는 별로 신경을 쓰지 않는다. 또한 디지털 혁명은 노동 시장과 공동생활에 대한 공격일 뿐 아니라, 민족들의 미학에 대한 공격이기도 하다. 유행과 언어는 동일한 형태로 규격화되고, 독일어는 뎅글리시*가 된다. 창의성조차 거대한 결합형 사무실과 미래 연구소의 틀에 갇히면서 규격화된다. 품행과 고상함, 스타일, 지역적 특성, 새로운 전통에서 무언가를 얻

* *Denglisch*. 독일어를 뜻하는 Deutsch와 영어를 뜻하는 Englisch의 합성어. 독일어 속에 침투한 영어를 의미한다. 〈콩글리시〉와 비슷하다고 할 수 있다.

지나간 것은 죽지 않는다: 레트로피아

어 낼 생각은 거의 하지 않는다. 디지털 문명이 아무리 확산되더라도 디지털 콘체른들이 현지 문화에 적응하는 일은 일어나지 않는다. 아니, 그 반대이다. 후드 티와 운동화 차림으로 대변되는 그들의 단일 문명은 세계 어디든 파고든다. 독일인, 키르기스인, 마사이족, IS 전사들 할 것 없이 모두 스마트폰을 사용하고 있으나, 그것만으로는 에드먼드 버크의 〈도덕과 교제 형식, 삶의 습관들〉에는 충분하지 못하다. 스마트폰은 어떤 가치 공동체도 만들어 내지 못하는 것이다!

그러한 단일 문명적 태도로 좀 더 나은 세상을 만들려고 한다면 가늠할 수 없는 인간의 삶과 관련성들의 무한한 고유성들을 의도적으로 무시할 수밖에 없다. 그 대신 인간의 변화 잠재력과 변화 욕구를 엄청나게 과대평가해야 한다. 그것은 프랑스 혁명 당시의 도덕적 테러리스트나, 스탈린주의와 마오주의에서 〈새로운 인간〉의 기치를 내건 〈발명가들〉과 다르지 않다. 그들은 인간 평화 대신 혼란과 뿌리 뽑기, 질투와 증오를 만들어 냈다. 권력은 **동의**에 기초해야 한다. 미덕의 형태가 됐건, 절대적 정의나 완전한 평등의 형태가 됐건, 아니면 구원의 판타지로 통속화된 기술의 형태가 됐건 숭배로 미화된 이상에 기초하는 것이 아니라 말이다. 구글의 검색기를 이용하거나, 페이스북과 인스타그램에서 활동하거나, 혹은 왓츠앱에서 글을 쓰는 사람은 자신들이 사용하는 하나의 서비스에만 의식적으로 동의했지, 도저히 정체를 알 수 없는 디지털 콘체른들의 전 지구적 지배에 동의한 것이 아니었다.

현재 서구 국가들에서 일어나고 있는 일들이 비록 자유로운 선택이기는 했으나 동의에 기초한 것이 아니라는 사실은 많은 사람들이 느끼고 있다. 세계화나 단일 문명의 사안을 두고 지구상에서 투표가 이루어진 적은 한 번도 없었다. 하지만 그 결과는 지금 우리의 화두가 되고 있다. 특히 인간이 자본의 흐름을 따르고 있는 결과 말이다. 어쨌든 인간은 그럴 기회가 주어지면 자본의 흐름을 따른다.

오늘날 유럽 곳곳에서는 세계화, 특히 어디에서나 볼 수 있는 세계화의 이 한 가지 결과를 두고 토론이 한창이다. 속으로는 나쁜 경험과 이루지 못한 꿈을 품고, 겉으로는 비닐봉지와 두건, 인조 가죽 재킷 차림으로 행운을 찾아 떠도는 우리 시대의 젊은이들은 우리 경제 활동의 **원인**이 아니라 **결과**이자, 불평등한 삶의 기회와 고르게 분배되지 못한 자원의 결과이다. 그런데 바로 이런 이들에게서 격분이 불붙고, 우리 사회에 대한 불만이 분출구를 발견한다. 다른 유럽 국가들뿐 아니라 미국의 트럼프 지지층도 마찬가지이지만, 독일에서도 많은 사람들이 자신들의 안락한 매트릭스 세계를 외부인들과 나누지 않으려고 단단히 차단벽을 친다. 하지만 그럼으로써 그들은 정말 우리가 고급스러운 세계화를 얻게 될 거라고 믿는 것일까? 어두운 면이 아닌 밝은 면만 누리게 될 거라고? 유럽이 디지털 게으름뱅이의 낙원이 될 거라고? 성형 수술을 한 고령의 사용자와 소비자들을 위한 문화의 오아시스가 될 거라고? 기후 변화로 많은 새로운 식물이 자라고 자연이 잘 보존된, 부자들을 위한 세계적

104   105

지나간 것은 죽지 않는다: 레트로피아

휴양지가 될 거라고? 중국과 방글라데시의 쉼 없이 돌아가는 컨베이어 벨트에서 생산된 갖가지 상품들에 파묻혀 무한한 즐거움을 누리게 될 거라고?

다른 한편으로는, 더 나은 어제와 과거 속에서 구원을 찾으려는 동경의 움직임이 곳곳에서 일어나고 있다. 독일에서는 우리의 미래가 될 가능성이 높은 디지털 디스토피아에 반기를 드는 사람들보다 더 많은 사람들이 그런 레트로피아에 매달린다. 거리에서는 난민들이 점점 더 많이 눈에 띄고, 목소리도 점점 더 많이 들린다. 많은 사람들이 난민을 알고리즘보다 더 거슬리게 생각한다. 그런데 레트로피아의 모습은 디스토피아와는 달리 묘사할 수가 없다. 사람들은 독일의 광장과 지하 술집에서 두려움과 부담감, 불안, 공격성, 증오 속에서 〈독일을 되살리자!〉라고 외친다. 그런데 무엇이 독일인가? 그들은 대체 어떤 독일로 돌아가고 싶은가? 독일은 어디서부터 시작되었는가? 피자가 독일적인가? 스시와 케밥이 독일적인가? 스마트폰은 또 어떤가? 업로드와 다운로드가 원래 독일적인 것인가? 대체 과거의 어떤 독일이 독일인가? 상점의 폐점 시간이 법적으로 정해진 시절의 나라? 사람들이 의무감에서 교회에 가던 시절의 나라? 대학생들조차 서로 경칭을 사용하던 시절? 혹은 많은 음식점들이 주로 슈트라머 막스*와 치고이너슈니첼**을 메뉴로 내

---

* 빵에 베이컨과 계란 프라이를 올린 아주 간단한 독일 전통 음식.
** 부드럽게 다진 송아지 고기에 밀가루와 빵가루, 계란을 입혀 기름에 튀긴 후 감자 튀김과 함께 토마토소스를 올린 음식.

놓던 시절? 1970년대에 로베르토 블랑코, 비키 레안드로스, 데미스 루소스, 바타 일리치 같은 이주민 가수들과 함께 모든 둑이 무너지기 이전에 독일의 가요계를 비코 토리아니, 카테리나 발렌테 같은 외국인들이 휩쓸던 시절? 오늘날 아직 독일적이라고 할 만한 것이 뭐가 남아 있는가? 아우토반의 파란색 표지판? 독일식 서체인 프락투어? 자우어크라우트?*

극우 계열의 독일대안당AfD은 독일의 천 년 역사를 부르짖는다. 그것은 암울한 기억에도 불구하고 틀린 말이 아니다. 하지만 21세기에 그 역사가 끝난다면, 그것은 단순히 난민들 때문이 아니다. 독일은 상품과 서비스의 세계화로 급속도로 붕괴될 것이다. 평균적인 독일인은 하루에 감정과 공감이 살아 있는 활동보다 **글로벌 빌리지**에서 더 많은 시간을 보낸다. 또한 크리스마스에 환호하고, 삭막한 글로벌 체인점에서 크리스마스용 선물을 구입한다. 디즈니랜드 안에 있는 가게건 인터넷상의 가게건 상관없다.

반면에 우파들이 생각하는 독일은 순전한 판타지이다. 그런 나라는 상상할 수도 없고, 존재하지도 않는다. 우리는 실제로 오래전부터 하나의 보편 문화에서 살고 있다. 그러니까 미국에서 개발되어 한국에서 출시되고, 또 콩고에서 굶주리는 일꾼에 의해 채취된 희토류가 들어간 디지털 장난감이 중국에서 조립되어 시리아인이나 독일인에 의해 사용되는 것이 이제는 아무런 이야깃거리가 되지 않는 그런 문화 말이다.

* 양배추를 발효시켜 만든 독일식 김치.

독일인들은 이 모든 변화를 만족스럽게 생각하거나, 그게 아니면 최소한 경제적 자연법칙으로 받아들였다. 그에 반해 단일 문화를 가진 민족, 확고한 영토, 통일적 경제권 같은 것으로 독일을 상상하는 것은 19세기의 산물이었다. 그런 모습은 컴퓨터 화면처럼 균일한 21세기의 세계에서는 이미 형체를 잃어버렸다. 시장이 모든 것을 평정했고, 돈은 조국이나 모국어 같은 것을 모른다. 이는 정치적 실패가 아니라 걷잡을 수 없는 경제적 증기 기관과 복지 엔진에 의해 추진되는 세계사의 자연스러운 흐름이었다. 독일대안당이 메르켈 총리를 내세운다면 독일에서 그보다 더 독일적인 것은 없을 것이다. 우리 아이들이 다시 예전처럼 좀 더 일찍 결혼해서 자그마한 전원 공간을 꾸미고 산다고 해서 바뀌는 것은 없다. 독일의 전원 공간은 마음의 안식처로서 아직 한참은 자기 역할을 다할 것이지만, 그조차도 세상 모든 것을 아우르는 world.com 내에서의 감정일 뿐 결코 자기 정체성이 요구하는 것은 아니다.

20년도 더 전에 미국의 정치학자 벤저민 바버는『지하드 대 맥월드*Jihad vs. McWorld*』를 출간했다. 이 책은 점점 더 앞으로 나아가는 자본주의적 단일 문명인 맥월드와 그 적에 해당하는 모든 종족주의, 간단히 줄여서 성전(聖戰) 사이의 역사였다. 바버는 상당히 영리하게도 이데올로그 새뮤얼 헌팅턴이 1년 뒤『문명의 충돌*Clash of Civilizations*』에서 했던 것과는 달리 지하드를 〈아랍 문화〉로 규정짓지 않았다. 바버가 볼 때 서로 싸운 것은 서구와 아랍이 아니라, **무혈의 이익 경제와 세계의 많은 장소에**

서 자기 정체성을 염려하는 사람들의 유혈 정치였다. 헌팅턴이 아랍의 부자유에 대한 투쟁 속에서 서방의 자유를 본 반면, 바버는 맥월드와 지하드 둘 다 똑같이 시민의 자유를 위협하는 것으로 여겼다. 전자는 전 지구적 규모로 자유를 무시함으로써, 후자는 자기 정체성을 무자비하게 절대시함으로써 시민의 자유를 위협한다는 것이다.

한쪽에는 범대서양 무역투자 동반자 협정TTIP과 미국가 안보국이, 다른 쪽에는 IS가 있는 이 시대에 바버의 진단은 예지적이고 놀랄 정도로 현실적이다. 이제 시민은 소비자와 사용자가 되었고, 이슬람 극단주의는 아랍 세계에서 과거 어느 때보다 강력하게 번성했다. 〈맥월드〉라는 표현을 오늘날의 관점에서 보면 시간적 거리가 느껴질 만큼 순진하게 들린다. 오늘날 전 지구적 경제 매트릭스를 묘사하는 사람치고 여전히 제자리걸음만 하는 패스트푸드 콘체른을 떠올리는 이는 없다. 그들이 생각하는 것은 바버로선 상상하지 못했던 전능한 디지털 산업이다. 우리 시대를 규정하는 말로는 〈단일한 형태의 사용 문명〉이라는 표현이 world.com보다 더 잘 어울리는 듯하다. 이 문명은 우리 세계를 형상화하고 변화시키며, 거기다 IS건, 프랑스의 국민전선이건, 카탈루냐 공화주의 좌파이건, 페기다PEGIDA이건 할 것 없이 모든 종족주의 전사들을 엑스트라로 만들어 버리는 톱니 장치이다. 아랍과 프랑스, 카탈루냐, 작센의 이 종족주의자들은 우리 시대의 피에 굶주리고 시끄러우며 뻐딱한 현상들로서 세계사의 걸음과 보조를 맞추지 못한다. 현재의 승리자는 분명하다. 신이나 영광, 고향처럼 보이지 않는 힘이 아닌 시장의 보이지 않는 손을 믿는 사람들이다.

보수적 국수주의자들과 이슬람 근본주의자들은 고향과 전통적 가치, 종교적 유대, 문화적 정체성, 권위에 대한 동경 면에서 놀랄 정도로 일치한다. 둘 다 이방인들을 믿지 않고, 스스로를 적대적 환경 속에서도 꼿꼿이 저항하는 용감한 전사라고 생각하며, 자신들이 자유주의적 주류에 짓밟히고 오해받고 제대로 평가되지 못한다고 느낀다. 이들은 상호 거부 속에서도 하나가 되어 우리 시대의 보수주의자들에게 과거의 행복했던 시절에 대한 동경이 깔린 하나의 환영(幻影)을 제공한다. 왜냐하면 옛날에는 모든 것이 더 나았기 때문이다. 물론 그 옛날 이전의 모든 옛날이 더 낫지 않았다면 말이다.

그런데 여기서 핵심은 보수주의자들의 무한 후퇴*가 아니다. 관건은 우리 시대의 보수적 방어 본능을 진지하게 받아들여야 한다는 것이다. 왜냐하면 많은 사람들에게 무언가 의미가 있고, 그들의 정신에 하나의 틀을 부여하는 가치들이 지금 실질적인 위험에 처해 있기 때문이다. 다만 그런 걱정이 과해서 이상 종양처럼 돌출된 형태들은 풍자와 조롱의 대상이 될 수밖에 없다. 예를 들어 페기다, 즉 서양의 이슬람화를 반대하는 애국 유럽인 모임을 떠올려 보라! 이 운동은 사실 이름부터 웃음 짓게 한다. 코미디 그룹인 몬티 파이선이 들었다면 아마 쌍수를 들고 환영했을 것이다. 애국 유럽인이라니, 대체 이것은 누구를

* 어떤 일의 원인이나 조건을 찾아 한없이 거슬러 올라가는 것.

가리키는가? 유럽을 조국으로 둔 사람? 아니면 유럽 내의 자기 조국을 지키는 사람? 애국 유럽인과 유럽 애국자 사이에는 무슨 차이가 있을까? 큰 차이가 있다. 둘이 격렬하게 싸우기 때문이다. 게다가 아랍권 곳곳에서도 이미 아랍 세계의 유럽화를 막기 위해 애국적 이슬람주의자들의 진군이 시작되고 있다. IS건, 알카에다건, 아니면 그 밖의 다른 형태로건. 모두 자기들끼리도 치고받고 싸우는 살인 집단들이다.

대체 오스발트 슈펭글러의 어떤 팬이 〈서양〉이라는 개념을 드레스덴에서 다시 발굴해 이미 오래전부터 자신의 정신적 눈앞에서 일상적인 모습으로 보고 있는가? 유대-기독교적 서양은 왜 항상 기사당CSU이 부르짖고 우리도 강력하게 신봉하는 가치들과 함께 토론에 등장하는가? 그런데 여기서 말하는 가치는 어떤 가치인가? 우리가 이슬람과 공유하는 가치인가? 혹은 자유의 가치처럼 이슬람과 우리를 구분하는 가치인가? 하지만 이 자유는 결코 유대-기독교적 가치가 아니라 그리스적 가치다. 심지어 최근에는 자신의 부채까지 상환하지 않을 자유로까지 번지는 가치다. 우리의 기독교 세계가 그사이 자유를 누려 왔다면 그것은 계몽주의 철학자들이 완벽한 해체의 위험에도 자유를 강력하게 밀어붙였기 때문이다.

그런데 전통적 주요 개념 속으로의 하릴없는 도피와 그 개념의 열광적인 사용은 이 모든 것의 배후에 진정한 시대 변혁이, 거대한 혁명이, 심각한 문제가 자리하고 있음을 숨기고 있다. 다시 말해 보수적인 것은 겉으로 어떤 옷을 걸치고 있든 더 이상 우리 시대에 어울리지 않는 듯하다. 글로벌한 세상에서 고향에 뭐가 남아 있겠는가? 이제는 독일의 산골 마을과 드레스덴에서도 시카고와 똑같은 햄버거를 먹고, 똑같은 음악을 듣고, 똑같은 옷을 입는다. 무언가의 〈안〉과 〈밖〉을 결정하는 것은 우리가 아니다. 교회에 다니는 사람들의 수는 급감하고 있다. 낭만적 사랑이나 결혼 풍속도는 미국의 주말 연속극에서 영향을 받고 있다. 우리의 미래 일자리를 결정하는 것도 실리콘 밸리 자본주의나 카타르 왕가이다. 구글이 우리에게 약속한 아름다운 신세계, 즉 정보 클라우드는 장차 케이프타운이나 하노이뿐 아니라 독일의 시골 마을까지 휩쓸 것이다. 인간은 누구나 자신의 정보로 대가를 지불하는 한 보편적으로 디자인된 개인적 〈안락 매트릭스〉의 권리를 획득한다. 이제 돈하고 상관없는 가치들이 설 자리는 많지 않다.

그럼에도 사회에는 가치가 필요하고, 그 점에 대해서는 당연히 사회적 합의가 존재한다. 관용은 훌륭한 가치이지만 완벽하지는 않다. 다원주의는 바람직하지만 항상 모든 영역에서 그런 것은 아니다. 자유는 좋은 것이지만 사회적 안전망과 짝을 이룰 때만 그렇다. 낯설고 이질적인 것은 우리에게 자극을 주고 우리의 문화를 풍성하게 하지만, 그럼에도 우리를 불안에 빠뜨릴 때가 많다. 가치의 상실에 대한 불안은 크고 중요한 주제이다. 왜냐하면 독일대안당이 부르짖는 떠들썩한 문화적 불만은 좀 더 큰 충격들 이전에 찾아오는 징조이기 때문이다.

이슬람은 자신의 문화적 정체성에 대한 글로벌한 자유주

의적 자본주의의 공격을 벌써 수십 년 전부터 알고 있었다. 이와 관련해서 이슬람인들의 머릿속에 지금껏 떠오른 것이라고는 전제 정치와 무임 승차, 반항, 테러 말고는 별로 없다. 스스로를 독일적 가치의 수호자라고 오해하면서 독일의 이슬람화에 반대하는 유권자들의 머릿속에도 그보다 나은 것이 떠오르지는 않는 듯하다. 그렇지 않다면 자신들과 비슷한 방식으로 지속적으로 생존의 위협을 받는다고 느끼는 이슬람을 몇 배나 더 두려워할 이유가 어디 있을까? 그것도 무슬림 주민이 인구의 0.1퍼센트밖에 되지 않는 작센 같은 곳에서 말이다. 이런 지역에서 이슬람화를 걱정하는 것은 오스트리아의 산골에 사는 사람이 북해의 어획 할당제에 반대하는 것과 뭐가 다른가?

페기다와 독일대안당의 분노는 경험에 기반을 둔 분노가 아니다. 하지만 분노와 불신, 불만은 실재한다. 〈만일 누군가 어떤 상황을 현실이라고 여기면 그 결과도 현실이 된다〉는 것은 사회 심리학의 중요한 인식 중 하나이다. 그런데 잘 알지도 못하는 이슬람에 대한 모호한 패닉 뒤에는 혹시 그럴 만한 이유가 충분한, 다른 불안이 있는 것은 아닐까? 다시 말해 21세기 초에 막 하나의 낡은 세계가 가라앉고 대신 완전히 새로운 세계로 대체되고 있는 것에 대한 불안 말이다.

사실 보수주의와 자본주의가 서로 잘 맞지 않는다는 것은 처음부터 정해진 일이었다. 18세기 초 산업화된 영국에서 보수주의 귀족들로 이루어진 토리당이 자유 시장과 자유 무역을 요구하는 자유주의적 휘그당과 이유 없이 격렬하게 싸운 것이 아니었다. 자본주의는 유일한 합리적 가치인 돈으로 만물을 재단함으로써 모든 전통적·정서적 가치를 평준화한다. 효율적 사고가 판치는 곳에서는 풍요가 증가하고(물론 만인을 위한 풍요는 아니다), 예부터 내려오는 것들은 사라진다. 19세기에는 유럽에서도 수백만 명이 굶주렸지만, 오늘날에는 전 지구상에서 수십억 명이 배불리 먹고 있다. 그 대가로 우리는 점점 빠른 속도로 전통적인 것을 잃어 가고 있으며, 그것은 기껏해야 영리적 민속 음식의 형태로 보존된다. 런던과 뉴욕, 도쿄, 싱가포르의 금융 시장처럼 오직 자본주의 방식으로만 돌아가는 곳에서 자본주의는 모든 질서를 조롱하고, 절약을 우습게 알면서, 어떤 책임도 지지 않는다.

〈만인을 위한 풍요〉, 이 슬로건은 독일의 정치인 루트비히 에르하르트가 (저작권에 대한 고려 없이) 러시아 무정부주의자 표트르 크로폿킨이 쓴 성공한 작품의 독일어 제목에서 슬쩍한 것이다. 견실한 부르주아풍의 이 무정부주의적 표현은 보수주의 사고와 자본주의 사고가 얼마나 어울리지 않는지를 오랫동안 숨겨 왔다. 기독교 민주연합(기민당CDU)의 전신인 독일중앙당은 자유주의와는 양립할 수 없을 정도로 상반된 보수 세력이었다. 1947년에 제정된 기민당의 알렌 강령도 보수 세력의 입장을 다음과 같이 명확하게 확정지었다. 〈자본주의 경제 체제는 독일 민족의 국가적·사회적 관심에 제대로 부응하지 못했다. ……이러한 사회적·경제적 새 질서의 핵심과 목표는 더 이상 자본주의적인 이익 추구와 권력 추구가 될 수 없고, 오직

우리 민족의 안녕이어야 한다.〉

사회적 시장 경제의 성공은 오랫동안 보수주의와 자본주의 사이의 모순을 부정하는 것처럼 비쳤다. 물론 시장 경제의 정신적 아버지 중 한 사람인 빌헬름 뢰프케는 1958년 경제 기적의 정점에서 이미 그것의 씁쓸한 종말을 경고했다. 서독 사회가 언젠가 공급과 수요 너머에 삭막하기 그지없는 비용-이익 산정 말고는 더 이상 어떤 가치도 갖지 못하게 될 거라는 점에 절망한 것이다.

현재 기민당의 딜레마도 이 균열이 지금까지 잘 은폐된 채 여전히 존재한다는 데 있다. 기민당과 기사당의 보수주의자들은 그 균열을 의식 속에서 깊이 느낀다. 작금의 글로벌 자본주의를 긍정하는 그들의 경제적 이성은 본래의 보수적 감정과는 뿌리에서부터 모순된다. 하지만 예부터 내려오는 사랑스러운 가치들이 앞으로도 존속될 수 있도록 디지털 경제 속에 깊이 고정시킬 방법이 떠오르지 않는 한, 그런 불만은 정치적으로 생산적이지 못하다. 아니, 그런 보수적 감정만 앞세우는 것은 술집의 정치 토론이나 광장에서 별 호응을 얻지 못한다. 그렇다면 그들에게는 제시할 만한 현실적인 대안이 없다.

혼란은 점점 커지고 있다. 스스로 보수주의자라고 생각하는 많은 사람에게 자신이 중도에서 오른쪽에 있다고 느끼는 것이 아무리 중요하더라도 사실 보수적 사고는 이미 오래전부터 〈우파〉의 정체성과 관련된 특징이 아니었다. 기득권 인정 법안을 추진하는 노동조합, 세계 경제의 흐름을 총체적으로 막으려는 좌파, 녹색당 내의 마지막 생태 근본주의자, 이들은 모두 전 지구적으로 맹위를 떨치는 자유주의의 적이고, 그로써 보수 세력이다. 그런데 이슬람 근본주의에 지속적인 미래가 보이지 않듯이 보수주의에도 미래는 없다. 보수주의가 미래로 시선을 향하지 않고 현실적 비전을 표방하면 보수 세력은 몇 세대 지나지 않아 사라질 것이다. 우리의 아이들은 믿음과 충직, 전통, 환경으로 이루어진 강제적 고향이 아닌 새로운 선택적 고향을 찾는 법을 배웠다. 그것도 세계관을 스스로 선택하고, 파트너를 자주 바꾸며, 또 국경을 넘어 지속적인 친구 관계를 맺어 가면서 말이다. 그들 역시 안전과 보호에 대한 욕구가 분명 예전보다 적지는 않겠지만, 좀 더 유연한 과정 속에서 그 욕구를 충족한다.

이 모든 것이 성공을 거두고 두려움을 자아내지 않으려면 좀 더 강한 유연성과 삶의 지혜가 필요하다. 또한 우리 아이들도 글로벌한 자본주의와의 싸움에서 오래된 질문들을 완전히 새로운 방식으로 스스로에게 던질 수 있을 것이다. 우리는 어떻게 살기를 원하는가? 누가 우리의 정신적 고향을 창고 대방출로부터 지켜 줄 것인가? 대답은 미래로 향할 수밖에 없다. 인류의 역사에서는 자발적 후퇴란 없고, 오직 전진만 있기 때문이다. 이것이 바로 반항하는 보수주의자들에게 조곤조곤하게 들려주고 싶은 말이다. 그리고 아리스토텔레스의 다음 말을 보충하고 싶다. 〈사람은 누구나 화를 낼 수 있고, 화를 내는 것은 쉽다. 하지만 올바른 상대에게 올바른 정도로, 올바른 타이밍에,

올바른 목적을 위해, 올바른 방식으로 화를 내는 것은 어렵다.〉

바로 이 때문에 사회는 목표, 즉 행위의 필연성을 깨닫도록 도와주는 긍정적인 상이 필요하다. 다만 구체적인 비전만이 정치에 의제를 부여하고, 정치는 그것을 토대로 경제와 교육 정책, 그리고 노동 정책 면에서 무언가를 요구하고 촉진할 수 있다. 만일 우리 민주주의가 거대한 폭풍을 앞두고 그 견고함의 정도를 시험받게 된다면, 그러니까 처음에는 은행과 보험 회사가, 나중에는 자동차 산업과 부품업체가 수십만 명의 직원을 해고하는 사태가 벌어진다면 몇 년 후 우리 민주주의는 어떤 모습일까? 혹은 전자 디스커버리 절차*가 법률가들을 대체하고, 한 방면의 전문가가 시스템의 관리자 정도로만 쓰인다면? 정당들은 여전히 디지털화가 세계의 개선으로 이어질지, 아니면 개악으로 이어질지 하는 문제가 자신의 손에 달린 것을 깨닫지 못한 채 충격으로 인한 경직 상태에 빠져 있는 것처럼 보인다. 연방 의회를 대표하는 모든 정당들에 해당되는 이야기이지만, 좋은 방안이 전혀 떠오르지 않는 세력들은 세상의 균열이 지속되는데도 우리 시대의 화두에 대해 계속 침묵하면서 사상누각만 만들어 나가고 있다. 상황이 이렇다면 이제 우리라도 미래의 집을 위한 좀 더 나은 토대를 구축해 보자!

그를 위해 나는 옛 시대와 새 시대의 많은 이념과 관념을

---

* 또는 전자적 증거 개시. 정식 재판이 진행되기 전 소송 당사자가 사건과 관련해서 각종 증거 자료를 아날로그 방식 외에 컴퓨터 파일 같은 디지털 방식으로 상대방에게 증거를 요청하는 제도이다.

건축용 돌처럼 이리저리 돌리고 자르고 조립해 보았다. 물론 그렇게 한다고 해서 바람직한 미래상이 완성된 설계도의 형태로 나오지는 않았다. 그 자체로 완결된 유토피아의 시대는 지났다. 이상적인 삶의 세계를 그리는 것은 세계 흐름에 대한 우리의 비판적 지식에도 맞지 않는다. 디지털 혁명의 거대 질서 같은 사회적 문제는 문제와 해결의 단순하고도 협소한 도식에서 벗어난다. 오히려 더 나은 세상에 대한 희망은 현재에 대한 비판과 재앙적 발전에 대한 염려에서 변증법적으로 나온다. 이런 식으로 다음 장의 행간에서는 인간적인 미래상이, 다시 말해 우리 시대의 거대한 변혁이 어쩔 수 없이 불행으로 치닫는 것이 아니라, 오히려 살 만한 가치가 있는 미래에 대한 가능성을 담고 있을 거라는 희망적인 미래상이 생겨난다.

유토피아

일하고, 무언가를 만들고, 자기 자신을 실현하는 것은 인간의
본성이다. 다만 9시에서 5시까지 사무실에 앉아 있다가 그 대가
로 월급을 받는 것은 우리의 본성이 아니다!

기계는 일하고, 노동자는 노래한다:
임금 노동 없는 세계

우주의 고요한 외딴 구석에, 어떤 똑똑한 동물들이 하루 종일 일만 하는 별이 있었다. 그들은 그런 노동에서 벗어나려고 해보지 않은 것이 없었다. 주먹 도끼를 시작으로 바퀴와 쟁기를 발명했고, 나중에는 불을 뿜고 증기를 토하는 기계까지 만들어 냈다. 하지만 그중 어떤 것도 그들을 고된 노동에서 해방시켜 주지 못했다. 아니, 현실은 정반대였다. 그들은 언제부터인가 자기 자신이 아니라 돈을 위해 일했다. 그렇게 받는 돈도 대개 먹고살기에는 부족했다. 게다가 자기 자신을 보살피는 건 고사하고 온종일 단조롭기 그지없는 일만 반복했다. 그러다 언젠가는 가혹한 노동에서 벗어나기 위해 만든 기계들의 노예가 되어 버렸다. 모든 인간은 본질적으로 평등하고 자유롭다고 그들 스스로 선포했던 것에 비추어 보면 그런 상황은 더한층 생경했다. 실제로 자유로운 건 극소수 사람뿐이었다. 대부분은 하루에 열여섯 시간 동안 일했고, 스스로를 갈고닦아 나갈 시간 없이 오직 먹고살기 위한 생업의 고단함에 찌들어 살았다. 그것은 그들이 생산 과정에 전기를 사용하게 되고서도 바뀌지 않았다. 현대의 공장을 돌리는 전기는 그들의 육체노동을 어느 정도 경감해 주었지만, 그 역시 그들을 슬픈 운명에서 해방시켜 주지는 못했다. 그러다 석탄과 강철이 아닌 서류가 노동의 일상을 규정하는 시점에 이르러서야 상황은 조금 나아졌다. 예전에는 일주일에 80시간 넘게 하던 노동이 차츰 36시간으로 줄었다. 게다가 이 똑똑한 동물들은 노동에서 자유로운 시간을 요구하게 되었고, 그와 함께 자신의 삶을 〈노동 시간〉과 〈여가 시간〉으로 나누었다. 하지만 이미 오래전에 한가한 사람들을 보면서 배울 기회가 있었을 텐데도 삶의 가치와 의미가 노동에 있지 않다는 것을 깨닫지 못했다. 그 대신 그들은 오랫동안 노동이 사람을 〈고결하게 만든다〉는 관념을 품고 살았다. 사실 귀족은 노동이 아니라 그 반대, 즉 한가한 삶으로 고결해졌는데도 말이다. 다시 말해 인간의 고결함은 하루를 자신의 취향, 그러니까 강제가 아닌 자신의 욕구에 따라 형상화할 가능성에서 나온다. 어쨌든 그러던 어느 날 똑똑한 동물들은 자기보다 더 지혜롭지는 않지만 많은 점에서 더 스마트한 기계를 발명했고, 그때부터 비로소 일하는 동물들의 별은 몰라보게 변하기 시작했다. 지루하고 단조로운 노동은 모두 기계에 맡겨졌고, 똑똑한 동물들은 마침내 자신의 소명에 따라 살아갈 시간을 갖게 되었다. 자기 성격의 자유로운 형성자로서, 혹은 자기 영화의 독립적 연출자로서 자신과 타인을 적극 돌보는 충만한 삶이었다.

아름다운 동화처럼 읽히는 이 이야기는 꽤 현실적일 수 있다. 인간의 진보를 새로운 기술의 발달에서만 찾고, 거기다 유감스럽게도 항상 결정적 포인트가 빠진 다른 많은 이야기들

못지않게 사실적이다. 이런 기술적 진보가 오늘날 우리 혹성의 인간들에게 더 이상 임금 노동이 필요치 않다는 엄청난 이익을 선사할 수 있을 거라는 포인트 말이다.

고대 그리스인들은 진작 그런 삶을 꿈꾸었다. 자유로운 그리스 남자는 신분이 높은 이집트인이나 페르시아인, 트라키아인, 스키타이인과 마찬가지로 별로 일할 필요가 없었다. 그들 대신 여자와 외국인, 특히 노예들이 일을 했다. 우리의 똑똑한 아리스토텔레스는 근거가 빈약하고 속도 빤히 들여다보이는 논거로 노예제를 옹호하느라 많은 애를 썼다. 노예 제도가 없으면 국가 경제 자체가 돌아가지 않는 시대였으니 말이다. 하지만 그런 그도 머릿속으로는 노예제 없이 유지되는 사회를 원했다. 〈만일 모든 도구가 사람의 지시에 따라, 혹은 도구 자체가 자기가 해야 할 일이 뭔지 미리 알고 작업할 수 있다면, 예를 들어 저절로 움직이는 다이달로스의 발명품이나 자기 추진력으로 성스러운 작업을 하는 헤파이스토스의 삼각대, 혹은 제 스스로 알아서 실을 잣는 베틀처럼 작업을 한다면 장인에게는 조수가, 지배자에게는 노예가 필요 없을 것이다.〉[20]

아리스토텔레스가 꿈만 꿀 수 있었던 자동화는 19세기에 이르러 부분적으로 실현되었다. 다이달로스의 발명품과 헤파이스토스의 삼각대는 아직 자기 추진력과 지능이 부족했지만, 이미 사람을 대신해서 많은 일을 해냈다. 카를 마르크스의 사위로서 의사이자 사회 혁명가인 폴 라파르그가 1880년 제2차 산업 혁명 직전에 자신의 책을 통해 『게으를 권리*Das Recht auf*

Faulheit』를 주창한 것은 이상한 일이 아니다. 유산자 계급이 여가 시간에 한가하게 예술과 향유에 몰두하는 것보다 더 아름다운 것을 상상할 수 없다면, 왜 아침부터 저녁까지 비인간적인 조건 속에서 고달프게 일하고 그로써 몸과 정신까지 피폐해지는 것이 노동자의 에토스가 되어야 할까? 미래에는 하루 세 시간 노동이면 충분하고, 일주일에 총 스물한 시간이면 족할 것이다. 왜냐하면 〈우리의 기계들이 불같은 호흡으로, 지칠 줄 모르는 강철 사지로, 고갈되지 않는 놀라운 생산력으로, 아주 영리하게, 그리고 스스로 알아서 자신에게 맡겨진 신성한 노동을 할 것이기〉 때문이다. 라파르그에게 〈기계는 인류의 구원자였다. 인간을…… 임금 노동으로부터 구해 주고, 인간에게 여가와 자유를 선사하는 신이었다.〉[21]

　　카를 마르크스가 사위의 말에 마냥 행복해했을 거라고 보기는 어렵다. 그에게 노동은 모든 사고 체계의 핵심이었기 때문이다. 하지만 다른 한편으로는 젊은 시절에 프리드리히 엥겔스와 함께 기계가 인간을 지루한 임금 노동에서 해방시키고, 그래서 직업적으로는 아니지만 인간이 마음 내키는 대로 목동과 사냥꾼, 어부, 비평가가 되는 꿈을 꾸기도 했다. 마르크스는 노동과 노동 해방 사이의 이런 모순을 해결하지 못했다. 한편으로는 소외된 노동을 퇴치하려고 하면서도, 다른 한편으로는 〈노동〉의 개념을 떨쳐 버릴 마음이 없었던 것이다. 마르크스와 엥겔스에게 인간은 노동으로 정의되었다. 이러한 모순이 계속 신경 쓰였던 엥겔스는 1896년, 그러니까 마르크스가 죽은 지 한

참 지난 시점에 논문 「원숭이가 인간이 되는 과정에서 노동이 차지하는 역할Anteil der Arbeit an der Menschwerdung des Affen」을 발표했고, 여기서 인간이 문화적으로 창출해 낸 모든 것이 〈노동〉의 결과라는 사실을 확고하게 고수했다. 물론 이때의 노동은 타인을 위한 노동도, 임금을 위한 소외된 노동도 아니다.

공장주 아들 출신의 엥겔스가 고령의 나이에 여전히 〈노동〉을 자율적 활동으로 못 박고자 무던히 애쓰고 있을 때, 다른 한 사회주의자는 그 개념을 벌써 창밖으로 내던져 버렸다. 오스카 와일드는 노동 운동의 영웅도, 21세기의 예언자로 알려진 사람도 아니다. 그럼에도 이 아일랜드 출신의 멋쟁이는 1891년에 『사회주의 아래에서의 인간 영혼The Soul of Man under Socialism』이라는 주목할 책한 책을 썼다. 이 책의 핵심은 라파르그가 주장한 것과 다르지 않았다. 인간은 비천한 임금 노동에서 해방되어야만 개성을 실현할 수 있다는 것이다. 〈순수 기계적인 노동, 단조롭고 지루한 노동, 지긋지긋한 일과 관련이 있고 인간을 역겨운 상황으로 내모는 노동은 모두 기계가 해야 한다.〉[22] 아득한 지평선에 인공 지능의 은빛 점이 어른거리기 한참 전에 와일드는 미래를 바라보며 이렇게 요구한다. 〈**이제 기계가 인간을 몰아낸다. 올바른 상황이라면 기계는 인간에게 봉사할 것이다.**〉 그것이 기계의 미래라는 점은 의심의 여지가 없다. 농부가 잠을 자는 동안에도 나무는 계속 자라듯이, 인간이 기쁨과 고결한 여가에 몰두하는 동안에도 기계는 계속 일한다. 인간의 목표는 노동이 아니라 한가함이다. 달리 말해서, 남는 시간에 아름다운 것을 만들거나 아름다운 것을 읽거나, 아니면 세계를 그저 경탄하고 즐기는 시선으로 보듬으며, 꼭 필요하고 유쾌한 일만 하는 것이다.)[23]

기계는 일하고, 노동자는 노래한다! 인간의 자유와 함께 사유 재산에 대한 탐욕도 사라지리라는 것은 와일드에겐 바로 연결되는 논리적 수순이었다. 그는 에리히 프롬이 나오기 수십 년 전에 벌써 이런 문장을 썼다. 인간의 잘못은 〈존재가 가장 중요하다는 것〉을 깨닫지 못하고 〈소유가 가장 중요하다고 생각한 것〉이다. 〈인간됨의 완전함은 자신이 무엇을 갖고 있느냐가 아니라, 자신이 어떤 존재이냐에 달려 있다.)[24] 외적으로나 내적으로나 이런 자유로운 인간들이 사는 땅에 강력한 국가는 필요 없다. 와일드 주장의 끝에는 마르크스가 〈계급 없는 사회〉라고 불렀던 것이 자리한다. 하지만 마르크스와 달리 와일드는 라파르그처럼 결정적인 문제에서 좀 더 명확한 입장을 견지한다. 자율적 개인들로 이루어진 이 자유로운 사회는 점점 똑똑해지는 기계의 노동으로 가능해지는 것이지 어떤 〈계급〉, 즉 〈프롤레타리아트〉의 노동으로 이루어지는 것은 아니다. 노동자에게 그런 역사적 책임을 지울 수는 없다는 것이다.

19세기 초의 낭만적 환상이었던 〈고결한 프롤레타리아〉는 계몽주의자들이 보기에 통속적 대중 현상으로서 〈고결한 와일드〉처럼 키치적kitschig인 것이었다. 권력을 잡은 프롤레타리아트가 고대 노예제 사회의 귀족이나 시민 계층보다 더 고결해질 거라는 마르크스의 생각은 오늘날까지도 이해가 되지 않는다. 반면에 라파르그와 와일드는 프롤레타리아적 이성에 비판적 태도를 취한다. 두 사람이 볼 때, 인간을 해방시키는 데 프롤레타리아트 독재 같은 것은 필요 없다. 아니, 정반대이다. 와일드는 마치 스탈린식 공포 정치를 직접 보기라도 한 것처럼 20세기의 여명 직전에 벌써 사회주의적인 독재 국가를 경고한다. 〈만일 사회주의가 권위주의에 빠진다면, 또한 지금의 정치 권력과 비슷한 형태의 경제 권력으로 무장한 정부가 사회주의 체제에 등장한다면, 한마디로 우리가 산업적 전제 정치의 상태에 빠진다면 인간의 최종 단계는 첫 단계보다 더 열악해질 것이다.〉25

와일드에 따르면 기계는 국가의 전유물이어서는 안 되고, 만인의 소유물이어야 한다. 사유 재산의 철폐가 너무 급진적일 수 있고, 또 기계가 만인의 소유물이 되면 인간을 정말로 해방시켜 줄 거라고 믿은 점에서 그의 국가관이 너무 무정부주의적으로 흐르기도 하지만, 와일드는 예언자였고 다른 많은 좌파 유토피아주의자들보다 한층 앞서 있었다. 하지만 조지 오웰조차 1948년에 아일랜드의 그 유토피아주의자를 너무 부당하게 과소평가했다. 그로서는 비천한 노동이 언젠가 기계에 의해 모두 처리될 거라고는 믿기지 않았던 것이다. 하지만 생각해 보라! 서구에서 세탁기만큼 여성 해방의 기틀을 마련해 준 것이 있을까? 이후 얼마나 많은 전기 제품이 발명되어 가사 노동을 덜어 주었던가? 또 20세기에 들어와 얼마나 많은 육체노동과 단조로운 일이 기계로 대체되었던가? 오늘날의 독일인들은 와일드 당시보다 3분의 1이나 일을 덜 한다. 일주일에 평균 37시간의 노동에 여가 시간도 충분하다. 그런 면에서는 라파르그의 이상에 접근한 지 이미 오래다. 게다가 와일드가 열망한 개인주의도 번창하고 있다. 높은 비율의 청년들이 대학에 진학하고, 20대 중반이나 말에야 직장 세계에 들어갔다가 평균 63세에 직장을 떠나 임금 노동에 대한 부담 없이 20여 년을 더 산다. 만일 라파르그와 와일드가 오늘날의 세계를 보았더라면 두 사람이 스케치한 길의 절반이 완성되었다고 생각했을 것이다. 최소한 서양의 부유한 사회에서는 말이다.

남은 것은 두 번째 절반이다. 이 길은 생소하다. 기술의 옹호자들, 거대한 혁신의 고객들, 디지털 미래의 열광적인 팬들에게는 어떤 말도 우리 시대의 변혁을 찬양하기에 충분치 않음에도 불구하고, 그들의 사회 정치적 이념은 판타지가 무척 빈약해 보인다. 역사상 거대한 기술적·경제적 혁명이 대변화와 새로운 사회의 발명으로 이어진 적은 **한 번도 없었다.** 오히려 성장과 도전 정신만 더한층 부추기는 우직한 충고들만 단상을 지배했다. 오래전부터 미래와 관련해서 놀랄 정도로 상상력이 부족하나 똑똑한 경제적 이익 단체들은 특히 아무 생각이 없는 듯하다. 그러다 보니 21세기에 미래의 사회상이 설계된다면, 그건 대개 할리우드와 사이언스 픽션 작가들에 의해 그려진 것들뿐이다.

반면에 유토피아적 사회는 경제와 정치에서 거의 누구도 진지하게 생각하지 않는 장르이다. 놀라운 일도 아니지만, 실리콘 밸리의 최강자들은 몹시 보수적이다. 그들은 온갖 혁신과 똑똑한 기기들의 발명에도 불구하고 자신들의 사업 모델이 옛것에 머물러 있고, 그것은 앞으로도 바뀌지 않으리라는 데 희망을 걸기 때문이다. GAFA 같은 기업들로서는 팰로앨토 자본주의의 붕괴보다 더 두려운 것은 없다.

　　이러한 염려에서 유토피아의 씨가 자란다면, 그것은 결국 민주주의를 추락시키기 위한 유토피아일 뿐이다. 그에 대한 좋은 본보기가 미국의 항공 기술자이자 기업가인 피터 디아만디스이다. 그는 과거의 오스카 와일드처럼 정치가 필요 없는 사회를 꿈꾸면서 지상의 70억 인구에게 오직 기술적 해결만으로 더 나은 삶을 약속했다. 하지만 그가 생각하는 인간상을 작가이자 휴머니스트인 와일드가 들었다면 아마 깜짝 놀라 움찔했을 것이다. 와일드가 인간을 아무런 압력 없이 타인과의 평화로운 공존 속에서 스스로를 자유롭게 발전시켜 나가는 예술가로 상상했다면, 디아만디스는 다윈주의의 찬가를 불렀다. 〈인간은 원래 경쟁의 유전 인자를 가지고 태어난다. 짝을 차지하기 위한 과정도 경쟁이고, 스포츠도 경쟁이며, 노동 시장도 경쟁이다. 촉매제 역할을 하는 경쟁은 인간을 주어진 틀 안에서 문제의 해결이 되는 하나의 명확한 목표를 추구하게 한다.〉[26] 다만 디아만디스가 6년 전에 예고한 〈70억 인구를 위한 타개책〉이 여전히 오리무중인 것은 유감이다. 돌아보면 인류의 많은 〈문제〉는 기술의 문제와는 다른 법칙에 종속되어 있다. 물 부족과 자원 결핍, 내전, 착취 같은 문제를 극복할 〈해결책〉은 그것이 스마트해진다고 해서 설득력을 갖는 것이 아니라 정치적으로 관철될 수 있어야 힘을 얻는다.

보수적인 실리콘 밸리의 대형 투자자이자 미국 기업 페이팔의 공동 창업주이며 페이스북의 최대 주주 중 한 사람인 피터 틸은 디아만디스보다 훨씬 더 노골적이다. 2009년에 그는 캘리포니아 해안에서 멀리 떨어진 공해상에 해상 연구소를 만드는 계획에 투자했다. 17세기 초 프랜시스 베이컨의 유토피아 〈노바 아틀란티스〉 같은 연구 공간이다. 미국 법의 간섭을 받지 않는 이 자유로운 땅에서 인간 개선에 대한 실험이 시도된다. 틸의 말을 직접 들어 보자. 〈정치 영역과는 달리 테크놀로지 영역에서는 **개인**의 결정이 여전히 절대적 우선권을 갖고 있다. 우리 세계의 운명은 아마 **자유 기계를 만들어 내거나 확산시키고, 자본주의를 안전하게 구현할 수 있는 세상을 만드는 데 필요한** 개인의 손에 달려 있다.〉[27]

사이언스 픽션 영화 속의 그 어떤 파렴치한 대형 투자자도 이렇게 솔직하고 대담할 수는 없을 것이다. 민주주의 통제에서 벗어나 자본주의를 보장하고 민주주의를 철폐하는 기술적 매트릭스는 어디에 있는가? 기본적으로 틸은 그것을 위해 태평양상에 하나의 해양 공동체를 따로 만들 필요가 없다는 것을 안다. 현재 일이 진행되는 것을 보면 현실 도피적 판타지 없이도 그의 목표는 점점 가까워지는 것처럼 보인다.

이런 꿈들이 번성하고 비민주적 사고 모델이 만연하면 그에 반대하는 안티유토피아도 생기기 마련이다. 그런데 서구 세계의 정치적 논쟁에서 민주주의적 유토피아는 전반적으로 사라졌다. 마르크스와 엥겔스조차 그들의 역사 예언이 그저 **하나의** 유토피아라는 사실에 저항했다. 그래서 그들의 어휘에서는 유토피아라는 말이 사라져 버렸다. 오늘날에도 유토피아는 어리석고 세상 물정 모르는 사람들이나 제기하는 것으로 이해될 때가 많다. 기술이 아니라 사회와 관련한 유토피아일 때 말이다. 서유럽의 해적당* 같은 도깨비 현상도 그런 움직임에 기여했다. 자기모순과 유치한 전능함의 판타지에 사로잡힌 그들은 나타날 때보다 더 빨리 흩어졌다. 미국 서부 개척 시대의 모피 사냥꾼, 무법자, 카우보이처럼 그들은 현실적인 힘을 가진 사람들이 〈불을 뿜으며 내달리는 말〉을 위해 궤도를 건설하고, 땅을 자기들끼리 나누어 가졌을 때 사라졌다. 서부 개척 시대가 자유로운 사고를 가진 사람들의 것이 아니었듯이, 오늘날의 인터넷도 자유로운 사고를 가진 사람들의 것이 아니다. 2014년, 서유럽의 해적당들은 뼈아프게 다음과 같은 사실을 인정할 수밖에 없었다. 망의 권력은 망 안에서 자유롭게 뛰놀고 싶은 한 줌의 젊은이들이 아니라, 디지털 콘체른과 NSA가 갖고 있다는 것을.

〈실험은 안 된다!〉 1950년대에 아데나워가 선거에서 내걸었던 이 슬로건은 당시 기민당의 정치인들에게는 민주주의를 수호할 유일한 방법처럼 보인다. 1997년, 나는 당시 기민당

---

* 온라인상의 무단 복제(해적질)와 P2P 방식의 파일 교환에 대한 금지에 반대해 인터넷 정보의 자유로운 공유, 표현의 자유, 저작권법 및 특허권의 철폐 등 새로운 디지털 민주주의를 지향하는 정당.

정치인이었던 프리트베르트 플뤼거가 내게 21세기에 어울리는 정치로서 〈비전 없음의 비전〉에 대해 열정적으로 얘기했던 것이 생생히 기억난다. 『차이트』 편집장 콜랴 루지오 역시 오늘날 비슷한 맥락에서 〈유토피아는 누구에게도 도움이 되지 않는다〉라고 하면서 〈조건 없이 주어지는 기본 소득〉에 대한 모든 구상을 비난했다.[28]

　　이런 이야기들을 들으면 어쩐지 약간 섬뜩해진다. 유토피아가 없는 것도 현 체제에서 이익을 보는 일부 사람만 빼놓고는 누구에게도 도움이 되지 않기 때문이다. 그런데 지금은 중기 미래만 설계하면서 〈이대로 계속!〉의 상황에서 벗어나자고 말하는 것조차 상상을 초월할 정도로 위험하다. 이런 상황을 생각하니 이탈리아의 영화감독 세르조 레오네의 말이 떠오른다. 그는 미국 영화감독의 서부 영화와 이탈리아 영화감독의 서부 영화 사이에 어떤 차이가 있느냐는 질문에 이렇게 답한다. 〈존 포드의 영화에서 누군가 창밖을 내다본다면 그건 찬란한 미래를 바라보는 것이지만, 내 영화에서 누군가 창밖을 내다본다면 다음 장면에서 그 사람이 십중팔구 총에 맞게 되리라는 건 누구나 압니다!〉 이는 우리 민주주의의 미래 창문과 상황이 다르지 않다. 만일 옛 서독에서 루트비히 에르하르트나 빌리 브란트가 미래 독일의 비전을 그려 보이면 언론의 환호와 스포트라이트를 받았다. 하지만 오늘날 누군가 더 나은 독일에 대해 구체적인 비전을 제시하면 과거와는 달리 대중 매체로부터 총을 맞게 되리라는 건 누구나 안다!

오늘날의 정치와 경제는 우리의 삶과는 무관하게 그저 유토피아로만 머물러 있어야 하는 유토피아 본연의 권리를 수호하는 것처럼 보인다. 하지만 우리가 인지하든 인지하지 못하든, 변화는 실제로 진행되고 있다. 만일 라파르그와 와일드 시대의 정치인이나 경제인에게 2018년의 독일과 영국 같은 나라에서는 노동자와 회사원이 예전보다 훨씬 적게 일하는데도 임금은 비교가 되지 않을 정도로 많이 받는다고 이야기해 주면, 아마 그 사람들은 이런 〈동화〉 같고 〈꿈같은 유토피아〉를 믿지 못할 것이다. 이런 측면에서는 가능성의 지평이 늘 현 상태에 의해 규정되는 오늘날의 경제학자들도 와일드 당시의 경제학자들과 구분되지 않는다. 그들은 대학에서 무언가 다른 것을 배우지 못했고, 그들의 무수한 전문 서적에는 비전 같은 것이 들어설 자리가 없었다. 그 대신 그중 많은 이들이 모든 거대한 변혁에도 불구하고 노동과 고용, 사회 구조가 향후 수십 년 뒤에도 오늘날과 크게 달라지지 않을 거라는 전제에서 태연히 출발한다.

경제적 도전은 그 자체로만 바라보면 보이지 않을 때가 많다. 사실 경제의 모든 본질적 문제는 경제 문제 하나로만 국한될 수 없고, 심리적·윤리적·정치적·문화적 문제이기도 하다. 인류 역사의 경로를 결정하는 것은 숫자와 도표가 득실거리는 어려운 경제학 논문들이 아니라, 기술적 성격이 됐건 사회적 성격이 됐건 그와 관련된 이념과 관념, 비전 같은 것들이다. 이런 의미에서 와일드는 말한다. 〈유토피아가 표시되지 않은 세계 지도는 별로 볼 만한 가치가 없다. 거기에는 인류가 오랜 옛날부터 향해 나아가던 땅이 없기 때문이다.〉[29]

어떤 종류의 유토피아여야 할까? 디지털화의 거대한 약속은 매우 상이하게 이해될 수 있다. 한쪽에서는 소수의 사람만 엄청난 부자로 만들어 주겠다고 약속한다. 이 사람들은 막대한 부와 함께 현재 자유 기계와 다른 세계 개선 도구를 개발하는 것 말고는 다른 의미 있는 행동을 할 생각이 없다. 그들의 재단(빌 게이츠 재단은 몇 안 되는 예외로 봐야 한다) 역시 그 자신들의 의도를 공익으로 위장한 수단일 때가 많다.

다른 한쪽에서는 가능한 한 많은 사람들에게 자율적이고 충만한 삶의 기회를 주겠다고 약속한다. 이런 측면에서 실리콘 밸리의 최강자들이 우리에게 더 나은 세계를 만들어 주겠다고 약속한다면, 우리는 그들을 진지하게 받아들여야 한다. 그것도 그들이 지금까지 보여 온 모습보다 더 진지하게. 저커버그, 베조스, 브린, 페이지 같은 사람들이 장기적인 관점에서 이기적인 거대 기업주의 역할에만 머물러 있을지, 아니면 세계정신의 실행에 비자발적인 조력자의 역할을 하게 될지는 아직 결정되지 않았다. 전자가 그들의 개인적인 희망 사항일 수 있지만, 그들은 후자를 통해서만 진정으로 영웅이 될 수 있다. 그러니까 그들 스스로 의도한 것은 아니더라도, 점점 더 많은 사람들에게 진정한 자기 발전의 기회를 제공하게 될 〈자동화〉를 더한층 진전시킴으로써 말이다. 그런데 현재 우리가 보는 그들의 모습은 돈에 대한 탐욕에 눈멀고, 다른 것에는 전혀 관심이 없는 주주들에게 종속된 사람처럼 보인다. 지금껏 그들은 온갖 행복에 대한 약속을 들먹이며 사용자와 고객들의 프로필을 비싼 값에 팔아 치우면서 사용자들을 가차 없이 착취해 왔다. 그렇다면 진보를 밀고 나가는 이들 역시 오직 〈더 많이!〉만 알고 다른 것은 모르는 옛 경제 모델에 떠밀려 가는 족속일 뿐이다. 이 옛 경제 모델 속에서는 돈 말고 다른 것은 인정받지 못한다. 돈을 더 많이 가진다고 해서 그들 삶의 어떤 것도 선한 쪽으로 바뀌지 않는데 말이다.

왜 이렇게 되었을까? 실리콘 밸리의 세계 혁신가들은 16세기 이탈리아 르네상스와 나중에 엘리자베스 1세 시절 영국에서 탄생한 사고 유형의 자식들이다. 이 사고는 17세기와 18세기의 영국에서 이데올로기, 즉 요지부동의 일방적인 인간상을 품은 세계관이 되었다. 고대 그리스와 중세에서 배척된 상인 계층과 그들의 이윤 추구는 그사이 문화적 모범이 되었다. 부유한 신흥 상인 계층의 대변인들은 상인의 심성을 저울에 올려놓고 달지 않았다. 모든 상인은 도덕적이고 공정하며 고결하다. 그 자신이 상인이었기 때문이다. 고대의 시민적 미덕은 근세의 상인 미덕이 되었다. 상인은 결코 선한 인간이 되려고 노력할 필요가 없다. 이윤 추구는 본래 선하다. 다른 모든 영국인들에게 **자동으로** 부와 풍요를 안겨 주기 때문이다. 한 행위의 가치를 결정하는 것은 그 행동의 **동기**가 아니라 오직 일반에 대한 **유용성**이다.

그렇다면 유익한 인간과 덜 유익한 인간은 어떻게 구분할 수 있을까? 영국 동인도 회사의 로비스트들과 존 로크 같은 철학자가 그에 대한 명확한 기준을 제시했다. 즉 **노동**으로 구분할 수 있다는 것이다. 삶은 시장이고 교환 사업이다. 또한 인간은 모든 삶의 상황에서 상인이다. 즉 모험가 상인 조합의 초대 조합장인 존 휠러가 이미 1601년에 확정한 것처럼 **상업 인간** *Homo mercatorius*이다. 이를 현대적으로 표현하자면 모든 사회 규범은 결국 시장 규범이라는 뜻인데, 이것은 오늘날의 많은 경제학자와 사회 생물학자들의 생각과 다르지 않다.

지금의 우리에게 마치 사회의 유일하게 합리적인 형식인 양 자명하게 느껴지는 노동 사회와 성과 사회는 시민 시대 초기의 영국에서 발견된 것이다. 그때부터 삶의 지혜인 **프로네시스** *phronesis*가 아닌 유능함, 다시 말해 노동 사회의 미덕이 인간 삶에서 최고의 미덕으로 자리 잡았다. 1882년 프리드리히 니체는 이런 상황에 대해 다음과 같이 한탄한다. 〈노동은 점점 더 모든 선한 양심을 자기편으로 끌어들이고 있다. 즐거움에 대한 애착은 《휴양 욕구》라고 불리며 스스로를 부끄러워하기 시작한다. 사람들은 야외로 소풍을 갔다가 걸리면 《인간은 자신의 건강에 책임이 있다》는 말로 변명한다. 이런 상황은 얼마 가지 않아 사람들이 자기 경멸과 양심의 가책 없이는 관조적 삶(벗들과 함께 산책을 나가 생각과 명상에 잠기는 삶)을 즐길 수 없는 지경에까지 이를지 모른다.〉30

오직 노동만이 사람의 값어치를 높여 준다는 생각은 오

늘날에도 노동이 대표적 허구로서 우리 사회를 규정하고 있을 만큼 강력한 힘을 지니고 있다. 즉 더 많은 성과를 낸 사람이 더 많은 임금을 받는다는 생각이 널리 퍼져 있는 것이다. 하지만 〈성과〉라는 개념은 지극히 모호하다. 생각해 보라. 고객에게 불리하게 설계된 과장된 보험 모델로 큰돈을 번 사람이 저임금을 받고 요양원에서 일하는 간병인보다 더 많은 성과를 냈다고 할 수 있을까? 게다가 범죄의 세계, 스포츠, 기업의 매출 증가, 문학, 어린이 교육, 혹은 간병 같은 영역에서의 활동을 〈성과〉라는 개념으로 재단하는 것도 적절치 않아 보인다. 다만 꼭 그래야 한다면, 대부분의 사람은 누군가의 **성공**에 경탄을 보내지 (공인되지 않은) 성과에 경탄하지는 않는다.

그런데 독일의 많은 사람들에게 성과 신화란 그들의 자의식에 결정적인 영향을 끼친 요소였다. 20세기 후반에 노동자나 농부 혹은 수공업자의 자식으로 태어나 근면과 끈기, 학업을 통해 엔지니어나 전기 기술자, 사업가, 매니저, 연맹 대표가 된 사람은 스스로를 성과 사회의 살아 있는 증거로 여긴다. 하지만 옛 서독에서 그러한 집단적 도약의 시대는 예외 현상이었다. 게다가 출세가 사람의 인성이나 능력과 어느 정도 관계가 있다고 믿는 것은 자신의 성장 과정에 특별한 광채를 부여하는 인기 있는 동화였다. 하지만 당시의 문화적 환경은 사실 지금과 달랐고, 출세의 기회와 자극도 지금보다 훨씬 나았다. 오늘날 독일에서 매년 4천억 유로의 재산이 상속되고 있는 점을 감안하면 〈성과 사회〉의 개념은 완곡어법에 지나지 않는다.[31]

기계는 일하고 노동자는 노래한다: 임금 노동 없는 세계

성과 사회는 허구이다. 다만 그런 사회에 자극을 받는 사람에게는 유익하다. 성과 사회는 사회적 환경과 태도를 낳는다. 비록 허구의 규범적인 힘에 의한 것이라고 하더라도 말이다. 어쨌든 그 때문에 우리는 성과 사회를 완전히 무시하지는 못한다. 물론 그렇다고 과대평가해서는 안 된다. 왜냐하면 숭고한 성과의 원칙이 진정으로 얼마나 개인의 능력에서 비롯된 것인지에 대한 진지한 고민이 제기되어야 하기 때문이다. 우리 사회에서 성과는 정말 정의롭고 공정한가? 1958년 영국의 사회학자 마이클 던롭 영은 눈을 찡긋하며 〈능력주의〉, 즉 〈실적의 지배〉[32] 개념을 발견했다. 인간은 누구나 자신의 실제 성과에 근거해서 평가되고 임금을 받는다는 것이다. 이때 출신이나 인맥, 연고, 행운 같은 다른 기준은 모두 배제된다. 당연히 이것은 완전히 비현실적인 얘기다. 내가 거둔 성과 속에는 나 자신의 능력이나 공로뿐 아니라 타인의 공로도 포함되어 있기 때문이다. 예를 들어 나에게 재능을 물려주고 올바르게 교육시켜 준 내 부모의 공적도 있고, 나의 선생들과 사회적 환경이 기여한 바도 있다. 누구의 성과도 오로지 그 사람만의 것일 수는 없다. 그럼에도 다시 한번 묻자면, 이런 성과 사회가 과연 우리에게 바람직할까?

아마 아닐 것이다. 생각해 보라. 사람이 오직 성과로만 평가되는 사회에서는 무슨 일이 벌어질까? 소득 질서는 완전히 새로 재편될 것이다. 어떤 이는 나락으로 떨어지고, 또 다른 이는 하늘로 솟구친다. 새로운 소득 질서에 따라 최상층부에 서 있는 사람들은 세상을 향해 이렇게 외친다. 〈내가 최고의 사람이고 최고의 엘리트이다!〉 그들은 참을 수 없을 정도로 기고만 장해진다. 그런데 사실 더 큰 문제는 아래쪽이다. 거기에 속한 사람은 더 이상 출구가 없고, 객관적으로 아무 성과도 내지 못 하거나 최악의 사람으로 살아가야 한다. 세상이 자신에게 공정 하지 못했다고 변명할 수도 없다. 자신에 대한 그런 진실을 알 고 싶은 사람은 거의 없다. 하지만 진실은 백일하에 드러났고, 수백만 명의 사람들은 자존감에 상처를 입는다. 출구 없이 통한 의 눈물을 흘리는 그런 사람들은 이제 사회를 견디지 못한다. 그래서 폭동이 일어나고, 내전까지 발생할 수 있다. 독일의 성 과 사회가 아직도 유지되는 것은, 사회가 이런 상황을 진지하게 생각하지 않고 허상을 위한 공간을 많이 허용하기 때문이다.

성과 사회의 허상은 심지어 나름의 논리가 있다. 모두가 노력하더라도 모두가 똑같이 보상을 받을 수는 없다. 독일의 카 바레 예술가인 폴커 피스퍼스는 자본주의에서는 **누구나** 부자 가 될 수 있지만, **모두가** 부자가 될 수는 없다고 말한다. 누군가 는 부자를 위해 일해야 한다. 모든 대중 정당이 구애하는 〈일하 는 중산층〉이라는 표현에도 허상이 잔뜩 끼여 있다. 이 표현은 〈일하지 않는 중산층〉도 있음을 전제로 하는 듯하다. 그렇다면 누가 일하지 않는 중산층일까? 자식이 없는 가정주부? 경제적 형편이 괜찮은 연금 생활자? 대중 정당은 이런 사람들에게는 구애할 필요가 없을까? 그리고 사람들이 별로 상대하고 싶어 하지 않는, 일하거나 일하지 않는 중산층의 가장자리에는 어떤 이들이 있을까? 저소득층, 소액 투자자, 가난한 연금 생활자, 사회적 여건이 좋지 않은 아이들, 대주주?

독일에서 〈노동〉과 결부된 〈중산층〉은 신성시된다. 일을 하지만 〈일하는 중산층〉에 끼지 않는 사람의 절반 이상이 이 제단의 그늘진 곳에 서 있다. 예를 들어 일요일에 청소년 축구단 시합에서 심판을 보는 연금 생활자, 시리아 난민들을 보살피는 그의 아내, 전업 주부와 가사 전담 남편, 실습 중인 대학생, 두세 가지 일을 해야만 먹고살 수 있는 수백만 명의 저임금 노동자들이 그렇다. 이 사람들을 제외시킨 상태에서 우리가 노동 윤리를 〈일하는 중산층〉에만 한정시키는 것이 과연 정당한가?

옛 서독의 상승 사회는 2018년에도 여전히 유효하다. 사회학자 올리버 나흐트바이가 진단한 하강 사회가 많은 사람들에게는 여전히 좌파의 과장으로 치부될 정도로. 독일의 고전적인 제조업 분야와 비서 업종에서 곧 무수한 직업이 컴퓨터로 대체되고, 또 기계 제작과 물류 영역도 같은 처지에 놓이게 될 것이라는 예측은 신빙성이 낮은 것으로 여겨진다. 현재 눈에 띄게 낮은 5~6퍼센트의 실업률이 그런 예측을 부정하는 근거로 작용한다. 그러나 거대한 전환기의 징조는 그사이 벌써 우리의 현관 앞에 도착해 있다. 뉘른베르크에서는 지하철이 몇몇 구간에서 기관사 없이 운행되고, 함부르크에서는 수백 대의 소형 버스가 자율적으로 달리고 있으며, 산악 지대로의 소포 배달에는 이미 드론이 투입되고 있다. 또한 콜센터에서도 사람의 수는 점점 줄어들고, 컴퓨터만 점점 늘어난다. 그럼에도 독일인들은 가까운 미래에 저임금 분야뿐 아니라 안전지대라고 여겼던 〈일하는

중산층)의 많은 직업도 똑같은 상황에 처하게 되리라는 사실을 아직 의식하지 못하고 있다.[33]

오늘날 디지털 혁명의 초기에 사는 우리의 상황은 실제로 으스스하다. 한편에서는 마치 시민적 성과 사회의 시대가 서서히 끝나 가고 있는 것처럼 보이고, 다른 한편에서는 자본주의, 즉 그런 대표적 허구에 기초한 경제 형태와 사회 형태가 급진적으로 나아가고 있다. 바로 우리 시대의 비동시성(非同時性)이다.

작금의 노동 세계가 이대로 지속될 수 없다는 것은 〈밀레니엄 프로젝트〉의 일환으로 제출된 「델포이 보고서」의 결론이기도 하다. 밀레니엄 프로젝트는 국제적 미래 연구 싱크 탱크로서 독일에서는 베르텔스만 재단, 폭스바겐 주식회사, 독일 엔지니어 협회 테크놀로지 센터, 프라운호퍼 시스템 혁신 연구소, 그리고 베를린 자유 대학교가 속해 있다. 「델포이 보고서」에 참여한 전문가 289명의 평가에 따르면, 기술로 대체될 수 있는 것은 중기적으로든 장기적으로든 모두 사라질 거라고 한다. 살아남는 것은 주로 〈공감〉과 관련된 직업군이다. 예를 들면 누군가를 보살피고, 간호하고, 희망을 주고, 훈련시키고, 교육시키고, 개인적인 고민과 불행을 완화시켜 주고, 문제 해결을 돕는 직업들이다. 〈장차 대다수의 사람들은 무엇을 할 것인가?〉라는 질문에 「델포이 보고서」는 이렇게 답한다. 〈어떤 것이 됐든 다들 무언가를 할 것이다. 하지만 그중 많은 것은 더 이상 생업과 관련

된 것이 아니다. 그럼에도 다들 무언가를 생산한다. 즐거움이건 소음이건.)[34]

라파르그와 와일드가 꿈꾸던 사회, 그러니까 임금 노동과 생업 노동이 점점 줄어드는 사회가 성큼성큼 다가오고 있다. 우리의 노동 및 경제 시스템과 사회 안전망은 지금처럼 유지될 수 있는 게 아니라 근본적으로 재편될 수밖에 없다. 동시에 사방에서 〈교육〉에 대한 외침이 터져 나온다. 이제는 최상의 전문 교육을 받거나 직업 교육을 받은 사람만이 새로운 노동 세계의 태풍을 버텨 내며, 어디가 됐건 인간으로서 꼭 필요한 존재로 자리매김할 수 있다. 반면에 교육 수준이 너무 낮고, 나중에 다른 교육도 받지 못한 사람은 더 이상 시대의 흐름에 보조를 맞추지 못한다. 성공은 이제 창의력을 갖추거나, 적응력이 뛰어나거나, 공감 능력이 있는 사람들에게 돌아간다. 미래 사회에선 (측정 가능한) 가치를 창조하지 못하는 사람은 자신의 가치를 상실한다.

교육을 부르짖는 것은 항상 옳다. 하지만 방금 설명한 것처럼 그 부르짖음은 사회적 변화의 심층부를 제대로 짚지 못하고 있다. 교육을 미래의 실업에 대한 만병통치약으로 보는 사람은 교육의 본질, 즉 교육이란 노동 시장에 대한 충실한 적응이 아니라, 독창적 사고가 넘쳐나는 충만한 삶을 구축할 능력을 갖추게 하는 것이라는 사실을 제대로 알지 못하는 사람이다. 이유는 이렇다. 첫째, 포괄적인 교육조차 누군가가 기술로 대체되거나 미래 노동 세계의 틀에 맞지 않는 것을 막지 못한다. 둘째, 잠간이든 아니면 좀 길게든 생업 노동을 하지 않는 높은 수준의 교육과 창의력을 갖춘 사람들도 필요하다. 아니, 바로 그런 사람이 필요하다. 자신의 하루를 자유롭게 만들어 나가고, 자발적으로 어떤 일에 매진하며, 계획을 세우고, 또 누구의 지시도 받지 않은 채 목표를 추구해 나가는 것, 이 모든 능력이 생업 노동을 하지 않는 좀 더 행복한 사람과 자신을 쓸모없는 존재로 느끼는 좀 더 불행한 사람들을 구별하는 요소이다.

오늘날 〈교육〉을 소리 높여 외치는 많은 사람들의 사고는 우리가 지금껏 살펴본 것처럼 서서히 사라지는 노동 사회와 성과 사회의 틀 속에서 전반적으로 움직인다. 미래에는 어떠한 형태의 생업 노동에도 종사하지 않는 것의 가치가 높아질 수밖에 없다는 사실이 그들의 머릿속에는 떠오르지 않는 듯하다. 하지만 오직 돈을 받고 일하는 것만 아는 사람이 그 외에 다른 어떤 방법으로 자신의 자존감을 유지하고, 자신이 유익하고 쓸모 있는 존재라는 걸 경험할 수 있겠는가? 그들에게 교육의 목표는 〈자신의 쓸모 있음〉을 경험하게 하고, 자신이 무언가 의미 있는 일을 하고 있다는 것을 느끼게 하는 것이다.

상업 인간의 이데올로기와는 달리 인간은 본성상 경제적인 성공을 거두었다고 해서 반드시 행복감을 느끼는 것은 아니다. 그렇지 않다면 최고의 부자가 늘 최고로 행복한 사람일 것이다. 우리의 인생을 슬쩍 들여다보기만 해도 그게 필연적이지 않다는 것은 분명하게 드러난다. 플라톤이나 아리스토텔레스 같은 사람에게 가장 행복한 실존 형식은 **활동적 삶** *Vita activa*이 아니라 **관조적 삶** *Vita contemplativa** 즉 철학적 삶이었다. 그렇다면 인간이 행복하거나 만족스럽게 생각하는 삶은 자신이 살아가는 문화에 상당 부분 달려 있다. 성찰과 깨달음 자체를 높이 평가하는 문화는 돈과 성공의 잣대로 평가되는 유능함을 최고의 미덕으로 여기는 인간과는 다른 인간을 배출해 낸다. 마찬가지로 용기와 전쟁 기술을 최고로 치는 사회는 늘 상당수의 전사들을 만들어 냈다.

　　활동적 삶과 관조적 삶, 공동선에 대한 걱정, 우정의 육성, 올바른 삶에 대한 성찰, 이 모든 것은 고대 그리스인들에게 순조로운 국가 운영의 토대였다. 그런데 어떤 대가를 치러서라도 얻은 경제적 성공보다 활동적 삶과 관조적 삶을 높이 평가하지 않는 것이 반드시 시민 문화의 성취에 속하지는 않는다. 어쨌든 자유로운 그리스 남자들은 여자와 노예, 외국인들에게 대신 일을 시킴으로써 자신들은 〈부자연스러운〉 삶을 살게 되지 않을 거라고 믿었다. 그렇다면 〈그리스적〉 조건에서 컴퓨터와 로봇에게 점점 더 일을 많이 시킨다면 그것을 〈부자연스러운〉 삶이라고 할 수 있을까?

　　그런 사회는 어떻게 만들 수 있을까? 오스카 와일드는 지지리도 가난하고 교육받지 못한 무식한 임금 노예들이 자기 삶의 주인이자 자유로운 예술가가 되는 기나긴 과정에 대해 골머리를 썩이지 않았다. 그 때문에 그의 에세이에는 늘 약간의 비

---

* 활동적 삶은 사회적 활동, 특히 정치적 참여와 관련된 삶을 가리키고, 관조적 삶은 내면의 성찰과 명상에 치중하는 철학적·종교적 삶을 가리킨다.

꿈과 도발에 대한 즐거움이 섞여 있다. 와일드도 우리 인간이 현실에서는 지상의 천국을 건설하지 못하고, 철학자 오도 마르크바르트의 말처럼 지상의 세계를 단지 조금씩만 개선할 수 있음을 알고 있었기 때문이다. **유토피아의 척도는 인간성이지 완벽함이 아니다.** 세계는 복잡하며 스마트하지 않다. 궁극적인 〈해결책〉이나 〈자유 기계〉, 더 나은 세계를 약속하는 사람은 캘리포니아의 협잡꾼들뿐이다.

2025년이나 2030년에 버스 기사나 택시 기사의 직업이 사라진다고 해서 인간이 필연적으로 창의적으로 변하지는 않는다. 오히려 공격적이고, 파괴적이며, 우울해하는 사람이 더 많을 것이다. 해고의 거대한 물결은 가치 관념의 격변보다 더 빠르게 전개된다. 또한 인간들은 인기 있는 주도 이념에 더한층 매달리고, 우리는 임금을 기준으로 자신이 무언가 성과를 내고 있으며 어느 정도 가치가 있다는 것을 증명한다. 이런 상황에서 공격적이고, 파괴적이며, 우울해지지 않으려면 아주 큰 기술이 필요하다.

문제는 이미 2000년대 초반과 중반에 진단되었다. 예를 들면 미국의 사회학자 리처드 세넷이나 폴란드계 영국 철학자 지그문트 바우만 같은 이들에 의해서 말이다.[35] 세넷은 〈나락으로 떨어질 상시적인 위협〉에 대해 말했고, 바우만은 〈현대의 국외자들〉에 대해 말했다. 예전에는 인간이 전쟁과 재앙으로 인해 새로운 것에 유연하게 대처할 수밖에 없었다면, 현대 자본주의에서 지속적 유연성은 〈일상의 원칙〉이 되었다. 하지만 그런 삶의 불확실성은 많은 사람을 혼란에 빠뜨리고, 수백만 명을 희생시킨다. 세넷에 따르면 옛날에는 프로테스탄트적 노동 윤리가 인간의 삶에 버팀목이 되어 주었다면, 오늘날에는 임시적인 고용 상황이 만연하다. 결국 패배자는 점점 늘어나고 승리자는 점점 줄어들 것이다. 이 과정은 컴퓨터의 투입으로 더욱 가속화된다. 세넷은 묻는다. 얼마나 많은 예전의 전통적 수공업 기술들이 미래에는 더 이상 필요하지 않을까?

　　나는 2012년 9월에 베를린 문학 축제의 일환으로 세넷과 이런 주제로 토론한 적이 있는데, 그때 그는 자신의 책 『신자본주의의 문화The Culture of the New Capitalism』에서도 밝혔듯이 자본주의가 신의와 책임감을 상실했다고 개탄했다. 〈협력〉이라는 옛 문화적 자산은 사라졌고, 남은 건 삶의 지극한 불확실성으로 내몰린 개인들뿐이라는 것이다. 나는 위협받거나 파괴된 〈노동 정체성〉에 대한 그의 생각에 조건부로 동의한다고 대답했다. 왜냐하면 인간에게 노동과 정체성의 동일시는 프로테스탄트적 노동 윤리의 황금기에도 드물게만 존재했기 때문이다. 우리는 라파르그가 착취의 극적인 묘사 속에서 굶주려 죽기 일보 직전의 학대받는 사람들과, 아동 노동이 없어지길 간절히 원했던 시절에 대해 이야기했다. 만일 과거의 노동 세계가 인간의 정체성을 북돋우고 걱정을 덜어 주는 더 나은 세계라는 세넷의 진단이 맞다면, 그것은 20세기 후반이라는 좁은 시기에만 해당되지 인류사 전체에는 해당되지 않는다. 다시 말해 1950년대에서 1990년대까지만 〈인정〉과 〈보상〉, 〈신의〉, 〈평생의 안전〉이

지배했다. 물론 그조차도 이미 오래전부터 모든 사람들에게 해당되는 이야기는 아니지만 말이다.

과거의 그런 시대가 이제 끝나고 있다는 세넷의 의견에 동의한다. 하지만 그게 꼭 재앙일까? 혹시 최소한 잠재적으로는 바로 그 속에 개선의 기회가 있지 않을까? 세넷처럼 과거의 노동 세계를 너무 낭만적인 시선으로만 바라보게 되면 임금 노동의 정체성 상실은 원칙적으로 애석할 수 있다. 하지만 그것은 독일에서도 많은 좌파들에게서 발견되고, 진보적 사고를 방해하는 독이 든 향수(鄕愁)일 뿐이다.

세넷은 〈MP3 자본주의〉가 우리의 삶에서 없애 버린 것들에 주목한다. 그러면서 늘 무턱대고 옛것보다 새것을 선호하는 차가운 이데올로기와 젊음에 대한 환상을 탓하고, 실리콘 밸리의 경험 없는 디지털광들에게서 출발한 전통과 경험에 대한 공격에 분노한다. 타당한 말이다. 또한 그는 충분히 납득할 만한 이유에서 앞만 보고 내달리는 〈빨리빨리〉의 문화를 유감스러워한다. 하지만 임금 노동이 원칙적으로 인간의 정체성을 조장한다는 낭만적 이념에서 벗어나지 못하는 한 마르크스주의적 전통의 노동 개념을 너무 미화하는 쪽으로 흐른다.

생업 노동이 인간의 자기실현을 돕거나 정체성을 조장하는 것은 많은 요소에 달려 있다. 그중에서 핵심적인 요소가 **일 자체** — 예를 들어 컨베이어 벨트에서 일하는 노동자가 자기실현에 이르는 경우는 거의 없으며, 그것은 콜센터에서 일하는 사람도 마찬가지이다 — 와 사회의 **주도 문화**이다. 인간의 자기실현에 가장 가까운 노동은 내가 상당히 안정된 조건 속에서 지속적으로 내 노동의 독립적 주인으로서 일할 수 있을 때이다. 하지만 여기서도 그 노동이 반드시 생업 노동일 필요가 있을까 하는 의문이 제기된다. 따라서 디지털 시대의 신세계를 인간 경멸적 디스토피아로 만들지 않기 위한 첫 번째 조건은 인간이 기본적으로 살아가는 데 지장이 없을 정도로 물질을 보장하는 것이다. 이 문제는 언젠가 좀 더 자세히 다룰 기회가 있을 것이다.

인간적 유토피아는, 인간이란 노동 성과를 돈과 맞바꾸는 상인이 되어야 한다는 **상업 인간**의 규정으로부터 인간을 해방시킨다. 그 대신 〈노동〉을 무척 많은 사람들이 자신의 삶을 채우고 의미를 만들어 내는 일을 하려는 욕구로 본다. 그러므로 인간적 유토피아는 자유로운 활동으로서 〈노동〉의 개념과 임금 노동 및 생업 노동의 개념을 구분한다. 고대 이후, 특히 제1차 산업 혁명과 제2차 산업 혁명 이후 시인과 사상가들은 반드시 일해야 한다는 의무로부터 인간을 해방시키려는 꿈을 꾸었다. 21세기의 기술적 진보는 이 꿈을 매우 많은 사람들에게 현실로 만들어 줄 수 있을지 모른다. 지능을 갖춘 기계들이 우리 대신 점점 더 많은 노동을 떠맡게 될 테니까. 자신의 삶을 자유롭게 만들어 나가는 존재로서의 인간, 이것이 바로 인간의 얼굴을 한 디지털 유토피아의 핵심이다.

자유로운 삶:
기본 소득과 인간상

2017년 늦여름, 장소는 베를린의 정부 기관들이 모여 있는 곳이다. 연방 의회 앞 잔디밭에는 이주민 출신 아이들이 축구를 하고, 기자들은 모래밭의 비치 의자에 흐트러진 자세로 누워 있으며, 슈프레 강가에서는 외국에서 온 배낭족이 총리 집무실 그늘 아래서 꾸벅꾸벅 졸고, 행인들은 호기심 어린 눈으로 벨뷔 성의 정원을 유심히 들여다본다. 평화와 안식의 알레고리이자, 이탈리아의 초기 르네상스에서 현재의 시간 속으로 풍덩 떨어진 번성하는 시대의 이상적인 모습이다. 이것은 시에나의 푸블리코 궁전에 보존되어 있는 암브로조 로렌체티의 프레스코화 「좋은 통치의 결과」처럼 명랑하고 활기차 보인다.

　　2010년대 말의 독일은 여전히 세계에서 가장 부유한 나라 중 하나이다. 실업률이 무척 낮은 대신 〈전문 인력 부족〉 사태를 겪고 있다. 서구에서 가장 느긋한 이 대도시를 방문하는 여행객들은 스마트폰으로 도시의 풍경을 담는다. 그들이 사랑하는 것은 꿈을 꾸듯 평화롭고 한가한 모습이다. 런던이나 파리, 뉴욕, 또는 아시아의 분주한 대도시들과는 비교가 되지 않는다. 이 도시의 실업률은 아직 9퍼센트에 이른다. 독일 평균치

149

148

보다 훨씬 높다. 하지만 지금 벌써 이렇게 말할 수 있을 듯하다. 베를린은 사람들이 가장 적게 일하며, 모든 것이 여유로워 보인다고. 게다가 여기서 사진을 찍는 여행객들은 사진 현상소도 필요 없고, 머잖아 에어비앤비로 방을 예약하고 앱으로 자율 주행차를 부를 것이기 때문에 일하는 사람의 수는 갈수록 줄어들 것이다.

그렇다면 베를린 사람들은 무엇으로 먹고살게 될까? 행정 당국은 관청이나 병원에 일하는 직원을 수천 명 감축하고, 보험 회사와 은행은 직원을 무더기로 해고한다. 누가, 또는 무엇이 이들을 받아 줄까? 공영과 민영의 연구 기관들은 이 문제를 연구하고, 경제 포럼에서도 이 문제는 열띤 토론을 야기하며, 미래의 해고를 준비하는 CEO들도 이 문제에 크나큰 관심을 보인다. 다만 정치계만 이 문제에 별로 관심이 없는 듯하다. 심지어 앙겔라 메르켈은 2025년까지 〈완전 고용〉을 달성하는 것을 목표로 삼았다.[36] 이것은 미래의 운송 수단이 자동차가 아니라 말이 될 거라는 빌헬름 2세의 언급을 떠올리게 한다. 독일 공화국에서 이보다 더 큰 현실감 상실은 없었다.

반면에 다보스를 비롯해 거대 신문들의 칼럼과 서구의 싱크 탱크들에서는 상반된 시나리오를 내놓는다. 하지만 다들 지금보다 적게 일한다고 해서 현재의 고용률이 유지될까? 여기서는 라파르그가 환영받는다. 그의 이념은 21세기에도 매력을 잃지 않는다. 최소한 그것은 너무 많은 사람들이 노동 시장에서 배제되는 것을 막는다. 2018년 2월, 독일 금속 산업의 고용주와 노동조합은 노동자가 희망할 경우 주당 28시간만 근무하는 것에 합의했다. 이런 방향에서는 분명 일보 전진이다. 물론 그 동기가 미래의 대량 실업은 아니지만 말이다. 문제는 라파르그 모델이 어떤 부문에서 가능하냐는 것이다. 공공 분야에서는 충분히 전망이 있어 보인다. 유치원 보모와 교사들은 분명 그렇게 할 수 있다. 반면에 공무원 사회에서 노동 시간 단축은 대부분의 일자리가 없어질 때까지 한시적인 모델에 지나지 않는다. 또한 CEO와 외무 장관, 분데스리가 축구 선수, 프로젝트 팀장, 병원의 내과 과장이 시간제로 근무하는 일은 미래에도 없을 것이다.

따라서 좀 더 중요한 주제는 다른 문제이다. 〈무조건적인 기본 소득〉은 언제, 어떻게 이루어질 것인가? 살아가는 데 최소한으로 필요한 고정 소득에 대한 아이디어를 두고 정말 다양한 분야의 사람들이 열광한다. 예를 들면 미국의 전 노동부 장관 로버트 라이시, 런던 정치경제 대학교의 노벨 경제학상 수상자 크리스토퍼 피사리데스, 인공 지능 연구자 딜리프 조지, 실리콘 밸리의 투자자 조 쉰도르프, 마크 앤드리슨, 팀 드레이퍼, 독일 기업가 괴츠 베르너, 크리스 보스, CEO 조 케저, 티모테우스 회트게스, 그리고 그리스 전 재무 장관 야니스 바루파키스 같은 사람들이다.

하지만 이들의 동기가 항상 똑같지는 않다. 우선 실리콘 밸리의 입장에서는 가난한 사람들의 정보는 별 가치가 없다. 만일 이들이 시장에 나온 상품을 구입할 형편이 되지 않는다면 누가 그들의 정보를 사려고 하겠는가? 정보로 돈벌이를 하는 사업은 집단적 가난 그 자체에는 전혀 관심이 없지만, 그것이 그들의 사업 모델을 위협하기에 기본 소득에 관심을 보인다. 또 다른 쪽에서는 수백만 명이 저소득층 지원을 받을 정도로 경제적 수준이 전반적으로 하락하면 노년의 가난과 시위의 증가, 사회적 불안, 내전과 비슷한 상황이 찾아오지 않을까 걱정한다. 또한 바루파키스 같은 사람들은 기본 소득을 사회 참여와 재분배 수단, 거기서 더 나아가 시스템 변화의 도구로 본다. 이는 프랑스의 사회 철학자 앙드레 고르가 이미 내다본 생각이기도 하다.

이런 상이한 동기들은 기본 소득의 이념에 속한다. 토머스 모어가 『유토피아』에서 처음으로 이 개념을 도입한 이후에 말이다. 모어의 친구이자 스페인의 휴머니스트 후안 루이스 비베스도 이 생각을 받아들였는데, 이때 그가 논리적 근거로 내세웠던 것은 사회에서 가장 가난한 사람들을 아무런 보살핌 없이 방치해서는 안 된다는 기독교인의 의무였다. 게다가 몽테스키외, 제임스 해링턴, 토머스 페인, 토머스 스펜서 같은 계몽주의자들은 이 이념을 만인으로 확대해서 모든 국민을 보살피는 것이 국가의 기본 의무라고까지 주장했다. 그런데 이때 해링턴과 페인, 스펜서가 생각했던 것은 금전적인 지원이 아니라 자신의 땅과 토지에 대한 권리였다. 산업 혁명 초기에는 영국과 프랑스의 수많은 사상가들이 국가에서 지급하는 기본 소득의 구상에 합류했다. 19세기 영국의 위대한 사상가이자 경제학자인 존 스튜어트 밀은 최소한의 소득 보장을 모든 형태의 사회주의를 가장 기술적으로 조합한 것으로 보았다. 20세기에는 정신분석학자 에리히 프롬과 시민운동가인 마틴 루서 킹이 기본 소득의 도입을 강력하게 옹호했다.

그러나 우리는 각각 어떤 사회적 배경에서 기본 소득이 요구되었는지 알아야 한다. 우파 계열인 미국의 경제학자 밀턴 프리드먼이 1960년대 초에 마이너스 소득세, 즉 적게 버는 계층에 최저 생계비를 보장하는 제도*에 대해 말했을 때 그 액수는 무척 적었다. 동일한 것이 미국의 경제학자 제임스 토빈의 생각에도 해당된다. 국민에게 서유럽에 견줄 만한 기본적인 복지를 보장해 주지 못하는 미국이라는 나라의 조건은 유럽 연합 내의 부유한 나라와는 판이하게 다르다. 그것을 감안하면 오늘날 실리콘 밸리에서 터져 나오는 기본 소득에 관한 구상은 서유럽의 척도가 되지 못한다.

점점 생업 노동이 줄어드는 시대에 새로운 형태의 기본 복지가 나타나야 한다는 사실에 대해선 다들 빠르게 합의할 수 있다(현재 두드러지게 나타나는 사회 문제를 전적으로 부정하지만 않는다면 말이다). 글로벌화와 디지털화는 우리를 강제로 다른 사회로 이끌 정도로 노동과 삶의 세계를 근본적으로 바꾸고 있다. 문제는 그게 어떤 사회냐 하는 것이다. 생산성과 이윤은 증가하지만 중산층에 속하는 대부분의 사람은 그로부터 이

자유로운 삶: 기본 소득과 인간상

* 예를 들어 4인 가구의 최저 생계비가 200만 원이고, 어떤 가구의 월 평균 소득이 150만 원이라면 50만 원을 세금, 즉 보조금으로 지급해 주는 제도이다.

득을 보는 것이 아니라, 오히려 일자리를 잃고 가난해지는 사회일까? 혹은 선을 지키기 위해, 아니 어쩌면 확대하기 위해 변화된 상황에 적응하는 **새로운 사회 계약을 맺은 사회**일까? 그러나 지금까지 유능함의 이상을 생업 노동과 연결시킨 노동 사회와 성과 사회의 세계 질서에 대한 강력한 개입 없이는 어떤 새로운 사회 계약도 없을 것이다.

독일에서 개개인의 경제적 형편과 무관하게 모든 국민에게 주어지는 〈무조건적 기본 소득〉을 주장하면 대번에 이런 질문이 터져 나온다. 누가 주는데? 어째서 그런 질문이 바로 나오는지 순간적으로 물어볼 생각도 못 할 만큼 반사적인 이 질문은 사실 이상하기 짝이 없다. 그런 돈을 왜 마련할 수 없는가? 생각해 보라. 우리는 지금껏 역사상 유례가 없을 정도로 가장 부유한 독일에서 살고 있다. 생산성은 디지털화를 통해 계속 비약적으로 증가하고 있다. 그렇다고 우리 대신 일하는 컴퓨터와 로봇이 복지 기금이나 연금, 휴가비, 출산 장려금을 받지도 않는다. 기계들은 자지 않고 그저 밤낮으로 일만 한다. 지치지도 않으면서.

기본 소득의 재원은 마련할 수 있다. 물론 전통적인 방식, 즉 노동에 대한 과세의 형태는 분명 아니다. 그런 점에서 전체 노동자에 대한 세율이 천문학적으로 높아질 거라는 비판은 잘못되었다. 무조건적 기본 소득의 핵심은 생업 노동에 대한 세율을 올리는 것이 아니라, 어쩌면 오히려 내린다는 데 있다. 『차이트』편집장 콜랴 루지오는 〈기본 소득이 비천한 생업 노동으로부터 인간을 더 많이 해방시킬수록 그 돈이 나오는 재원의 토대는 더욱더 심하게 망가질 것)[37]이라고 말한다. 그러나 이 말은 결정적인 지점을 잘못 짚었다. 생계 수단으로 일하는 사람들의 수가 점점 줄어드는 시대에, 대체 이들이 어떻게 국가 복지 시스템에 돈을 댈 수 있겠는가? 그것은 어차피 기존의 사회 복지 시스템에서는 가능하지 않다. 왜냐하면 세금을 내지 않는 수백만 대의 컴퓨터와 로봇이 과거에 사람들이 했던 일을 없애 버린다면 복지 시스템도 와해될 것이기 때문이다. 놀라운 것은 좌파 정치학자인 크리스토프 부터베게도 이런 생각이 떠오르지 않은 모양이다. 그는 기존의 복지 시스템이 미래에도 유지되기를 원하면서 무조건적인 기본 소득을 지불 불가능한 것으로 간주한다. 〈이 경우 오늘날의 연방 예산(약 3천억 유로)을 몇 배나 뛰어넘는 어마어마한 자금이 동원되어야 한다. 그리되면 공공의 가난이 증가하고, 무조건적인 기본 소득의 실현은 그 자체로 유토피아의 허상 속에 빠질 수밖에 없다.〉[38]

오늘날 많은 좌파들이 〈유토피아〉를 부정적인 개념으로 여기는 것은 참으로 슬픈 일이다. 역사적으로 보면 늘 좀 더 나은 복지 시스템을 주창했던 것은 바로 좌파가 아니던가! 그럼에도 부터베게는 어째서 무조건적인 기본 소득을 도입하면 공공의 가난이 증가한다는 것만 알고, 그게 도입되지 않아도 공공의 가난은 증가할 수밖에 없다는 것은 알지 못하는가? 기본 소득의 주장을 〈이단〉으로 간주하는 이 〈가난 연구자〉는 전반적으로 노동 시장에서의 거대 변혁을 순전히 사이언스 픽션 정도로 간주하는 부류에 속한다. 〈디지털화와 인구 통계학적 변화, 글로벌화는 우리 시대의 세 가지 거대한 소설이다. 그것들은 사람들이 지금보다 더 적은 것으로 만족하며 살 수 있게 하려고 사람들에게 있지도 않은 불안을 심어 준다. 기계화, 동력화, 전기화의 경우에도 인간의 노동이 끝날 거라는 예언은 벌써 여러 차례 나왔다. 그러나 오늘날까지도 인간이 없는 공장은 어디를 둘러봐도 없다.〉[39]

부터베게에게 생업 노동은 마르크스와 라파르그, 와일드와는 달리 거대한 축복이다. 그의 불안은 19세기 중반 오스트리아 작가 야코프 로르버의 그것과 비슷해 보인다. 〈언젠가는 결국 그런 시대가 올 것이다. 인간들이 모든 일에서 몹시 똑똑하고 능숙해져서, 마치 살아 있는 지적인 생물처럼 인간의 노동을 대신해 줄 온갖 기계를 제작하는 그런 시대 말이다. 하지만 그때가 되면 많은 사람이 일자리를 잃고, 가난한 실업자들의 창자는 굶주림의 세균으로 득실거리며, 인간의 비참함은 상상할 수 없는 수준까지 치달을 것이다.〉[40] 철학자 해나 아렌트도 이데올로기적으로 같은 대열에 합류한다. 〈우리의 목전에 있는 것은 노동이 종말을 고하는, 그러니까 인간이 아직 잘할 수 있는 유일한 활동이 종말을 고하는 노동 사회에 대한 전망이다. 이보다 더 큰 재앙이 있을까?〉[41]

이렇다 보니 부터베게에게 기본 소득에 대한 외침이 일부 호도된 좌파 몽상가들의 지원을 받은, 복지 국가에 반대하는 신자유주의적 음모와 비슷한 것으로 들린 것은 이상한 일이 아니다. 따라서 재원 마련을 이야기하기 전에 먼저 인간이 〈지금보다 더 적은 것으로 만족하며〉살지 않기 위해서는 기본 소득이 얼마가 되어야 하는지부터 물어야 한다. 독일에서 실업 연금 II(하르츠Hartz IV) 등급에 해당하는 사람은 1인 가정의 경우 기본급 416유로를 받는다. 거기에 더해 지역에 따라 주택 임대료 보조금을 590유로까지 받고, 의료 보험과 간병 보험, 연금 보험에 대한 지원금으로 약 130유로를 받는다. 게다가 난방이나 이사 비용 같은 자잘한 금액까지 합하면, 독일 1인 가정의 하르츠 IV 등급 수급자는 거주 지역에 따라 매달 총 950~1,200유로를 받는다.

이런 상황에서 기업가 괴츠 베르너가 1천 유로의 기본 소득을 모든 국민에게 주자고 하면서, 그와 동시에 임대료 보조금을 포함해 모든 복지 기금을 없애자고 요구한 것은 참으로 터무니없다.[42] 이는 지금까지의 대다수 하르츠 IV 대상자에게는 오히려 재정적 악화를 의미한다. 또한 이 제안은 모든 국민에게 품위 있는 삶을 보장하자는 베르너의 거룩한 목표와도 동떨어져 있다. 만일 기본 소득 1천 유로를 받고 다른 복지 기금을 폐지하면 어떤 일이 벌어지겠는가? 뮌헨에서 지금껏 임대료 보조금 590유로를 받던 사람이 이제 임대료를 자기 부담으로 내면 수중에는 410유로밖에 남지 않게 되고, 그 돈으로 의료 보험과 간병 보험까지 지불해야 한다. 휴머니스트의 가면을 쓰고 나타났지만 결국 상황의 악화를 초래하는 것이다. 이는 기본 소득을 도입하면 공공의 가난만 증가할 뿐이라는 부터베게의 의심을 더욱 부채질한다.

그렇다면 적절한 기본 소득은 1천 유로가 아니라 지금까지의 하르츠 IV 등급보다 확실히 더 높은 금액이어야 한다. 즉 최소한 1천5백 유로는 되어야 한다. 그리되면 부터베게의 악화 시나리오도 힘을 잃을 것이다. 하지만 늦어도 이 대목에서 좌파의 또 다른 불만이 터져 나온다. 왜 모든 사람에게, 그러니까 왜 슈퍼 리치에게도 매달 1천5백 유로씩 지불해야 하느냐는 것이다. 좌파의 심장은 분노로 이글거린다. 부터베게뿐 아니라 좌파 정치인 그레고르 기지도 마찬가지이다.[43] 하지만 이것도 끝까지 신중하게 생각하지 못한 처사이다. 우선 국가가 60여 명의 슈퍼 리치에게 지불하는 금액은 정말 새발의 피다. 더 중요한 것은 장차 세법 변경을 통해 부자와 슈퍼 리치들에게는 그들이 기본 소득으로 받는 금액보다 훨씬 더 많은 세금이 부과될 것이라는 사실이다. 물론 거주지 이전이나 페이퍼 컴퍼니를 통해 교묘하게 회피할 수 있는 소득세의 형태로 거두지는 않을 것이다.

그러면 미래의 과세 제도는 어떤 모습이어야 할까? 제1차 산업 혁명 이후 〈기계세〉의 아이디어가 제기되었다. 다른 모든 것에 세금을 부과할 수 있다면 증기 기관과 트랙터, 미래의 컴퓨터와 로봇에도 과세하지 못할 이유가 어디 있겠는가? 이것은 한편으로는 괜찮은 생각으로 들리기도 하지만, 다른 한편으로는 지금껏 어떤 시대에도 실현되지 못한 일이다. 왜냐하면 기계에 대한 부가 가치세는 기본적인 사회 안전망의 재원에 필요한 바로 그 부가 가치의 상승을 저지할 것이기 때문이다. 게다가 다른 산업 국가들은 그것을 시행하지 않는데, 어느 한 국가만

혼자 독단적으로 시행하는 것은 생각할 수 없다. 얼마 전에 빌 게이츠가 그 아이디어를 다시 소생시키기는 했지만, 복지 시스템에 재원을 마련하려고 그런 제안을 한 것은 아니었다. 그의 동기는 인간이 디지털화의 급속한 발전을 감당해 내지 못할 거라는 두려움에서 자신이 불러낸 유령들의 무서운 속도를 어떻게든 막아 보고자 하는 데 있었다.

마찬가지로 인기 있는 구상은 마이너스 소득세이다. 이것과 관련해서는 여러 버전이 독일에서 논의되고 있는데, 예를 들면 울름의 지불 한계 모델과 튀링겐의 전직 주지사 디터 알트하우스가 주창한 시민 연대 배당금이 있다. 기본 소득은 소득세를 통해 재원이 마련되어야 하는데, 이때 모델에 따라 이자와 임대 수입, 배당금이 합산된다. 그런데 이 모델들은 대부분 기본 소득을 괴츠 베르너처럼 너무 적게, 그러니까 1천 유로 정도로 책정한다. 그렇다면 기존의 하르츠 IV 수급자들은 오히려 혜택이 줄어드는 것을 감수해야 한다. 그 대신 이 모델들은 수급자들의 근로 욕구를 자극할 수 있다는 매력적인 전망을 내걸고, 관료주의의 광범한 폐지를 약속한다.

무조건적인 기본 소득에 원칙적으로 비판적인 입장을 취하는 사람도 마이너스 소득세만큼은 선뜻 받아들일 수 있는 해결책으로 느끼는 듯하다. 그러나 수급자들에게 근로 의욕을 자극할 수 있다고 하는 바로 그 매력이 이 해결책의 약점이기도 하다. 마이너스 소득세는 1940년대에 생겨나서 1960년대에 밀턴 프리드먼이라는 저명한 대변자를 갖게 되었다. 그런데 고도로 발달한 산업 국가들에서 장차 생업 노동을 잃게 될 수백만 명의 입장에서 보면 이 아이디어는 도무지 이해가 되지 않는다. 집에 불이 났는데 물컵으로 불을 끄려는 시도처럼 보이니까 말이다. 생업 노동에 종사하는 사람이 점점 줄어든다면 생업 종사자들은 더 이상 자신의 노동으로 국가의 복지 시스템에 돈을 댈 수 없다. 게다가 기본 소득에 대한 회의론자들이 매력적으로 여기는 것, 다시 말해 생업 노동을 하지 않는 기본 소득 수급자들에게 근로 의욕을 자극할 거라는 생각 역시 디지털화로 굉장히 협소해진 노동 시장을 감안하면 별 의미 없는 관념에 불과하다. 전반적인 생업 노동의 시대가 저물고 있음을 이해해야만 이 상황도 이해가 된다. 하지만 마이너스 소득세의 옛 이념에는 이런 새로운 상황에 대한 어떤 해결책도 담겨 있지 않다.

그래서 미래에 좀 더 어울리는 구상들은 생업 노동을 통해 기본 소득의 재원을 마련하려는 계획에서 벗어났다. 소득 대신 소비에 과세하자는 괴츠 베르너의 제안, 천연자원, 특히 그중에서도 땅과 토지의 가치에 과세하자는 아이디어, 또 이산화탄소 세금이나 환경 부담 세금이 그런 구상에 속한다. 이 제안들은 각각 장점이 있고 충분히 숙고해 볼 만하다. 하지만 땅과 토지를 그다지 많이 가지고 있지 않은 사람은 높은 세금을 납부할 수가 없고, 기업들의 이산화탄소 배출량에 과세하자는 아이디어도 안타깝지만 현재의 독일 법 체제에서는 불가능에 가깝다. 물론 그렇다고 그것을 바꿀 수 없다는 뜻은 아니다.

그렇다면 이제 최고의 아이디어만 남아 있다. 우리는 왜 금전 거래에는 세금을 부과하지 않는가? 금융 전문가이자 스위스의 전 부총리 오스발트 지크가 이끄는 한 연구 그룹이 제안한 모델을 생각해 보라.[44] 그에 따르면 스위스의 지불 거래로 오가는 돈은 국내 총생산의 약 3백 배에 달한다고 한다. 만약 돈이 이동할 때마다 0.05퍼센트의 〈초미니 세금〉을 부과하면 스위스인들에게 매달 2천5백 프랑의 기본 소득을 지급할 재원은 쉽게 마련된다. 반면에 일반인들이 돈 거래로 부담하는 세금은 거의 느끼지 못할 정도로 미미하다. 그렇게 오가는 돈의 90퍼센트는 금융 시장, 특히 초단타 매매에서 나오기 때문이다.

그래서 금융 거래세는 투기가 실물 경제에 대한 투자보다 낫다고 여기는 금융 시장의 움직임을 막는 방책으로 논의되기도 한다. 오늘날 금융 투기의 어마어마한 몸집을 고려하면 지극히 현실적인 걱정이다. 심지어 영국의 경제학자 존 메이너드 케인스는 그런 세금이 있었다면 1930년대의 금융 거품과 증권 폭락도 막을 수 있었을 것이라고 말한다. 그런 맥락에서 보면, 글로벌 금융 위기를 맞아 유럽 연합 집행 위원회가 2011년에 금융 거래세 구상을 다시 집어든 것은 이상한 일이 아니다. 물론 다른 나라들과는 비교도 되지 않을 정도로 금융 부문이 국가의 생명줄에 해당하는 영국은 강력하게 반발했지만. 2013년 그 계획이 수립되었을 때 유럽 연합 11개국이 동의했다. 하지만 금융 위기가 옛일이 되어 갈수록 그 구상 역시 점점 동력을 잃었다. 금융 산업계의 로비는 다시 큰 목소리를 내기 시작했고, 거대 신문과 유력 잡지들의 경제면을 속이 뻔히 들여다보이는 논거로 도배해 버렸다. 국민 경제에 끼치는 해악이 아무리 논리적으로 제기되어도 그 반대편에 있는 장점이 더 크게 부각되었다. 금융 거래세는 금융 시장을 안정시키고, 증권 거래소의 도박성을 줄여 준다. 그에 따른 패자는 극단적인 도박꾼들일 뿐 나머지는 아무 상관이 없다.[45]

귀담아들을 만한 유일한 반박은 국민 경제적 측면에서의 반박이 아니다. 그것은 금융 투기꾼들에게는 언제든 세금을 회피할 가능성이 충분히 열려 있는 것에 대한 염려이다. 하지만 그런 논리를 금융 거래세 도입의 반대 근거로 삼는 것은, 아무리 범죄와 전쟁을 벌여도 범죄는 다시 일어나기 마련이라는 이유로 전쟁을 포기하자는 말과 같다. 분명한 것은, 점점 많은 국가들이 금융 거래세에 동참하면 상황이 점점 더 나아질 거라는 사실이다. 두 가지 숙고가 이런 낙관주의에 근거를 제공한다. 첫째, 어떤 사회적 진보도 28개국의 정부 수반이 합의했다고 해서 실질적으로 이루어지지는 않는다. 노예 제도도 그런 식으로 폐지되지 않았고, 여성 평등도 그런 식으로 관철되지 않았으며, 유럽 연합의 금융 거래세도 그런 식으로 통과되지는 않을 것이다. 둘째, 모든 사회적 진보는 개별 국가에서 출발하고, 그 국가들의 행동이 도미노처럼 다른 나라들로 파급될 것이다.

금융 거래세를 장차 시민들에게 기본 소득을 지급할 재원 마련의 방향에서 놓고 보면, 이전에 중구난방으로 의견이 갈라졌던 유럽 연합의 많은 국가들이 갑자기 한배를 탄다. 금융 산업에 대한 배려는 이제 더 이상 중요하지 않기 때문이다. 중요한 것은 프랑스와 독일, 폴란드, 이탈리아에서 동일한 수준으로 제기되는 거대 문제 — 우리는 중산층의 사회적 몰락을 어떻게 막을 것인가? 격렬한 사회적 소요를 어떻게 예방할 것인가? — 이다. 이런 위협의 징조 속에서는 지금껏 유토피아적이라고 치부되었던 것이 빠른 속도로 가능해질 수 있다. 사회적 진보의 동력은 결코 더 나은 논거가 아니라 항상 격정과 현실적 재앙이었다. 이제는 그에 대한 계획이 수립되어야 한다. 그것도 현실에 쫓겨 허겁지겁 수립하는 것이 아니라, 철저하고 냉정한 계산에 의해 이루어져야 한다.

모든 금융 거래에 0.05퍼센트의 초미니 세금을 매기는 것이 스위스에서 무조건적인 기본 소득의 재원을 마련하는 데 충분하다면, 독일에서는 같은 조건으로 몇 퍼센트가 필요한지도 계산할 수 있다. 분명 스위스보다 퍼센티지가 높겠지만, 여전히 대부분의 사람에게는 거의 영향이 없을 정도로 낮을 것이다. 현실에 맞는 적절한 모델을 개발하는 것은 철학자의 과제가 아니라 경제학자의 몫이다. 이때 그들은 투기 세력에 의해 어떤 결과가 예상되는지도 계산해 내야 한다. 초미니 세금이 금융 투기의 도박판을 몇 퍼센트만 줄이더라도 — 이는 그 자체로 금융 시장의 안정을 위해 참으로 가치 있는 일이다 — 부자 나라들은 이런 식으로 얼마든지 기본 소득의 재원을 마련할 수 있다. 전 세계 금융 파생 상품 거래의 총량은 6백조~7백조 달러에 달한다고 한다. 전 세계 국내 총생산의 무려 10배에 이르는 금액이다. 그렇다면 무조건적인 기본 소득은 돈 때문에 할 수 없는 게 아니다. 금융 거래에 대한 초미니 세금은 최소한 중단기적으로는 최고의 아이디어이다. 어쨌든 국제 금융 경제가 오늘날과 같은 수준으로 유지될 경우에 말이다.

따라서 무조건적인 기본 소득과 관련해서 제기되는 문제들 가운데 재원 마련은 가장 작은 문제이다. 훨씬 더 긴장감이 도는 것은 심리적 문제이다. 여기서는 현재와 미래의 인간상이 중심에 등장하고, 세계관을 비롯해 믿음의 원칙, 세속적인 선입견, 문화적 특성, 기질이 충돌한다.

앞서 살펴보았듯이, 좌파들은 특히 인간의 행복을 위해서는 생업 노동이 필요하다는 관념에 집착해 왔다. 하지만 여기서 〈인간〉이란 누구인가? 아우디의 개발 부서에서 일하는 사람들을 대상으로 열린 전문가 토론회에서 한 기술자가 내게 인간에 대해 이렇게 설명해 주었다. 인간이란 본디 〈문제 해결자〉로, 무언가가 최상의 상태가 아니면 항상 인간은 그것을 개선하려고 애쓴다는 것이다. 그때 나는 이런 생각이 들었다. 〈그래, 아우디에서 일하는 기술자들은 그럴 수 있을지 몰라도 내 주변에는 무언가를 발명하는 것은 고사하고 무언가를 개선하겠다는 생각조차 하는 사람이 거의 없어.〉

〈인간〉이라는 개념은 상당히 조심스럽게 접근할 수밖에 없다. 니체가 말했듯이 인간은 〈확정되지 않은 동물〉이다. 또한 철학자 카를 슈미트는 이렇게 말한다. 〈인간에 대해 말하는 사람은 모두 거짓말쟁이다!〉 인간은 너무 많은 부분이 자신이 살아가는 조건에 종속되어 있어서 명확하게 정의 내릴 수 없다. 중세의 유럽인들에게는 너무나 자명했던 것, 예를 들어 신의 섭리, 또는 신이 다스릴 천년 왕국이 곧 지상에 도래할 거라는 확고한 믿음은 우리가 여전히 같은 유럽인임에도 오늘날의 우리에게는 생소하기 짝이 없다. 〈인간〉이란 스스로 할 수 있는 일이 없어서 돈을 위해 일하지 않으면 삶의 의미가 사라진다는 주장도 굉장히 잘못된 규정이다. 이 규정에 따르면 전업 주부, 연금 생활자, 유한마담, 왕의 자식, 밀림의 원주민, 마사이족 전사는 모두 불행한 인간으로 낙인찍힐 수밖에 없다.

다만 현재 독일과 같은 사회에서 많은 사람들이 생업 노동을 잃고 새로운 일자리를 찾지 못하면 스스로를 무척 못나고 쓸모없는 인간으로 느끼는 것은 사실이다. 하지만 이는 인간학적 문제가 아니라 매우 현대적인 문제이다. 인간이 생업 노동으로 〈자기 자신〉이나 〈자신의 삶〉에서 무언가를 이루어 내야 한다는 것은 19세기의 농부나 공장 노동자들에게는 아주 낯선 문제였다. 우리가 자신의 재능을 계발하고, 창의력을 발휘하고, 심지어 〈자기 자신을 실현해야〉 한다는 목소리는 고도로 현대화된 사회의 요구였다. 이 요구는 20세기가 흐르면서 서서히 생겨났는데, 그러다 지금은 이 목표를 달성하지 못한 사람은 스스로를 못난 인간으로 여기는 시류에까지 이르렀다. 그러나 오늘날에도 생업 노동으로 그런 요구를 충족시키지 못하는 사람은 여전히 많다. 만일 그들이 자기실현이나 재능 발휘를 생업 노동과 연결시키지 않는 사회에 산다면, 그 자체가 분명 하나의 진보일 것이다.

그런데 작금의 사회에서 생업 노동의 상실은 동시에 사회적 인정의 상실, 즉 자존감의 타격을 의미한다. 이런 타격을 받은 사람은 스스로를 디지털 혁명의 패배자로 느낀다. 이들에게는 자기 삶을 창조할 능력이 누구에게나 본디부터 주어져 있다고 이야기하는 인문학 서적도 도움이 되지 않는다. 물론 그렇다고 무조건적인 기본 소득의 이념에서 바뀌는 것은 없다. 왜냐하면 기존에 유지되던 관료 행정의 광범한 폐지로 인해 그전에 하르츠 IV 등급을 평가하던 그 사람들조차 실업자로 바뀔 것이기 때문이다. 게다가 그 이후 이들이 찾을 수 있는 유일한 직업들, 예를 들어 소포 배달이나 콜센터 상담원 같은 직업들조차 일을 전혀 하지 않는 사람들보다 사회적 인정을 더 받지는 못한다. 그런 사람들에게 〈평생 학습〉의 필요성을 마치 전가의 보도처럼 휘두르는 것은 기껏해야 냉소를 부를 뿐이다.

사실 좋은 직업에서 나쁜 직업으로 옮겨 가는 트렌드는 이미 오래전부터 진행되어 왔다. 1993년 독일에서는 440만 명이 사회 보험에 가입할 의무가 없는 직업에 종사했다. 2013년에는 그 수가 760만 명으로 훌쩍 뛰었고, 그러한 경향은 가파르게 상승하고 있다. 이 사람들은 자신에게 보호와 믿음을 제공하는 기업 문화를 더 이상 알지 못한다. 그저 〈크라우드소싱〉* 영

---

* *crowdsourcing*. 기업 활동의 전 과정에 소비자나 대중이 참여할 수 있도록 일부를 개방하고, 참여자의 기여로 기업 활동 능력이 향상되면 그 수익을 참여자와 공유하는 방식.

역에서 열심히 일하거나, 아니면 〈임시직 경제gig economy〉, 예를 들어 우버 기사로서 저렴하게 일할 뿐이다.[46] 최근 몇 년 사이에 디지털 지하 경제가 엄청나게 성장한 나라는 다른 곳이 아닌 바로 남부 유럽이고, 그런 상황이 고전적 노동 사회의 위기를 가리고 있다. 특히 스페인에서는 사람들이 자신의 집을 에어비앤비를 통해 세놓으면서도 사회 보험료는 전혀 내지 않는다. 게다가 예전에는 훌륭한 미풍양속이었던 행동, 예를 들어 누군가를 차에 함께 태우고 가거나 빈방을 단기간 동안 대학생에게 쓰게 하는 행동도 이제는 냉혹한 돈벌이 수단이 되었다. 공동체적 행동이 사업 아이디어가 되고, 실리콘 밸리의 긴 그림자가 일상의 도덕을 파괴한다. 이것은 결코 사회에 유익하지 않다.

생업 노동의 세계는 이미 오래전부터 기본 소득의 반대자들이 생각하는 그런 세계가 아니다. 그리고 2018년의 독일 현실에서는 임금 노동과 사회적 인정 사이에 여전히 끈끈한 상관관계가 존재한다. 생업 노동은 인정과 만족, 그리고 자신이 이 사회에 필요한 존재라는 감정을 안겨 줄 수 있다. 하지만 그렇지 않은 경우도 적지 않다. 〈노동 사회에서 삶의 만족과 사회적 위상, 자존감은 직업 활동에 달려 있다〉[47]라는 부터베게의 말은 이중으로 문제가 있다. 첫째, 그 말이 맞지 않는 사람도 많다. 둘째, 이제는 그런 노동 사회 자체가 서서히 사라지고 있다. 어쨌든 노동 사회가 우리 사회의 독점적인 주도 이념으로 자리할 수 없을 만큼 많은 사람들에게는 말이다.

어찌 됐건 이 모든 것이 기본 소득에 반대하는 논거가 될

자유로운 기본 소득과 인간상

수는 없다. 왜냐하면 많은 사람들을 실업자로 만드는 것은 기본 소득이 아니라 디지털 경제이기 때문이다. 기본 소득은 물질적 궁핍을 완화하려는 시도이고, 임금 노동을 하지 않는 상태를 심리적·사회적 압박으로부터 해방시키려는 노력이다. 가치 전환 없이는 기본 소득도 별 의미가 없다(이 점에서는 무조건적 기본 소득의 비판가들의 말이 맞다). 기본 소득의 열화 같은 지지자들이 말하는 것처럼 그것은 해결이 아니라, 그 해결을 위한 하나의 주춧돌일 뿐이다.

　　이러한 배경하에서 무조건적 기본 소득이 독일의 복지 시스템을 망가뜨릴 거라는 반박은 어떻게 보아야 할까? 우리의 복지 국가는 19세기에서 20세기로 이어진 노동 사회와 성과 사회의 산물로서, 많은 사람이 사회 보험에 가입할 의무가 있는 직장에서 일하고 완전 고용이 사회적 목표였던 시절에 뿌리가 닿아 있다. 이 시절에 뿌려진 씨앗이 독일 정치인 노르베르트 블륌이 〈연대적 자조(自助)〉라고 부른 형태, 즉 〈상호성의 원칙〉에 기초한 복지 국가로 성장했다. 이것이 노동 사회와 성과 사회의 거대한 업적이라는 것을 진정으로 의심하는 사람은 없다. 하지만 마찬가지로 복지 국가의 시스템이 온전히 잘 돌아가고 있다고 감히 주장할 수 있는 사람도 없다. 미니잡,* 비정규직, 파견직, 무보수 인턴 같은 참으로 난감한 고용 상황에 침식된 복지 국가는 이미 예전의 그 국가가 아니다. 생업 노동으로 사회 보장 기금을 마련하는 길이 자꾸 줄어들면 〈상호성의 원칙〉이

---

* *Minijob.* 근로 시간이 주당 15시간 미만으로 초단시간의 고용 형태를 말한다.

라는 말도 더 이상 나올 수 없다.

그럼에도 특히 기본 소득에 대해 비판적인 좌파에게는 그것이 성과 이념과 동떨어진 점이 거슬리는 모양이다. 과거의 복지 국가는 내는 만큼 받고, 그러면서도 서로를 지원하고 돕는 사회 보험료 납입자들의 성과 공동체였다. 반면에 기본 소득은 전적으로 세금으로 지불된다. 사회 보험료를 냈다고 해서 그 대가로 받는 것이 아니라는 말이다. 얼핏 정당하게 들리는 것도 엄밀하게 보면 소박한 낭만주의일 때가 많다. 평생 사회 보장 보험료를 내면서 벌이가 적은 직장에서 일한 사람은 지금도 빠듯하지만, 미래에는 훨씬 더 적은 돈으로 살아야 한다. 현재 예상되는 기본 소득 액수인 1천5백 유로에도 미치지 못하는 경우가 많을 것이다. 그것을 공정하다고 생각하는 사람은 기존의 복지 시스템에 이상한 방식으로 만족하는 사람들이다. 혹시 가난한 연금 생활자와 한 번이라도 그것에 대해 이야기를 나누어 보았을까? 그것이 모두에게 적절한 최저 생계비보다 정말 더 공정할까?

〈공정함〉은 모호한 개념이다. 물론 누구에게나 원하는 대로 공정함을 해석할 권리는 있다. 자유주의자는 상한선 없이 무한대로 부를 획득할 **기회가 모두에게 동등하게 주어지는 것**을 공정하다고 생각한다. 반면에 사회주의자에게는 피자를 **똑같은 크기로 나누는 것**이 공정하다. 그런데 철학적으로 보면 이런 생각들 중에 어느 것도 〈본질적으로〉 다른 생각보다 더 공정하지는 않다. 그래서 사회적 시장 경제가 앞서 언급한 두 생각

자유로운 삶: 기본 소득과 인간상

의 균형을 꾀하는 것은 이상한 일이 아니다. 물론 변하는 경제적 조건하에서 말이다. 복지 국가가 위협받고 있다면, 그것은 글로벌 경제가 급속도로 변하고 있기 때문이다. 오늘날 독일의 복지 시스템이 지금까지처럼 유지될 수 있고, 생업 노동을 기반으로 그 시스템에 계속 재원을 마련할 수 있으며, 그런 가운데 하르츠 Ⅳ 등급의 액수만 높이면 된다고 생각하는 사람은 현실을 모를뿐더러 미래에도 무지한 사람이다. 일반적으로 어떤 과거의 상태도 그대로 유지되는 일은 없다. 시들어 가는 꽃에다 아무리 물을 갈아 주어도 시듦은 막을 수 없는 법이다.

2018년의 독일에서는 피고용인의 53퍼센트만 계약 요율에 따라 임금을 받는 노동을 한다. 그와 병행해서 나이 들어 연금으로 생활할 수 있는 사람의 수는 점점 줄어들고 있다. 그들의 사회 보장이 여전히 생업 노동과 연계되어 있다는 것은 그들에게 재앙이다. 왜냐하면 그들은 1천5백 유로의 연금액을 받지 못할 것이기 때문이다. 하지만 무조건적 기본 소득의 경우는 그것이 보장된다. 또한 평생 연금 보험에 돈을 불입했고, 연금을 1천5백 유로 이상 받는 사람도 상응하는 액수를 받게 될 것이다. 그것은 몇 년 또는 많은 세월 동안 불입한 사람들도 마찬가지이다. 그들에게는 그것만큼 지급되기 때문에 연금 보험 가입자라고 해서 기본 소득의 불공정성을 논할 수는 없다. 게다가 장차 연금을 받을 나이에 1천5백 유로가 너무 적을 것 같다고 생각하는 사람은 얼마든지 개인 연금 보험에 따로 가입할 수 있다.

그런데 무조건적 기본 소득으로 연금 생활자의 형편이

더 나빠지지 않고 좋아진다고 하더라도 몇 가지 이유에서 아직 저항이 있다. 평생 임금 노동을 한 사람이 왜 그러지 않은 사람보다 결국 연금을 더 많이 받지 못하는 걸까? 이 불만은 이해가 된다. 사회적 변혁이 일어날 때면 늘 그렇듯, 많은 사람들은 심리적으로만 그럴 뿐 물질적으로는 그렇지 않음에도 스스로를 희생자로 본다. 많은 사람들이 생각하는 절대적인 노동 윤리 (〈나는 항상 일할 것이고 **결코** 국가에 의지해 살지 않을 것이다〉)가 무조건적인 기본 소득으로 대체될 때도 마찬가지이다. 대대로 내려온 고전적 노동 사회와 성과 사회의 자기 이해는 갑자기 부분적으로(당연히 전적으로는 아니다) 무효화되고, 성과 사회의 허구뿐 아니라 돈으로 평가되던 삶의 성과도 갑자기 모호해져 버리는 것이다. 평생 생업 노동에만 종사한 사람들이 미래에는 일을 하지 않으려는 사람들이 점점 늘어날 거라고 염려하는 것도 이상한 일이 아니다. 지금 독일에서는 전문 인력이 부족한 상황인데도, 기술을 습득할 생각은 하지 않고 그저 놀고 먹으려는 청년들만 수두룩하지 않은가?

일단 이것은 분명히 해두고 넘어가자. 전 인류사를 관통하는 공정함은 없다! 자신은 평생 돈을 벌기 위해 뼈 빠지게 일을 해야 했으나 미래 세대는 그러지 않아도 된다고 푸념하는 사람은 다음과 같은 생각으로 스스로를 다독거리면 어떨까? 자신의 아버지와 할아버지 세대는 세계 대전에 나가야 했으나 자신은 그러지 않아도 되는 세대여서 얼마나 다행인지 모르겠다고! 미래 세대들이 왜 이전 세대보다 좀 더 나은 조건에서 살면 안

될까? 왜 아흔 살의 할머니가 자기는 예전에 요즘 젊은이들과는 달리 여성 해방의 삶을 누리지 못했다고 하면서 여성 해방에 반대해야 할까?

그렇다면 기본 소득의 도입과 함께 노동 윤리가 사장될 거라는 불안은 어떻게 해야 할까? 지금까지는 먹고살기 위해 일을 해야 했던 사람이 이제는 좀 더 나은 사회 보장 덕분에 굳이 일할 필요가 없어졌다면, 그것은 분명 재앙이 아니다. 한편으로는 그와 병행해서 생업 노동이 사라진다. 다른 한편으로는 그를 통해 마침내 최근의 독일 역사에서 처음으로 노동 시장에서 변혁이 일어난다. 중요하고 유익한 직업에 종사하는 사람들에게는 그에 맞는 적절한 보수가 지급되어야 한다. 사회민주당(사민당SPD)이 과거 수십 년 동안의 집권기에 원칙적인 것을 전혀 바꾸지 않았고, 지금까지의 시스템으로는 그것을 할 수 없다는 사실이 밝혀진다면, 선거철만 되면 싱글 맘 간호사의 월급을 적정 수준으로 올려야 한다고 지속적으로 주장하는 사회당의 구호에 누가 귀를 기울이겠는가? 누구에게나 1천5백 유로의 기본 소득이 지급되면 화장실 청소부는 더 이상 동전 접시를 화장실 앞에 놓아둘 이유가 없고, 연금 생활자는 연금이 충분하지 않다는 이유로 택시 잡기를 망설일 일도 없을 것이다. 그리고 간호사와 노인 간병인에게는 마침내 적절한 보수가 지급될 것이다. 물론 미용실 요금은 분명 오를 것이고, 음식점은 별로 변화가 없을 것이다. 웨이터로 일하며 1천 유로를 버는 사람이 추가로 기본 소득을 받지 않아야 할 이유가 어디 있을까? 간호사와 간병인은 본인이 원할 경우 기본 소득 외에 노동을 통해 더 많은 수입을 올릴 수 있다. 착취에서 라파르그의 주 21시간 노동으로 한 걸음 더 나아가는 진보이다.

노동의 질, 특히 노동 환경의 질을 높여 달라는 생업 노동자들의 요구는 더한층 거세질 것이다. 웨이터들 가운데 노동 환경이 열악한 레스토랑에서 일하려는 사람은 더 이상 없다. 예를 들어 맥도널드처럼 노동 조건이 좋지 않은 사업 모델은 이제 과거에 속한다. 그로 인해 국민 경제에 해가 되는 일은 없다. 예전에는 맥도널드에서 햄버그를 먹었던 사람이 이제는 집에서 먹거나 노동 조건이 더 나은 레스토랑에서 식사를 한다. 다른 한편으로, 로봇과 컴퓨터가 인간의 노동을 대신할 미래의 서비스업은 가격이 내려갈 것이다. 가격 구조의 변화는 예전부터 늘 있어 왔던 일이다. 육류 가격은 지금이 1950년대보다 당시 물가 기준으로 몇 배는 더 저렴해졌고, 반면에 기술직의 시간당 임금은 몇 배나 더 비싸졌다.

무조건적인 기본 소득이 도입되면 지루하고 단조로운 노동에 종사하려는 생각도 줄어들 것이다. 이런 현상은 어차피 머지않아 완전한 디지털화가 이루어질 분야에 좀 더 많이 해당될 듯하다. 하지만 이것도 라파르그와 와일드가 주창한 것, 즉 미래에는 생업 없는 사람도 더 이상 심각한 생존 불안에 시달리지 말아야 한다는 문화적 이정표에는 아직 한참 못 미치는 듯하다. 그럼에도 『차이트』 편집장 베른트 울리히는 기본 소득에 대해 〈노동 불안을 방지하는 사회 계약〉[48]이라는 이름을 붙였다. 적절한 말이다. 불안이 점점 줄어드는 교육 문화에서는 전반적으로 불안에서 자유로운 노동 문화가 생겨난다. 다만 인간이란 일을 하도록 압박해야 한다고 믿는 사람들은 그것을 좋아하지 않는다. 하지만 그런 사람들조차도 임금 노동이 인간의 본성에 속한다고 더 이상 주장할 수는 없을 것이다.

다른 한편으로 생존 불안이 없어지면 **자신이 진정 하고 싶은 일은 무엇인지** 세심하게 숙고해 볼 여지가 생긴다. 인간에게 꼭 필요한 시간이다. 게다가 잘 알다시피, 이것은 독일에서 기초적인 물질적 보장이라는 말보다 더 자주 들리고 더 자주 비판받는 도전 정신에 대한 결여에도 결코 나쁜 조건이 아니다. 물론 무조건적인 기본 소득이 주어지더라도 사회적으로 의미 있는 일을 할 생각조차 못 하는 사람이 적지 않을 것이다. 하지만 그런 사람들은 오늘날에도 많다.

인간의 품위를 지켜 줄 기본 소득을 옹호하는 사람들은 다른 사회를 원한다. 인간의 가치와 생업 노동의 연결 고리가 폭넓게 끊어진 사회이다. 부유한 국가들이 사회적 약자의 생계를 보장하는 것은 문명사의 커다란 진보이다. 이러한 진보에 돈을 대는 것은 평범한 생업 종사자들이 아니라 평생 쓰고도 주체하지 못할 만큼 많은 돈을 갖고 있어서 증권 거래소에서 주식 놀이나 하는 사람과 기업, 은행, 기관이어야 한다. 이들의 막대한 수익은 조금 줄어들 테고, 번개처럼 빠른 사업은 더 이상 예전과 같은 인기를 누리지 못할 것이다. 〈고통을 견뎌 내는 사람들〉은 여기서 살아남을 것이다.

당연히 이것으로 모든 문제가 해결되는 것은 아니다. 훨씬 더 심중(深重)한 문제는 구조적 딜레마이다. 디지털화가 생산성을 엄청나게 높인다는 사실을 부정하는 사람은 소수에 지나지 않는다.[49] 로봇과 컴퓨터가 장차 인간들보다 더 많은 것을 더 저렴하게 생산한다면, 어째서 생산성의 상승으로 이어지지 않겠는가? 물론 그 결과는 많은 사람들이 진단하는 대량 실업이다. 그전에 벌이가 좋은 직업을 갖고 있던 사람은 이제 예전과 같은 호사를 누릴 수 없고, 훨씬 적은 돈으로 살아가야 한다. 이때 인터넷 기업들이 좀 더 효과적으로 고객을 확보하려고 고객의 개인 정보를 평가하는 것은 국민 경제적으로 전혀 중요하지 않다. 사람들의 주머니가 가벼워질수록 소비 규모는 줄어든다. 인터넷 기업이 아무리 교묘한 방식으로 고객에게 접근하더라도 말이다. **생산의 합리화는 국민 경제적으로 더 많은 이익을 약속하지만, 소비의 합리화는 그렇지 않다. 어쨌든 구매력이 동시에 상승하지 않는다면 말이다.**

생산력과 구매력이 보조를 맞춰 나아가지 않는다는 것은 1970년대 이후 많은 서구의 국민 경제에서 관찰할 수 있다. 독일에서는 생산력이 구매력보다 훨씬 높다. 이러한 발전의 결과는 잘 알려져 있다. 한 나라에서 구매력이 생산력에 비해 낮을수록 수출이 더더욱 중요해진다는 것이다. 인위적으로 구매력을 촉진하는 다른 가능성은 국가뿐 아니라 개인의 부채를 증가시킨다. 그 결과가 가장 극명하게 나타나는 곳이 바로 미국이다. 그런데 구매력이 미래의 대량 해고 사태를 통해 빠른 속도로 떨어진다면 어떤 일이 벌어질까? 그전까지 생업 노동자들이 하던 수많은 서비스 업무를 자신이 직접 하는 〈프로슈머〉와 〈일하는 고객〉에게 적절한 보수를 지불하는 것이 논리적 귀결이 아닐까? 그런 차원에서 보자면 무조건적 기본 소득은 고객에게 맡긴 기업 노동에 대한 일종의 임금 총액일 것이다.

그러나 구조적 딜레마는 이것으로 해결되지 않는다. 디지털 합리화로 인한 구매력 상실을 실질적으로 충당하려면 기본 소득이 상당히 높아야 하기 때문이다. 어쨌든 이런 측면을 고려하면 지금까지 언급된 1천5백 유로도 턱없이 낮은 금액이 분명하다. 그런데 이보다 현저하게 높은 기본 소득을 지급하려면 노동 시장 자체가 완전히 새 질서로 재편되어야 한다. 아니 어쩌면, 이 책의 마지막 부분에서 토론하겠지만, 다른 사회 시스템이 필요할지도 모른다.

기본 소득이 1천5백 유로만 되어도 어쨌든 가진 게 별로 없는 사람들의 구매력을 현저하게 높이는 것이 사실이다. 그것은 내수 시장에도 바람직하고 중요한 일이지만, 사회적 약자들이 사는 지역의 임대료 상승을 부추긴다. 국가와 지방 행정 당국은 이 점을 정확히 깨닫고 초기부터 그에 대해 필요한 조처를 취해 나가야 한다. 물론 그런 거대 질서를 행정적으로 개조하고 철폐하는 것은 결코 간단치 않다. 특히 기본 소득으로 1천5백 유로를 지급하는 나라로 들어오려는 이주민들을 막기 위해 국가가 어떤 차단벽을 설치해야 하는지는 상당히 중요한 문제이다. 물론 현실적으로 보면, 무조건적 기본 소득과 관련해서 제기되는 문제는 오늘날과 다르지 않다. 지금도 아프가니스탄이나 수단에서 오는 난민들에게 독일의 복지 시스템은 낙원이나 다름없다. 기본 소득만큼 이들을 독일로 끌어들이는 매력적인 요소는 아마 없을 것이다.

과연 독일에 무조건적인 기본 소득이 도입되는 날이 올까? 그렇다. 늦어도 실업자 수가 공식적으로 4백만~5백만 명 선을 넘게 되면 그럴 것이다. 그다음 중요한 문제는 어떤 기본 소득을 도입할 것이냐이다. 마이너스 소득세의 형태로 지급되는 1천 유로의 기본 소득? 이것은 분명 인류의 진보가 아니라 재앙일 터이고, 아무것도 개선하지 못하면서 오히려 많은 것을 악화시키는 사회적 파탄을 가져올 것이다. 그렇다면 가난과 억압을 극복하기 위해서는 유토피아를 현실로 만들고 제4차 산업혁명을 활용하는 일에 전력을 다해야 할까? 문제는 기본 소득 금액을 얼마로 책정하느냐에만 달려 있지 않다는 것이다. 그것은 우리 사회가 정말 융통성이 있느냐의 문제이기도 하다. 우리는 인간을 충만한 삶으로 이끌기 위해 우리가 할 수 있는 모든 것을 할 수 있을까? 우리는 어떤 문화에서 살게 될까? 기술은 그 문화에서 어떤 역할을 하게 될까?

인간이 자유롭게 살아가기 위해서는 가장 기본적인 욕구들이 충족되어야 한다. 미래의 인간적 사회에서 그 욕구들은 무조건적 기본 소득을 통해 물질적으로 보장된다. 이로써 생업 노

동과 연관된 것만을 〈성과〉로 생각해 왔던 사회적 폐단은 제거
된다. 사회적 보장은 어차피 많은 사람들의 사회적 성과에는 눈
감아 버린 〈성과〉 개념과 결별한다. 또한 단조롭고 비도덕적인
노동에 대한 강요도 사라진다. 그와 함께 인간을 자유로운 개인
으로 이해하는 유토피아 사회를 위한 물질적 토대가 만들어
진다.

하루를 보내기 위한 좋은 이념들:
호기심, 내적 동기, 의미, 그리고 행복

세상에서 가장 행복한 사람들은 실리콘 밸리에 살고 있지 않다. 그들은 노르웨이를 비롯해 덴마크, 아이슬란드, 스위스에서 산다. 〈옳은 일을 하라!〉라는 구글의 모토에 충실하게 인류의 미래를 만들어 간다고 하는 미국은 행복 순위 14위에 머물러 있다. 썩 좋은 순위는 아니다. 게다가 10년 전부터 순위가 점점 떨어지는 추세이다. 심지어 2017년도 유엔의 『세계 행복 보고서 World Happiness Report』는 미국을 잘못된 방향으로 나아가고 있는 나라로 지목하기도 했다. 경제 수치만 따지는 사람은 사회적 연대와 신뢰를 해체하고, 대신 부패와 사회적 불화, 인종 갈등을 조장한다.[50]

기술이 문명의 구축 과정에서 수많은 공을 세운 것을 부정하는 사람은 별로 없다. 하지만 그 때문에 기술이 발달하면 행복도도 함께 올라갈 거라는 주장은 너무 나간 것이다. 예를 들어 전 세계 디지털화 순위에서 1위를 차지한 싱가포르도[51] 행복도에서는 26위에 그친다. 아르헨티나와 멕시코 다음이다. 기술과 행복을 무턱대고 동일시하는 것은 하나의 이데올로기로서 인간상의 일방적인 과장과 역사의 일방적인 해석에 불과하다. 『세계 행복 보고서』를 작성한 전문가들의 견해에 따르면 행복은 사회적 배려, 건강, 자유, 소득, 그리고 훌륭한 정부 운영에 달려 있다. 기술이 건강이나 소득에 많은 기여를 하는 것은 분명하다. 하지만 그 자체로 자유나 사회적 배려, 훌륭한 정부 운영을 보장하지는 못한다. 아니, 어쩌면 나중에 다시 이야기할 기회가 있겠지만, 그게 잘못 사용될 경우 그런 것들에 결정적인 장애가 되기도 한다.

『세계 행복 보고서』의 담당자들이 행복을 침해하는 주요 요소 중 하나로 꼽는 것은 〈실업〉이다. 옛 자본주의적 윤리에 따라 움직이는 노동 사회와 성과 사회의 게임 법칙에서 보면 결코 의아한 일이 아니다. 마찬가지로 행복을 저해하는 요소에는 〈나쁜 노동 조건〉도 포함된다. 최소한 이런 열악한 상황만큼은 독일처럼 생산성을 갖춘 나라들이라면 기본 소득으로 폭넓게 제거할 수 있다. 물론 미래에도 독일이 지금처럼 행복 순위 16위를 계속 지킬 수 있을지는 아무도 모른다. 다만 국내 총생산이 증가한다고 해서 행복 지수가 저절로 올라가는 것은 분명 아니다. 미국의 행복 연구자들은 극명한 예로 중국을 든다. 중국은 1990년대 이후 국내 총생산이 다섯 배나 증가했고, 이제 도시에서는 거의 집집마다 세탁기와 텔레비전, 냉장고를 볼 수 있다. 그럼에도 중국은 행복 순위가 79위다. 25년 전보다 더 나아지지 않았다. 기술과 편리함이 우리에게 안겨 주었던 추가적인 행복은 다시 사회적 고독과 불안을 야기한다.

그런데 행복 순위를 보면서 피식 웃음이 터져 나오는 것도 사실이다. 행복은 정말 객관적으로 측정이 가능할까? 자신이 얼마나 행복한지 정확하게 말할 수 있는 사람은 얼마나 될까? 행복하다고 느끼는 감정은 매일, 아니 가끔은 시시각각 바뀌지 않을까? 행복 경제학은 좀 수상쩍은 분야이다. 정확하게 측정될 수 없는 것을 정확하게 측정해 내기 때문이다. **행복을 측정하려는 사람은 행복이 뭔지 모르는 사람이다!**

행복에 기여하는 것, 즉 관심과 존중, 신뢰 문화, 자존감, 자기 효능감, 자신의 욕구를 처리하는 기술, 생존 불안을 가지지 않는 것, 좋은 환경, 친구, 이 모든 것들은 고대 그리스 이후 우리에게도 잘 알려져 있다. 독일 같은 부자 나라는 국민의 행복을 향상시키거나 유지하기 위해 더 이상의 물질적 성장이 필요하지 않다. 국내 총생산이 증가하는 비율만큼 행복이 증가하지는 않는다. 따라서 사람들을 좀 더 행복하게 해주려고 국내 총생산을 늘릴 필요는 없다. 다만 국내 총생산의 증가는 옛 스타일의 복지 시스템에 재원을 마련하고, 경제 동력을 계속 밀어붙이는 데 필요하다. 우리에게 더 많은 복지와 부를 약속하는 것이 바로 이 경제 동력이기 때문이다. 물론 이것은 이미 오래 전부터 더 이상 모두를 위한 것이 아닐뿐더러 에너지 소비와 자원 착취의 증가, 지속적인 기후 변화, 쓰레기 양산을 야기하고 있다.

모든 기술적 진보는 인간에게 안락함을 제공하는 동시에 인간 삶의 차원을 축소시킨다. 예를 들어 19세기와 20세기 초의 기계 시대는 발전한 사회에 동력을 불어넣고, 사회를 더 시

끄럽고 요란하고 분주하고 다채롭게 만들었다. 반면에 고요함
과 한가함은 가치를 잃었고, 자기만족과 자족은 더 이상 미덕이
되지 못했다. 자연 역시 있는 그대로의 모습 이상으로 받아들여
지지 않는 대신, 이제는 **효율적이고 최적으로** 이용하고 착취해
야 될 자원일 뿐이었다. 자연과 교류한다는 것은 최대한 자연을
바꾸는 것을 의미했다. 삶은 기계 공정처럼 시간으로 쪼개졌고,
변화는 존재보다 더 중요해졌다. 곳곳에 현재보다 더 나은 미래
가 도사리고 있었다. 현대는 현 상태에 대한 만성 불만의 시대
였고, 다들 어디서건 현재보다 더 나은 것을 갈구했다.

    20세기 초에는 이런 시대적 흐름을 내면화하지 못한 사
람이 많았다. 그 후로도 오랫동안 말이다. 20세기 전환기 직후
에 태어난 내 조부모 세대가 전반적으로 갈망한 것은 위험이 아
니라 안정이었다. 당시 사람들은 두 차례의 세계 대전과 경제
공황, 황국(皇國)에서 바이마르 공화국으로의 체제 변화, 또 이
공화국에서 히틀러 독재를 거쳐 독일 연방 공화국으로의 전환,
이런 요동치는 역사적 사건들을 줄줄이 겪은 뒤에야 비로소 평
온과 습관, 틀에 박힌 생활, 어느 정도의 부를 찾을 수 있었다.
1960년대와 1970년대, 그리고 1980년대에는 기대가 더 커졌다.
사람들은 더 많은 여행과 소비, 더 높은 지위를 원했다. 하지만
사실 펑크족과 록스타, 포뮬러 자동차 경주 선수가 아닌 다음에
야 누가 파괴적인 삶을 원하겠는가? 광고가 날마다 더 많은 소
비에 대한 탐욕을 부추기더라도 디지털화의 새로운 약속, 지속
적인 변화, 전면적인 경제 변혁, 지금까지 통용되던 많은 경제

적 규칙들의 몰락 속에서 사는 삶은 오늘날에도 대다수 사람들의 욕구를 충족시키지 못한다. 그건 인간과 기계의 융합, 현실과 허구의 융합도 마찬가지다.

물론 그에 대한 지지층도 분명 존재한다. 하지만 소수에 지나지 않는다. 실리콘 밸리 투자자들의 논리는 독일의 소도시 림부르크와 부퍼탈에서는 통용되지 않는다. 현재 독일에는 몸으로 직접 하는 체험을 가치 있는 것으로 여기고, 〈지금 여기〉 존재하는 것을 소중하게 생각하는 사람이 분명 더 많다. 그들에게는 현실 세계와 가상 세계를 구분하는 것이 중요하다. 그들이 선호하는 것은 가상 세계가 아닌 현실 세계이다. 『세계 행복 보고서』가 보여 주듯 그들의 행복은 기술적 진보로 측정되지 않고, 예부터 전승되어 온 인간성의 영역으로 측정된다.

이것이 맞는다면 모든 유토피아의 목표는 가능한 한 인간성을 많이 지키고 되찾거나, 아니면 심지어 변화된 시대의 흐름 속에서 인간성의 반경을 확대하는 것이다. 제1차 산업 혁명이 인권에 대한 계몽에도 불구하고 인간을 더 이상 쓸모 있는 도구로 보지 않기 위해 노동 운동을 교정 수단으로 필요로 했던 것처럼, 오늘날에도 제4차 산업 혁명의 부정적 측면에 반기를 드는 강력한 노동 운동이 필요하다. 다시 말해 노동 세계를 더 인간적으로 구축하는 것이 새삼 중요해졌다는 말이다. 또 중요한 것은 생업 노동 이외의 영역에서도 인간적인 것과 진실성을 지키고, 기술로 인한 인간상의 축소에 여지를 주지 않아야 한다는 것이다. 기계 부품으로서의 인간, 또는 세금을 내는 데이터

집합체로서의 인간, 이 두 인간상 뒤에는 인간의 본질에 대한 동일한 경멸이 깔려 있다.

이로써 과제는 명확해졌다. **극단적인 효율성의 시대에서 효율성과 다른 무언가를 재발견하는 것이다.** 왜냐하면 실리콘 밸리가 꿈꾸고 부르짖는 기술적 발전은 우리를 〈슈퍼맨〉이 아닌, 보조 수단 없이는 아무것도 하지 못하는 존재로 만들기 때문이다. 우리의 수공업적 능력은 사라지고, 언어 표현은 제한되고, 기억력은 외장 메모리에 내맡겨진 채 감소하고, 판타지는 규격에 맞춘 이미지들에 구속되고, 창의력은 오직 기술적 모델만 좇으며, 호기심은 편리함에, 인내력은 만성적인 조급함에 자리를 내준다. 우리는 재미없는 상태를 더 이상 견디지 못한다. 〈슈퍼맨〉이 이런 것이라면 누가 그런 존재가 되고 싶어 하겠는가?

인류의 역사에서 문화는 삶에, 기술은 생존에 복무해 왔다. 오늘날 기술은 우리의 삶을 규정하지만, 어떤 문화가 우리의 생존을 보장할까? 이 질문에 대한 답을 찾는 것이 유토피아의 사명이다. 좋은 이유에서 사랑받는 〈인간적인〉 가치들이 살아남고, 인간종 역시 멸종되지 않으려면 어떻게 해야 할까?

이미 한 가지 중요한 영역이 언급된 바 있다. 무수한 활동과 생업 노동 사이의 경계는 더 이상 고정되어서는 안 된다. 만일 그 경계가 고정된다면 두 가지 계급 사회가 도래할 위험이 있다. 즉 한쪽에는 기본 소득과 소비, 오락으로 살아가면서 데이터 소유자로서만 약간의 가치가 있는 〈쓸모없는 인간들〉, 다른 쪽에는 돈을 점점 더 많이 벌고, 자신의 직업을 자식에게 물려주며, 자신들만의 〈엘리시움〉에서 사는 소수의 부류로 이루어진 사회 말이다. 이런 위험을 없애려면, 원칙적으로 모든 기본 소득 수급자에게 시간제 근무든 전일제 근무든 창업이든 다시 일을 하게 하고, 자기 삶의 건설자로서 자신의 길을 개척하는 것을 용이하게 해주는 모델이 필요하다. 변화된 노동 시장의 조건하에서는 생업 노동 없이 2년을 사는 것도 더 이상 사회적 오점이 되지 않아야 한다. 물론 미래에도 잘 교육받은 전문가는 분명히 필요하다. 오후에 수술실로 들어가기 전에 사냥하거나 양을 치지 않는 그런 전문가 말이다. 하지만 이들은 사냥꾼과 목동, 비평가들이 한 자리에서 다른 자리로 옮기는 데 장애가 되는 것들을 모두 치워 주어야 한다. 무엇보다 추가 수입은 기본 소득으로 계산되지 않기 때문이다.

미래의 주문(呪文)은 충분한 물질적 안전장치에 기반한 〈자기 조직화〉와 〈자기 책임〉, 〈자기 주도〉이다. 그런데 자신의 삶을 능동적으로 구축하고, 계획을 세우고, 자신이 하는 일을 의미 있게 받아들이는 것은 조건이 많이 필요한 능력이다. 그런 기술을 배우거나, 아니 최소한 잘못된 교육으로 그런 기술을 잊어버리지 않는 사람만이 자신의 삶을 장악할 수 있다. 이런 조건하에서야만 좋은 정보를 얻고 스스로를 구축해 나갈 목적으로 디지털 수단을 활용하는 자의식 강한 새로운 시민 계층이 실제로 생겨날 수 있다. 게다가 미래의 인간적 사회에 대한 문제는 단순히 〈밑에서부터〉 결정될 사안이 아니다. 사회적 변화라는 것이 늘 그렇듯 스스로를 구축하는 시민은 의식 전환을 추진하는 국가 정책의 도움이 필요하다.

이를 위해 큰 도움이 되는 것은 페이스북이나 트위터, 인스타그램 같은 소셜 네트워크가 아니라, 폐쇄적인 시스템으로 작동하지 않는 소셜 네트워크이다. 데이터 스파이 기관들도 여러 형태의 교환을 위해 거대 플랫폼을 만들기는 하지만, 그들의 무대 뒤에 도사리고 있는 것은 자유가 아니라 상업적 이윤이다. 플랫폼은 그 자체로 사용자들의 이해관계와는 완전히 구분되는 이해관계를 갖고 있다. 소셜 네트워크 운영자들이 사용자들의 데이터로 하는 일에 사용자들이 동참하는 경우는 없다. 그들의 사업 모델은 투명함이 아니라 흑막이다. 그들의 힘은 그들이 벌써 오래전부터 관여하지 않는 행위자가 아니라, 자신의 이해관계에 따라 얼마든지 조작할 수 있는 행위자로 이해될 만큼 막강하다. 따라서 페이스북을 이용하는 사람은 권력의 중심추가 정치 영역에서 기술 콘체른의 영역으로 이동하는 것에 기여한다. 그렇다면 자기 주도권은 내가 이러한 디지털 공간으로 들어갈지, 아니면 들어가지 않을지 결정하는 시점에서부터 시작된다. 이 결정은 많은 사람들에게 여전히 몹시 힘들게 느껴진다. 그 결과가 너무나도 불확실하기 때문이다. 따라서 특정한 비도덕적 사업 모델을 규제하는 입법 기관의 적극적인 도움 없이는 여기서 개인이 할 수 있는 일은 아무것도 없다.

새로운 〈의식 경작〉 — 키케로의 〈*cultura animi*〉*라는

---

* 정신의 밭을 간다는 의미로 〈정신의 도야〉, 〈정신의 육성〉으로 번역할 수 있다.

말에서 빌려 온 것이다 ─ 의 두 번째 지점은 우리가 더불어 살아가는 일상적인 일과 상황의 가치를 예전처럼 다시 좀 더 높이 인정하는 것이다. 한 걸음 더 들어가자면 자신에게 더 많은 시간을 할애하고, 전자 기기에서 나오는 삑삑거리는 소리와 새로운 이미지에 의지하지 말고 우리 주변의 사물 자체를 즐기라는 것이다. 언젠가 구글의 서배스천 스런 부사장은 이런 말을 했다. 〈우리 인간은 반복적인 일을 해선 안 된다. 그러기에는 우리의 삶이 너무 아깝다.〉[52] 이것은 인간이 본질적으로 어떤 존재인지 모르고 하는 말인 듯싶다. 우리의 삶은 전적으로 반복적인 일로 이루어져 있고, 그런 일을 하는 것은 결코 아깝지 않다. 우리는 매일 먹고, 마시고, 자고, 이야기하고, 포옹하고, 요리하고, 함께 침대로 간다. 이런 반복되는 동형성과 일상적 제식(制式)은 대부분의 사람들에게 충만한 삶에 속한다.

이런 일에는 특별한 것이 있다. 외적인 목표가 없다는 것이다. 우리는 생존하기 위해 그런 일을 하는 것도 아니고, 그것으로 돈을 벌지도 않는다. 카드를 치거나, 축구를 하거나, 정원을 가꾸거나, 어항 속의 물고기를 돌보거나, 개를 키우거나, 사람들과 술을 마시는 것은 생존에 꼭 필요한 일도 아니고, 경제적인 측면에서 우리를 부자로 만들지도 않는다. 물론 큰돈을 벌려고 카드를 치는 전문 노름꾼이나 개 사육사 같은 사람들은 다르겠지만 말이다. 게다가 그 모든 일은 우리 사회에서 성과로 인정받지도 않는다. 보험 제국을 건설하거나 위험한 농약을 전 세계에 파는 활동과는 반대로 말이다.

인간은 사회적으로 중요하다고 인정받는 목표 달성에 도움이 되는 활동만을 **가치 있는 것**으로 여기지는 않는다. 오직 그 자체로만 목적이 있는 활동도 많다. 이마누엘 칸트는 2백 년도 더 전에 그런 〈목적 없는 합목적성〉을 예술의 본질로 규정했다. 미래의 인간을 예술가로 표현한 오스카 와일드의 말도 같은 맥락이다. 21세기에도 그 자체에 목적이 있는 일을 하는 것은 삶의 기술에 큰 몫을 차지한다. 유머와 알코올, 스포츠, 그리고 대부분의 섹스는 어떤 실용적인 목적이 있는 것이 아니지만, 삶의 행복을 높이는 데 기여할 때가 많다.[53]

유토피아주의자라면 당연히 이 모든 것을 고려해야 한다. 모든 유토피아의 핵심에는 **자발적 동기**, 즉 자기 규정적 관심이 있기 때문이다. 각양각색의 화려한 변주 속에서 인간의 본질을 이루는 것도 바로 이 자발적 동기다. 반면에 늘 쓸모 있는 일만을 하는 것은 저급한 동물의 특징이다. 개미는 매일 쓸모 있는 일만 한다. 생물학적으로 포기할 수 있는 것의 수많은 다양성이 인간을 인간답게 만든다. 행복은 〈목적의 독재〉로부터의 해방을 의미한다. 우정은 비용-이익의 계산에 따라 유지되는 것이 아니다. 마찬가지로 우리는 자식을 그런 계산으로 키우지 않는다. 그럼에도 우리는 당연히 자식에게 돈을 많이 벌 수 있는 건실한 삶에 도움이 되는 것만을 하라고 주입할 수 있다. 또한 더 많은 돈과 명성을 얻으려면 모든 분야에서 항상 최고가 되어야 한다고 교육시킬 수도 있다. 하지만 그러다 잘못되면 오스카 와일드가 말한 것처럼, 아이들은 오직 가격만 알 뿐 가치는 모르는 인간이 된다. 남들에게는 교향곡에 대한 충만한 기쁨이나 깊은 문학적 체험이 그들에게는 판매할 수 있는 **콘텐츠**가 된다(누군가 지적·감성적 교양이 없는 사람이라는 건 이 단어를 즐겨 사용하는 것만 봐도 알 수 있다). 그렇다면 우리는 **왜** 어떤 대가를 치르더라도, 예를 들어 행복한 어린 시절을 희생시켜 가면서까지 명성과 성공을 얻으려고 하는 것일까? 영국의 문화 철학자 테리 이글턴이 말한 것처럼 〈그에 대해 특별히 뚜렷한 답은 없다. 언젠가는 그에 대한 설명을 찾아야 한다.〉[54]

　　문화는 단순히 쓸모 있는 것 이상이다. 그리고 진보는 그 자체로 좋은 것이 아니라, 더 많은 인간성으로의 진보일 때 좋다. 바로 그 때문에 실리콘 밸리의 대표적 이데올로그들은 자신들의 사업 모델을 그런 진보로 포장해서 팔려고 무던히 애쓴다. 다시 말해 투명성과 무한한 소통, 인식적 한계의 완전한 극복을 진보로 찬양하기 바쁘다. 인간은 항상 시간과 공간을 뛰어넘으려고 하지 않았던가? 또한 제한된 인간 의식의 좁은 상자를 탈피하려고 하지 않았던가? 그렇다, 늘 그것을 원하는 사람들이 있었다. 하지만 그것을 원치 않고, 오히려 인간과 사물을 고이 지키고 돌보면서 그것들에 애정과 충심을 다한 사람들도 있었다. 여기서도 상당한 주의가 요구된다. 즉 〈인간〉이 무엇을 원하는지, 그리고 무엇보다 어디로 가려고 하는지에 대해 이데올로기적으로 입맛에 맞게 재단한 발언들을 조심해야 한다는 것이다. 이런 문제들은 인간의 본성에 대한 자의적인 주장으로 결정되는 것이 아니다. 그것을 결정하는 것은 삶에 대한 긴 안목과 실재적인 인간들의 욕망에 대한 명철한 인식이다. 그것도 끝없는 논쟁과 정치적 토론을 통해서 말이다.

어쨌든 지금까지 보존되어 오는 것을 지키고 돌보는 것 역시 과거의 것을 버리고, 내던지고, 탈피하고, 방치하고, 폐기하고, 평가 절하하는 것만큼이나 인간의 욕망에 속하는 듯하다. 젊은이들은 태블릿 PC만큼 증조부가 썼던 소파를 사랑한다. **변화는 어떤 경우든 존재보다 더 가치 있지 않고, 단절도 연속성보다 결코 부가 가치가 더 높다고 할 수 없다.** 19세기가 흐르는 동안 서유럽 사람들이 신을 점점 믿지 않는 대신 진보를 점점 숭배하게 되었다고 해서 진보가 신이 아니라는 사실을 모르지는 않았다.

미래는 현재보다 본질적으로 더 중요하지 않다. 하지만 늦어도 프랑스의 실증주의자 오귀스트 콩트와 함께 19세기에 진보는 민간 신앙이 되었다. 브라질 국기에 적힌 〈질서와 진보 *Ordem e Progresso*〉라는 글귀도 콩트의 철학에서 빌려 온 것이다. 인간을 움직이게 하는 힘은 더 뛰어난 것을 향한 열망이고, 진보는 그 목표이다. 이러한 흐름하에서 만족의 기본 상태는 종말을 고한다. 현재는 비본래적인 상태가 되고, 오직 미래만이 중요하다. 이런 식으로 현 상태에 대한 불만은 빅토리아 시대부터 오늘날에 이르기까지 사회적 진보의 동력이 되었다. 고객의 만족은 결코 오래 지속되어서는 안 된다. 그렇지 않으면 고객은 새로운 상품을 구입할 생각을 하지 않는다. 과거의 욕구 충족 사회는 이제 욕구를 일깨우는 사회가 되었다. 이런 사회에서 행복은 항상 미래에 있다.

　　이러한 특색이 일종의 더 높은 논리나 이성에서 비롯되었다고 주장하는 것은 터무니없다. 모든 민족들의 삶의 지혜, 특히 동아시아 철학은 그런 주장에 상반되는 면을 보여 준다. 오늘 하루의 가치를 인정하고 지키고 음미하는 것은 기독교뿐 아니라 고대의 지혜에서도 발견된다. 하지만 많은 똑똑한 기기들이 모든 것, 예를 들어 걸음 수, 층계 수, 혈압, 맥박, 수면 시간, 칼로리, 기분, 일과, 생리 기간, 비타민, 간 수치 같은 것을 측정해 주는 사회에서 하루를 데이터 속에 있는 것과 다르게 보내기는 쉽지 않다. 줄기차게 자신을 측정하는 사람은 자신의 중심 밖에서 자신에게 접근하는 것이나 다름없다. 그 사람은 자신을 존재하는 주체가 아니라 객체로서 다룬다. 이 대목에서 마르틴 젤의 말이 떠오른다. 세계의 측정할 수 있는 측면은 세계가 아니라 단지 세계의 측정할 수 있는 측면일 뿐이다! 이 말을 우리의 맥락에 맞게 변주하자면, **측정할 수 있는 자아는 자아의 측정할 수 있는 측면일 뿐이지 자아 자체는 아니다.** 기억 속에 있는 것 중에 데이터보다 지루한 것이 있을까? 어쩌면 부모가 자식들에게 개인적인 유품으로 수백만 장의 셀프 카메라 사진을 남길지도 모른다. 엄마나 아빠가 항상 자신들에게만 집중했다는 것을 보여 주는 사진 말이다.

　　그런데 이런 형태의 자기 추적을 통해 점점 더 많은 사람들이 서로를 감시할수록 이런 상황은 점점 일상이 된다. 그리되면 나 자신을 이루는 것은 더 이상 내 삶의 이야기가 아니고, 나

의 자기 해석도 아니다. 그러니까 나를 이루는 것은 〈내러티브〉
가 아니라 정보들의 단순한 합산이라는 말이다. 우리는 자기 정
체성의 이야기꾼이 되는 대신, 우리 자료를 봉투에 담아 팔아넘
기려고 우리에게 봉사하는 척하는 업체들의 자발적인 하청 업
자나, 돈을 갖다 바치는 호구로 전락하고 만다.

　　건강하게 살고 싶은 것은 누구나 공감할 수 있는 소망이
다. 그런데 건강 문제에서 항상 가장 효율적인 해결책이 필요하
다는 것은 하나의 이데올로기에 지나지 않는다. 효율성 추구는
자연에 의해 인간에게 본디부터 주어진 것이 아니다. 자연은 효
율적이지 않다. 자연의 본질은 오히려 탕진이다. 다윈도 영향을
끼친 빅토리아 시대의 일차원적인 인간상은 생물학적 자연에
대한 우리의 시선을 일방적으로 협소화시켰다. 카를 마르크스
는 다윈과 같은 시대에 이미 그 부분을 간파했다. 그는 이렇게
슬쩍 비꼰다. 〈다윈이 영국 사회에 존재하는 분업과 경쟁, 새로
운 시장의 개척,《발명》, 맬서스식《생존 투쟁》을 야수와 식물의
세계에서 다시 찾아낸 걸 보면 참 기특하다는 생각이 듭니다.〉[55]
그러나 생물학자와 진화 심리학자들은 오늘날에도 자연 곳곳
에 나름의 〈전략〉과 〈장점〉, 〈계산〉이 작동하고 있다고 본다. 이
런 것들을 추적해 보면 동물의 행동은 에너지를 절약하는 것에
그 목표가 있는 것으로 드러난다. 전체로서의 자연은 그 자체로
무의미한, 거대한 에너지의 탕진임에도 말이다!

　　이러한 배경에서 보면 인간에게 주어진 최적화 사명도
다른 시각으로 볼 수 있을 듯하다. 자기 최적화가 왜 개인이나

심지어 인간종의 목표여야 할까? 인간은 왜 기계처럼 표면이 매끈해지고 아무 냄새도 나지 않을 때까지 동물성으로부터 완전히 벗어나야 할까? 실리콘 밸리의 디지털광들은 자기 몸과 건강한 관계를 맺고 있지는 않은 듯하다. 세계의 다른 어떤 지역보다 그곳에서 더 만연한 위생 집착증과 생식 불능 망상을 생각해 보라. 고대 그리스 철학자들은 자신을 갈고닦으며 인식과 미덕을 넓히라고 추천했지만, 인간이 실존적 한계를 극복하는 것은 기껏해야 플로티노스의 밀교적 가르침 속에서나 발견된다. 여기서 목표는 기계가 아니라 천상의 일자(一者)*와의 융합이다.

인간의 한계를 극복하고 슈퍼맨을 만들어 내려는 사람은 인간 사랑 또는 도덕적 성숙함이 없거나, 아니면 둘 다 없는 사람이다. 사실 그런 사람은 코치직에나 어울린다. 하지만 그런 사고와 추구로 큰돈을 벌 수 있다고 믿는 사람에게 격려가 아닌 치료가 필요하다는 사실을 누가 말해 주겠는가? 그래서 인류의 역사가 진화론적으로 이렇게 발전하도록 이미 정해져 있다는 신화는 여전히 현재 진행형이다. 이렇게 가다 보면 결국 우리는 인간과 기계가 융합된 기술 시대를 마주하거나, 더 나쁜 경우 자율적으로 움직이는 기계의 독재에 직면할 것이다. 이는 중세 기독교인들이 지상에 신의 천년 제국이 도래할 거라고 믿고, 국가 사회주의자들이 흡사 자연법칙처럼 그와 비슷한 왕국이 이

---

* 플로티노스 철학에서 일자는 세상 만물의 원천으로서 다른 모든 것들 위에 있고, 다른 모든 것은 이 일자에서 나온다. 유일신에 버금가는 의미로 이해할 수 있다.

땅에 건설되리라고 예상한 것과 다르지 않다. 그러나 우리는 안심해도 된다. 실리콘 밸리는 어떤 경우에도 진짜 완벽한 슈퍼맨을 목표로 삼지는 않는다. 불완전한 인간만이 미래에도 그들의 구매 추천에 자극을 받고, 그들의 온갖 조종에 놀아날 수 있기 때문이다. 완벽한 인간, 즉 자기 의지의 주인이자 주변 세계의 통찰자로서의 인간은 실리콘 밸리에 죽음이나 다름없으니……

인간의 역사는 인간에 의해 만들어지며 자연력에 의해 만들어지지 않는다. 지질학적 재앙을 제외하면 말이다. 세계가 미리 정해진 경로에 따라 움직인다는 허구 같은 이야기는 실리콘 밸리가 **자신들의** 미래 판타지를 인류사의 **확정된** 미래로 팔기 위해 내놓은 마케팅 전략에 지나지 않는다. 인간적 유토피아는 그런 것에 현혹되지 않는다. 또 그것은 **디지털 기술을 인간 발전의 목적이 아닌 더 나은 미래를 위한 보조 수단**으로 여긴다. 다른 동물들에 비해 육체적으로 결함이 있는 인간이 예부터 자신의 지능을 이용해 불편한 환경에서 벗어나고, 삶을 좀 덜 수고스럽게 하려고 노력해 온 것은 분명하다. 하지만 그럼으로써 가능한 한 많은 편리함과 안락함이 인간의 목표가 되지는 않았다. 편리함의 증가는 곧 행복의 감소를 의미할 수도 있다. 인간에게 더 이상 할 일이 남아 있지 않다는 의미에서 말이다. 극단적인 편리함의 상태는 정지 상태이다. 인간은 꼼짝 않는 스톤피시나 거미, 폴립이 아니라 늘 움직이는 동물이다. 그런 동물로서의 인간이 단추 하나 누르고 터치 한 번 함으로써 더 이상 아무 할 일이 없게 될 때 가장 행복할 거라는 생각은 참으로 터무니없는 인간 해석이다.

따라서 인간적 유토피아는 미리 확정된 세계 경로를 전제하지 않고, 인간의 진정한 욕망에 초점을 맞춘다. **시간**과 우리의 관계만큼 그것을 명확하게 보여 주는 것은 없는 듯하다. 우리는 흔히 이렇게 말한다. 〈시간이 정말 빨라!〉〈세상이 갈수록 빨리 돌아가는 것 같아!〉 이 두 문장은 오늘날 많은 인간들이 살면서 갖게 되는 감정 표현이다. 그게 사실과는 맞지 않는다는 것을 알고 있음에도. 그렇다면 우리 문화권의 거의 모든 사람이 그렇게 느끼는 이유는 무엇일까?

그에 대한 주원인은 우리가 시간을 철저하게 효율적으로 사용해야 한다고 믿기 때문이다. 그래야만 우리는 우리에게 제공된 가능성들의 홍수 속에서 우리가 원하는 것을 선택할 수 있다. 우리는 부산하게 이리저리 쫓겨 다니며 늘 주어진 시간 안에 모든 일을 끝내야 한다는 압박에 시달린다. 같은 시간 안에 더 많은 일을 처리하려면 결국 우리는 시간 규범의 노예가 되고, 특정한 시간표를 만든다. 물론 그럼에도 시간에 대한 양심의 가책은 늘 우리 곁을 떠나지 않는다.

제1차 산업 혁명 이후 유럽 문화는 시간을 자원으로 보면서 돈과 동일시했다. 〈시간은 돈이다!〉 더 빨리 생산하는 자가 경쟁에서 앞선다. 그 사람은 새로운 것을 더 빨리 시장에 내놓을 수 있고, 시간당 생산량도 높일 수 있다. 시간에 맞춘 노동의 율동적인 분할에 발맞추어 유동성도 철도나 자동차, 항공 같은 새로운 교통수단을 통해 획기적으로 개선되었다. 더 빨라진 수송과 더 빨라진 생산은 괴테가 이름 붙인 〈지독하게 서두르는 시대〉를 만들어 냈다. 예전에는 주가(株價)가 전화로 중계되었다면, 오늘날 세계의 증권 거래소에는 실시간 커뮤니케이션 시스템이 완비되어 있다. 시간을 더 빨리 극복할수록 세계는 점점 작아진다.

오늘날 인간들은 시간 속에 사는 것이 아니라 시간을 〈갖고〉 있거나 갖고 있지 못하다. 여가 시간은 노동 시간과 대립 구도를 형성하고 있지만, 여기에도 동일한 규칙이 적용된다. 시간이라는 자원 역시 한정되어 있기에 최대한 잘 〈활용해야〉 한다는 것이다. 오늘날 모든 시간은 〈목적의 독재〉에 예속되어 있다. 이 점에서는 디지털 기기 발명가들의 약속, 다시 말해 새로운 기기들과 함께 우리가 시간을 절약할 수 있을 거라는 약속도 별 도움이 되지 못한다. 지금까지 어떤 형태가 됐건 기술적 진보는 인간에게서 시간을 빼앗아 갔다. 사회학자 하르트무트 로자의 설명처럼 시간 절약의 가능성과 함께 또 다른 새로운 요구들이 우리에게 봇물처럼 밀려들었기 때문이다. 예를 들어 예전에는 여섯 통의 편지에만 답장하면 충분했던 사람이 요즘은 60통의 전자 메일에 반응해야 한다.[56]

〈시간은 돈이다!〉라는 금언이 상당히 잘못된 것이라는 생각에 대해 그 배경을 따져 묻는 일은 거의 없다. 인간의 수명은 돈으로 연장될 수 없을 때가 많다. 그게 아니더라도 시간과 돈은 그 속성이 몹시 다르다. **돈은 나눌 경우 반으로 쪼갤 수 있**

지만 시간은 그렇지 않다. 시간은 과거보다 빨라지지도 느려지지도 않았다. 다만 경우에 따라 우리의 기억 속에 〈좀 더 충만한〉 시간으로 남을 수는 있다. 최소한 걸음 수나 계단 수를 세면서 보내는 시간보다는 말이다. 하지만 가장 중요한 차이는 돈은 절약할 수 있지만 시간은 그렇지 않다는 것이다. 〈시간 절약 은행〉은 미하엘 엔데의 『모모 *Momo*』에서나 가능한 일이다. 패스트푸드건, 스피드 데이트건, 기력 회복 낮잠이건, 멀티태스킹이건 간에 우리에게 시간을 절약해 주는 것은 없다. 그것들은 단지 동일한 시간 속의 다른 행동 방식일 따름이다. **과유불급이라고, 과한 것이 오히려 못할 때도 많은 법이다.**

다른 측면에서 삶의 시간을 외부 리듬에 맡기는 것은 일련의 의도치 않은 결과를 낳는다. 현재의 삶이 쪼그라드는 것이다. 괴테는 1809년에 이미 소설 『친화력 *Wahlverwandtschaften*』에서 주인공 에두아르트의 입을 빌려 이렇게 말한다. 〈사람들이 이제는 자신의 전체 삶을 위해 아무것도 배울 수 없다는 사실은…… 참으로 유감스러운 일이다. 우리 선조들은 젊은 시절에 받은 가르침, 즉 우리가 유행에 뒤떨어지지 않으려면 5년마다 새로운 것을 배워야 한다는 가르침을 충실히 따랐다.〉[57] 지속적으로 통용되는 것은 더 이상 아무것도 없어 보인다. 이런 시대에 우리는 어떻게 방향을 정립할 수 있을까? 특히 이런 상황으로 당혹스러워하는 것은 정치다. 정치적 사고에서 장기적인 안목이 사라지고, 전술이 전략을 대체하는 것은 이상한 일이 아니다. 시대와 보조를 맞추느라 생각할 시간조차 더 이상 허용되지 않으면, 우리는 단순히 시간만 잃는 것이 아니라 유토피아도 잃게 된다. 그와 함께 레트로피아, 즉 시간이 한층 더 천천히 흘렀던 시대에 대한 동경이 미래에 대한 사고를 대신한다.

디지털 시대를 위한 유토피아는 여기서 많은 것을 배울 수 있다. 삶의 속도를 더한층 높이는 것은 축복이 아니라 위협이다. 미래 사회는 휴식 지대와 속도에서 벗어난 해방구가 필요하다. 우리에게 진정으로 요구되는 것은 전속력으로 몰아붙이는 대신 인간을 이웃이나 환경과 연결시키는 관계들의 가치를 깨닫는 관심의 문화이다. 봇물처럼 자극이 넘치는 우리 사회에서 하르트무트 로자가 말한 그런 〈반향〉을 깨닫고 키우기 위해서는 고도의 집중이 필요하다. 이것을 아이들의 머릿속에 불어넣고 훈련시키는 것은 21세기 교육의 가장 중요한 과제 중 하나이다. 지적인 기계들은 지적인 사용을 요구한다. 그런 기계들을 정말 탁월하게 장악하는 것에는 스위치를 아예 꺼버리는 행위도 포함된다.

21세기 초의 문화는 〈즉석〉의 문화이다. 〈고객은 모든 것을 원합니다, 그것도 지금 당장. 고객은 게으르고 조급합니다.〉 이것은 무수한 강연장에서 쉽게 들을 수 있는 말이다. 그런데 그 강연자는 만일 자기 자식이 게으르고 조급하게 자란다면 행복할까? 그것도 예를 들어 도널드 트럼프만큼 생각이 게으르고 조급한 인간으로 자란다면? 분명 그렇지는 않을 것이다. 그런데 어떻게 교육학자들에게는 악몽이나 다름없는 그런 것이 경제 영역에서는 아무 의문 없이 전제될 수 있을까? 우리가 교육적·사회적·정치적·윤리적 이유에서 거부한 이 빗나간 발전 상황을 경제적인 이유로 활용하는 것이 정말 필요할까?

모든 것을, 그것도 즉석에서 원하는 사람은 우리 시대의 거대한 변혁에 제대로 준비가 되어 있지 않은 사람이다. 관건은 장기적인 사고, 복잡한 과정에서의 결정력, 그리고 윤리적 태도이다. 이 모든 것을 훈련시키는 것은 우리 교육 제도의 중요한 사명이다. 우리 아이들이 미래의 도전들에 대처하기에는 몹시 불충분한 교육을 받고 있다는 사실에 대해선 다들 동의한다. 물론 일부 교사나 문화부 관료 같은 기존 제도의 몇몇 확고한 대변자들만 제외하면 말이다.

〈독일은 교육을 위해 더 많은 것을 해야 한다!〉 무슨 뜻일까? 단순화하면 여기에는 더 상반될 수 없어 보이는 두 입장이 충돌한다. 많은 경제 대표자들과 일부 대학 교육 전문가들에게 이 문제는 아주 간단하다. 디지털 사회에는 더 많은 디지털 노하우가 필요하다는 것이다. 수업 시간에 디지털 기술이 점점 많이 투입될수록, 그리고 STEM 전공*이 더 적극적으로 장려될수록 아이들은 미래의 노동 시장에 더 적절하게 대비할 수 있다. 또한 기업가 정신을 조기에 훈련시키는 것도 잊지 말아야 한다. 아이들이 나중에 더 많이 창업할수록 학교의 상황은 점점 좋아진다.

이런 주장은 많은 사람들에게 설득력이 있다. 최소한 첫

* 과학, 기술, 공학, 수학 전공을 이르는 말.

눈에 볼 때는 말이다. 그러나 이 주장을 좀 더 유심히 살펴보면 그 교육 목표에 얼마나 조건이 많은지 알 수 있다. 첫째, 노동 시장의 요구에 정확히 부응하는 노동력을 준비시키는 것이 교육 제도의 사명임을 전제해야 한다. 둘째, 미래의 노동 시장이 정보 기술자와 기업가에 대한 추가적인 수요만 늘릴 뿐 전체적으로는 지금과 같은 모습을 유지할 거라는 전제도 필요하다. 이 모델에서는 디지털 혁명을 통한 좀 더 거대한 사회적 변혁은 일어나지 않는다. 게다가 여기서 말하는 교육의 목표는 주로 **직업 교육**에 국한된다.

두 번째 입장의 교육 목표는 다르다. **교육이란 가능한 한 많은 젊은이들에게 충만한 삶을 살 수 있는 능력을 갖추게 하는 데 그 목표가 있다는 것이다.** 현재의 노동 사회와 성과 사회의 입장에서 추정되는 수요는 그들에게 최고의 척도가 아니다. 10년 후에는 지금보다 훨씬 많은 정보 기술자가 필요할 거라는 진단이 맞을지 누가 알겠는가? 오히려 앞으로는 밀레니엄 프로젝트의 예측처럼 무엇보다 〈공감 직업〉에 대한 수요가 더 높아질 가능성이 있다. 이런 상황에서 노동 시장과 관련한 단기적 공론(空論)에 교육의 초점을 맞추는 것은 부실하고 위험하다.

또한 가능한 한 많은 아이들이 사업으로 큰돈을 벌 수 있게 하는 것을 최고의 교육 목표로 삼아서는 안 된다. 우리 사회는 분명 냉정한 비용-이익 계산으로 금전적 이득의 극대화를 노리는 사람이 소수일 때만 정상적으로 돌아간다. 그렇지 않고 누구나 금전적 이득만을 최고로 친다면 누가 유치원 교사나 요양원의 간병인을 하려고 하겠는가? 교육 목표를 인격 형성보다 노동 시장에 맞추는 것은 근시안적이다. 우리에게는 디지털 경제에 성공적으로 적응하는 사람들만 필요한 게 아니라 우리의 가치와 수공업 기술을 보존하고, 남들을 위해 헌신하고, 전통을 육성하고, 자기 자신을 가꾸고, 대안적 사회 모델을 숙고하는 사람들도 필요하다. 긱스와 금융 투기꾼, 유튜브 스타, SNS상의 인플루언서들로만 이루어진 세계는 가능하지도 않고 바람직하지도 않다. 누군가 미래에 요리사나 친환경 농부, 사회사업가, 목수, 클래식 음악가가 되려고 한다고 해서, 그게 결점으로 치부되어서는 안 된다.

새로운 교육 제도의 목표는 추정된 노동 시장이 아니라 우리 아이들에게 미래 세계에 잘 대처해 나갈 수 있는 능력을 갖추게 하는 것이어야 한다. 이때 아이들은 기술을 장악하는 것만 배우는 것이 아니라(이것은 대개 가만히 내버려 둬도 알아서 습득한다), 기술이 점점 더 큰 역할을 하게 될 사회에서 스스로 방향을 정립해 나가는 법도 배워야 한다. 또한 인간으로서 개인으로서 자신을 이루는 것을 계발해 나가야 한다. 하지만 외부 자극에 즉각 굴복하는 사람, 한 가지 일에 장시간 집중하지 못하는 사람, 언어 능력을 키우지 못하는 사람, 욕구 충족이 미루어지는 것을 견디지 못하는 사람들은 분명 그런 것을 하지 못할 것이다. 자신과 자신의 소망을 깨닫고 성찰하며, 자신과 타인에 대한 판단력을 담금질하고, 적은 것으로 만족하는 법을 배우고, 자제력을 유지하고, 숙고 능력을 키우고, 스트레스 다루는 법을 익히는 것은 지금까지보다 미래에 훨씬 더 중요해질 것이다.

자극이 범람하는 세계에서 호기심을 잃지 않는 것도 마찬가지로 중요하다. 모든 문제에서 기술적인 차원의 대답에 만족하는 사람은 어느 시점부터는 더 이상 질문이 생기지 않는다. **우리 아이들의 내적 동기를 지키고 키우는 것만큼 중요한 것은 없다.** 왜냐하면 지금껏 우리의 교육 제도는 정반대, 그러니까 외적 동기에 기반하고 있기 때문이다. 우리 아이들은 누가 무슨 말을 해주든 학교에서 좋은 성적을 받기 위해 공부한다. 그게 훗날 직업 선택에 도움이 되는 한 이런 제도의 비판가들은 어려운 상황에 처할 수밖에 없다. 사실 곰곰이 생각해 보면 고전적인 노동 세계에서 사람들은 외적 보상, 즉 돈을 위해 일했다. 그러나 이런 상태는 디지털화의 가속화 속에서 생업 노동이 전반적으로 사라지는 만큼 그 의미를 잃어버린다. 우리 아이들은 훗날 내적 동기에서 출발해 고도의 자격을 갖춘 직업에서 각자 상투적이지 않은 일을 할 수 있어야 한다. 게다가 그들이 단기간이건 장기간이건 생업 노동에 종사하지 않는다면, 그런 내적 동기는 한층 더 많이 필요하다. 자신의 삶에 스스로 틀을 부여하고, 하루를 위해 좋은 계획을 짜는 것은 미래의 과제이다! 인간에게 더 많은 내적 동기가 있을수록 사회적 상황은 점점 나아진다.

나는 이것이 학교와 학교의 구조, 교사 양성, 학습 내용, 수업에 무슨 의미가 있는지에 대해 다른 자리에서 이미 상세히 언급한 바 있다.[58] 그러나 안타깝게도 교육 토론은 주로 형식적인 문제들을 중심으로 겉돌고 있다. 어떤 학교 형태가 필요한가? 대학 이전의 학제를 기존처럼 13년으로 유지할 것인가, 아니면 12년으로 줄일 것인가? 〈대학 입학 자격시험의 합격률은 얼마로 조정해야 할까?〉 디지털화가 학교에 미치는 결과에 관한 토론도 마찬가지이다. 〈몇 학년부터 태블릿 PC를 사용하게 해야 할까?〉 〈학교에서 디지털 기기를 많이 쓰는 것이 좋을까, 적게 쓰는 것이 좋을까?〉 다른 질문들도 비슷하다. 〈무선 랜을 어떻게 빠르게 연결할 수 있을까?〉 〈디지털 인프라에는 누가 돈을 댈까?〉 반면에 디지털화가 지금까지의 외적 학습 제도를 위태롭게 한다는 사실에 대해서는 거의 토론이 이루어지지 않고 있다. 그것은 노동 사회와 성과 사회에 대해서도 마찬가지이다. 이런 상황의 심각함은 굉장히 저평가되어 있다. 우리는 반쯤 죽은 말을 타고 계속 목표로 나아갈 수 있다고 믿는다. 한편으로는 생업 노동을 통해 재원을 마련하는 복지 시스템이 그렇고, 다른 한편으로는 외적 보상에 초점을 맞춘 교육 제도가 그렇다.

　　어쨌든 두 가지 점에서는 모든 교육 비판가들의 의견이 일치한다. 이제 학교에 들어가서 직업 교육을 받거나 대학에 진학하려는 사람은 평생 공부할 준비가 되어 있어야 한다는 것이다. 그러려면 내적 동기가 충분히 따라 주어야 한다. 그것은 명백하다. 게다가 창의력 없이는 헤쳐 나가는 것이 쉽지 않다는 사실에 대해서도 많은 사람들의 의견이 일치한다. 그러나 〈창의력〉은 지극히 모호한 개념이다. 작곡가와 작가, 요리사, 소프트웨어 개발자만 창의적인 것이 아니라, 기민한 영리 추구자와 사기꾼, 마피아도 창의적이다.

　도덕 없는 창의력은 사회적으로 바람직하지 않다. 감성 교육 없는 교육도 마찬가지이다. 이로써 미래에는 도덕이나 판단력 형성과 관련한 문제가 중요해진다. 디지털 기기들과 교류하는 방법도 마찬가지다. 〈측정〉과 〈측정할 수 있는 것〉을 올바르게 평가하는 것은 교육의 문제이다. **자신을 알고 싶은 사람은 단순히 자신의 걸음 수를 헤아릴 것이 아니라, 자신이 왜 그런 행동을 하는지 캐물어야 한다.** 이때 무엇이 중요한지는 심리학자 게르트 기게렌처의 두 개념인 〈디지털 자제력〉과 〈디지털 위험성 인지 능력〉이 설명해 준다. 즉 〈디지털 테크놀로지가 가져다주는 이익은 높이고 해악은 줄이겠다는 목표하에 디지털 테크놀로지와 능숙하게 교류하는 능력〉[59]이 중요하다는 것이다. 미래의 학교에서는 성인들도 디지털 위험(예를 들면 운전 중에 휴대폰을 사용하는 것)을 가늠하고 심리적 관련성을 이해하는 법을 배워야 한다. 너무 많은 일을 한꺼번에 해치우는 사람은 멀티태스킹을 하는 것이 아니라, 장기적으로 자신의 기억력을 해치고 만다. 또한 기억을 기계에다 맡기는 사람은 얼마 가지 않아 거의 모든 것을 기억하지 못할 수도 있다. 그럴수록 지금은 잊힌 것이나 다름없는 고전적인 방법, 예를 들어 시를 암송하거나 기억력을 훈련하는 방법이 중요하다. 왜냐하면 미래에는 학교 밖에서도 기계의 도움 없이 무언가를 정확하게 기억해야 할 상황들이 있을 것이기 때문이다. 특히 아이들의 경우 기억 속에 저장된 것이 적을수록 여러 생각을 자기 식으로 자유롭게 조합하는 능력은 점점 떨어진다. 창의력을 원하는 사람은 우선 기억력 훈련부터 받아야 한다.

2018년의 독일은 이런 교육적 주안점에서 상당히 동떨어져 있다. 2016년에 연방 교육부가 〈디지털 협정〉을 맺음으로써 학교를 디지털 시대에 맞게 구축하려고 했지만, 미래의 수업이 어떤 모습을 띠게 될지는 여전히 지구를 등진 달의 이면만큼이나 모호하다. 그에 반해 유토피아는 이렇게 요구한다. 우리의 아이들을 구체적으로 도울 방법을 강구해야 하고, 주의력 결핍과 잠재적 중독으로부터 보호해야 한다고. 게다가 아이들의 타고난 호기심이 지켜지고 육성되기를 바란다. 미래의 학교는 아이들 하나하나의 판단력이 개발되는 공간이어야 한다. 판단력이 타격을 입으면 그 파장은 심대하기 때문이다.

인간적 유토피아는 인간들을 전반적으로 행복하게 하고, 그들의 삶에 의미를 부여하는 데 초점을 맞춘다. 모든 현대적 기술은 이런 측면에서 바라보고 평가되어야 한다. 이때 현대 기술은 인간을 자신에게 적응시키려 해서는 안 되고, 인간의 욕구에 방향을 맞추어야 한다. 생업 노동이 점점 줄어드는 세계에서 행복해지려면 인간은 많은 시간과 에너지를 자신의 계발에 쏟아부어야 한다. 이유는 분명하다. 디지털 기술 자체가 인간들에게 자신과 적절하게 교류할 것을 요구하기 때문이다. 교육 제도와 관련해서는 아이들의 호기심과 내적 동기를 교육의 중심에 놓는 것이 과제로 설정되어야 한다. 아이들에게 충만한 삶을 살 능력을 갖추어 주기 위해서이다. 미래에는 생업 노동이 더 이상 그들 삶의 중심에 서 있지 않을 것이기에 더더욱 그런 교육이 필요하다.

관리받는 삶?:
예기치 못한 것의 매력

독일-핀란드 영화 「이나리로 떠나는…… 철새들」(1996)에는 유명한 장면이 나온다. 요아힘 크롤이 연기한 화물차 보조 기사 하네스는 무척 외로운 삶을 살아간다. 매력도, 숫기도, 친구도 없이 자신의 좁은 세계 속에 고치처럼 갇혀 있다. 그는 기차 시간표 책자를 열심히 공부하면서 모든 시간표를 암기한다. 목표는 핀란드 라플란드 지방의 이나리에서 열리는 제1회 국제 기차 시간표 경연 대회이다. 하네스는 이 대회에서 무조건 1등상을 타려고 한다. 그런데 기차를 타고 이나리로 가던 중에 한 아름다운 핀란드 여인을 만난다. 시르파라는 이름의 여인은 하네스가 하필 기차를 타고 이나리로 가는 것을 이상하게 생각한다. 가장 짧은 노선이기는 하지만, 가장 아름다운 길은 아니었기 때문이다. 그녀가 말한 가장 아름다운 길은 북스웨덴을 관통해서 하파란다를 지나 바다를 건너는 길이다. 하네스는 매력적인 시르파에게 홀딱 빠진다. 마침내 최고의 열차 시간표 전문가를 가리는 경연 대회에 참가한 하네스는 다른 참가자들과 상당히 큰 격차를 벌이며 마지막 질문 앞에 선다. 질문은 이렇다. 〈이나리로 가는 가장 좋은 길은?〉 하네스는 잠시 망설인다. 그러더니 가장 짧은 노선 연결을 제시하는 대신 시르파가 말해 준, 하파란다를 거쳐 가는 가장 아름다운 길을 말한다. 이로써 승리는 날아간다. 심사 위원들에게 〈가장 좋은〉 길은 〈가장 짧은〉 길을 의미하기 때문이다. 물론 그도 그것을 알고 있었다. 하지만 관중석에 있던 시르파와 함께 이제는 가장 짧은 길을 더 이상 가장 아름다운 길로 여길 수가 없었다. 마지막 대답으로 그는 오랫동안 준비해 온 대회에서 탈락하지만, 대신 시르파의 사랑을 얻는다.

인간의 삶은 가장 짧은 길로 가도록 프로그램되어 있지 않다. 그것은 곧 길을 돌아가면 주변 풍경을 더 많이 볼 수 있다는 뜻이기도 하다. 오스트리아 작가 라데크 크나프의 아름다운 표현에 따르면, 〈우리는 우리의 머리로는 도저히 이해되지 않는 것 속에서 운명을 알아본다.〉 인간은 가장 편한 길을 찾을 때가 많다. 하지만 여가 시간에 산을 오르고, 밀림을 헤쳐 나가며, 고통을 무릅쓰고 마라톤을 달리는 사람들도 많다. 또한 우리는 되도록 신속하게 즐거움을 안겨 주는 것을 찾고, 노력과 수고를 들여야 하는 일은 피하는 게 보통이지만, 그러면서도 우리가 수고를 들인 바로 그런 일과 경험에 가치와 의미를 부여하는 경우도 적지 않다.

최고의 길이 반드시 가장 짧거나 가장 효율적인 것은 아니라는 사실은 디지털 시대를 맞아 우리가 나쁜 결정을 내리는 것을 막아 주는 중요한 원칙이다. 왜냐하면 우리 사회와 경제는 모든 기술적 가능성을 통해 흡사 새로운 지름길의 폭격을 맞고 있는 것 같기 때문이다. 기술은 효율성의 최대치와 최상의 자기 통제, 모든 문제에 대한 최고의 스마트한 해결을 약속한다. 그런 점에서 온라인 상점은 큰 이점을 갖고 있다. 인터넷으로 주문하면 상점을 직접 찾아가야 할 시간이 절약된다. 또한 상품과 가격의 비교를 통해 내게 가장 유리한 것을 선택할 가능성이 열릴 뿐 아니라 쇼핑한 것을 질질 끌고 다닐 필요도 없다. 그렇다면 미래에는 모든 것을 온라인으로 주문하게 될까?

나 자신을 예로 들어 보겠다. 나는 고서적을 수집한다. 주로 18~19세기의 책들이다. 왜 이런 짓을 할까? 이렇게 설명할 수 있을 듯하다. 나는 오래된 책의 냄새와 외양, 촉감을 좋아할 뿐 아니라, 책을 만나게 되는 과정 자체도 너무 사랑한다. 낯선 도시에 들러 헌책방을 찾아다니다 가끔은 정말 괴팍한 책방 주인을 만나고, 낡은 책방들의 어지러운 풍경을 감상하고, 폐쇄된 공간 속에서 무언가 새로운 것을 찾고 발견하는 즐거움 같은 것들이다. 또한 그곳들의 분위기도 좋고, 내가 갖고 싶어 하던 책을 정말 우연히 발견했을 때는 온몸이 기쁨으로 벅차오르기도 한다. 온라인 상점에는 이런 즐거움이 없다. 도시의 헌책방은 서서히 사라져 간다. 나는 이제 내가 찾는 책을 인터넷에서 발견할 수 있다. 그곳에는 상태와 가격에 따라 헌책들이 잘 정리되어 있다. 거기에서 사면 바가지를 쓸 일도 없다. 하지만 내가 고서적을 수집하기 시작한 이유들이 모두 사라진다면, 그런 짓을 왜 계속하겠는가?

지름길이 여행의 수고스러움을 절약시켜 줄 수는 있지

만, 그와 동시에 새로운 것을 찾아 떠나는 출발의 분위기는 사라지고 만다. 비슷한 경우가 의류에도 해당되지 않을까? 만일 내가 로마에서 샀던 옷을 온라인으로 주문할 수 있다면, 그것의 특별함은 즉시 반감된다. 예전에는 오직 그곳에 직접 가야만 살 수 있었던 것이 도처에 흘러넘친다. 이러한 세계의 결과를 예측하는 것은 어렵지 않아 보인다. 다들 어차피 인터넷에서 주문한다면 도심의 상점들은 무슨 필요가 있겠는가? 상점 없는 도심은 어떤 모습일까? 아마 북부 루르 지방의 별로 유명하지 않은 도시 마를과 비슷해 보일 것이다. 이 도시 사람들은 1970년대에 노르트라인-베스트팔렌 주에서 〈마를러 슈테른〉이라는 가장 큰 쇼핑센터를 짓기로 결정했고, 그것을 아주 좋은 아이디어로 여겼다. 그런데 1974년에 슈테른 쇼핑센터가 문을 열자 마를의 도심은 순식간에 황량해져 버렸다. 1990년대에도 문을 닫는 상점들이 속출했고, 그렇게 얼마가 지나자 마를의 도심은 쥐 죽은 듯이 고요해졌다. 그와 함께 슈테른도 도심만큼 활기를 잃었다. 슈테른에는 유럽 대륙에서 가장 큰 압축 공기 지붕이 얹어져 있지만, 그렇다고 해서 이 슬픈 이야기에 위로가 될 것 같지는 않다.

실리콘 밸리에 사는 사람들에게 도회지 문화의 상실은 결코 상실이 아니다. 그곳에는 어차피 그런 문화가 없다. 전반적으로 긱스는 도시 문화를 다채롭게 하는 부류가 아니다. 실리콘 밸리는 과거에 과일 농사를 짓던 지역에 도회지풍으로 건설한 지극히 황량한 곳이다. 여기에 사는 사람들에게 기존의 도시, 즉 광장으로서, 만남의 장소로서, 쇼핑과 산책의 공간으로서, 의도적이고 우연한 만남의 자리로서의 도시는 디지털 시대에 더 이상 필요치 않다. 이들은 직접 처리하는 일이 거의 없다. 음식은 배달되고, 운전은 기사가 한다. 빨래도 직접 하는 사람이 없다. 심지어 연애와 섹스도 컴퓨터 게임, 앱, 영화로 해결한다.

그럼에도 샌프란시스코와 산호세 사이의 대도시들이 젊은이들에게 몹시 매력적인 곳으로 여겨지는 것은 반가운 일이 아닐 수 없다. 그런 면에서 베를린은 미래에도 많은 사람들로부터 사랑을 받을 것이다. 실제로 젊은 미국인들조차 팰로앨토보다 이런 대도시에 살고 싶어 하는 사람들이 훨씬 더 많다. 반면에 만하임, 할레, 부퍼탈 같은 작은 도시에는 별로 매력을 느끼지 못한다. 아무리 온라인 상거래가 활발하게 이루어진다고 해도 완전히 새로운 것은 만들어지지 않는다. 그것은 1980년대와 1990년대부터 이미 시작된 경향을 강화할 뿐이다. 다시 말해 개별적인 토착 전문 상점은 도시에서 사라지고, 국제적인 체인점이 그 자리를 대신하는 경향 말이다.

20년 후에도 독일 땅에 살 만한 중소 도시를 갖고 싶다면 똑똑한 지방 정치인이 있어야 한다. 완벽하게 디지털화된 슈퍼마켓이 우리 도시에 정말 필요한지 적절한 시점에 자문해 보는 것은 전혀 해가 되지 않는다. 프로방스의 주말 장터와 끊임없이 가격이 바뀌고 판매원이 없는 슈퍼마켓을 잠깐만 비교해 봐도 어느 것이 우리를 더 들뜨게 하고 즐겁게 하는지 명확히 알 수 있다. 완벽한 살균 상태는 수술실에나 필요하지 쇼핑에는 필요하지 않다. 어지럽게 널려 있는 것들은 발견의 기쁨을 일깨운다. 로봇에게 물건을 사는 것은 사람에게 물건을 사는 것과 결코 같을 수 없다.

이런 문제와 관련해서 2018년의 우리는 아직도 갈구하는 인간이다. 디지털 기술은 어느 지점에서 삶의 풍성함이 되고, 또 어느 지점에서 삶을 황량하게 이끌까? 육체적 장애가 있는 사람이나 노인에게는 기본 식료품이 떨어지면 알아서 필요한 것을 주문하고 채워 주는 냉장고가 있는 것이 확실히 도움이 된다. 특히 다른 가족들이 계속 돌보고 챙겨 주어야 한다는 의무감에서 벗어나지 못할 때는 더더욱 그렇다. 그런데 그런 게 필요하지 않은 사람조차도 〈생각하는 가정〉, 즉 스마트 홈을 학수고대한다. 물론 그것은 그들의 권리다. 피식 웃음이 나오더라도 말이다. 집주인의 의학적 데이터를 지속적으로 분석하면서 주인의 기분에 맞게 조명을 영화의 숏 장면처럼 계속 바꿔 주는 집은 많은 사람들에게 매력적으로 비칠 수 있다. 하지만 그보다는 자신이 직접 조정한 은은한 불빛 아래서 파트너와 함께 욕조에 누워 있는 것이 더 섹시하지 않을까? 혹은 자신이 직접 만든 초에 불을 켜 놓고 분위기를 잡는 것이 더 낭만적이지 않을까? 물론 이것은 각자가 선택할 문제이다. 게다가 기분이 우울할 때 자신의 심리 상태를 최적으로 사방의 벽에 비춰 주거나, 아로마 향이나 항우울증 치료제 같은 광고 상품을 벽지에 투사하는 것을 모든 사람이 꿈꾸지는 않는다.

완벽하게 만들 수 있다고 해서 모든 것을 완벽하게 만들어선 안 된다. 기술적으로 개선될 수 있는 것들 중에는 그것으로 삶의 질이 나아지는 것이 아니라 더욱 악화되는 것도 적지 않다. 일부 영역은 심지어 실패의 곡예술 때문에 사랑받기도 한다. 축구가 그 한 예이다. 축구에서 공격은 대부분 성공하지 못하고, 수비수에 의해 사전에 차단되거나 좋지 않게 마무리된다. 만일 모든 슛이 골대로 들어간다면 재미가 없을 것이다. 축구가 인생에 대한 적절한 비유로 여겨지는 것도 그 때문이다. 인생도 축구와 마찬가지로 성공과 절정, 스캔들, 이례적인 일은 일상이 아닌 예외적인 일이다. 인간은 수십만 년 전부터 그런 일상적인 상태에 맞추어져 왔다. 거기서 무언가를 근본적으로 바꾸려는 사람은 삶의 환경뿐 아니라 인간 자체를 바꾸어야 하고, 그 결과도 미심쩍기 짝이 없다. 마약이나 의약품으로 무언가에 대한 인간의 입장을 생화학적으로 바꾸려는 시도가 그것을 분명히 말해 준다. 그중 어떤 것도 새로운 내적 균형을 만들어 내지 못하고, 단지 반작용이나 의존성과 결부된 일시적인 지연 현상만 만들어 낼 뿐이다.

디지털 수단으로 문제를 해결하겠다고 나서는 사람들이 모든 문제를 해결할 수 있는 것은 아니다. 그 때문에 진짜 문제를 가짜 문제와 구분하는 것은 상당히 중요하다. 예술은 효율성의 상승과는 특히 어울리지 않는 영역인 게 틀림없다. 개념 규정부터 효율성과는 거리가 멀다. 그것은 스위스의 예술가 우르주스 베를리의 책 『예술을 정돈하다 *Kunst aufräumen*』를 떠올려 봐도 알 수 있다.[60] 여기서는 유명한 그림들을 그 부품들, 즉 인간과 필치, 색상으로 세세하게 분해하고 분류해서, 마지막에는 모든 것이 깔끔하게 정돈되어 차곡차곡 쌓인다. 신문의 온라인판도 비슷한 방식으로 독자들의 개인적 관심에 따라 기사를 분류한다. 이렇게 해서 독자들에게는 현재 관심이 있거나 예전에 관심이 있었던 것들이 항상 세심하게 정돈된 상태로 제공된다. 반면에 그런 관심에서 심하게 벗어나는 것들은 독자의 시야에서 사라진다. 이것은 놀라울 정도로 효율적이다. 기존의 관심을 강화하고 새로운 관심을 일깨우지 않는 것을 효율적이라고 판단한다면 말이다. 할리우드에서 돈이 많이 들어간 필름은 개봉 전에 벌써 테스트 그룹에 의해 걸러지고 감성적, 극적 효율성을 검증받는다. 테스트 그룹의 기분을 디지털 방식으로 측정할 수 있다면 미래에는 그런 작업의 정확성은 한층 더 높아질 것이다. 성공적인 영화의 시나리오는 어차피 벌써 알고리즘화되어 있다. 렘브란트의 작품도 마찬가지이다. 게다가 책은 너무 쉽다. 미래에도 시나리오 작가나 소설가가 여전히 필요할 거라는 예상은 이미 많은 긱스에 의해 부정당하고 있다.

만일 모든 것이 완벽해지고, 더 이상 놀라운 것도 없는 날이 실제로 온다면 예술은 필요 없어질 것이다. 인간 경험의 틀을 부수고 문화적 규범에 반기를 드는 것이 예술의 사명이 아니던가? 최소한 예술 이론가들은 수십 년 동안 그렇게 주장해 왔다. 하지만 어쩌면 완벽한 세계에서는 그런 예술 형식이 필요 없지 않을까? 스탈린주의의 예술도 경험의 틀을 부수어 버린 것이 아니라, 굉장히 폭력적인 방식으로 변경될 수 없는 질서 체계를 확증했다. 지금도 반 고흐 전시회나 모차르트 음악회는 누군가의 경험을 폭발시키지 않는다. 음악회, 오페라, 극장의 입장에서는 대중의 호응을 얻는 것이 무척 중요하다. 디지털 기술로 관객의 상태는 훨씬 더 정확하게 읽고 예측할 수 있다. 문화와 예술은 항상 똑같은 것의 확증으로 변한다. 1990년대 이후 만연해진 연출가와 극장주, 전시 기획자들을 오래도록 절망시켜 온 경향이다. 디지털 기술로 시청률과 목표 집단을 예전보다 훨씬 정확하게 측정할 수 있게 된 텔레비전 프로그램의 단일 문화는 말할 것도 없다. 이런 조사에 대한 프로그램의 종속성은 그사이 엄청나게 커져서 프로그램 책임자들은 시청률을 측정하지 않으면 무엇을 방송해야 할지 모를 정도이다.

이런 데이터 조사가 정말 예술과 문화에 도움이 될까? 아니면 이제는 거꾸로 대중의 〈호응을 받는〉 것만을 볼 만하고, 들을 만하고, 읽을 만한 것으로 정의해야 할까? 디지털 데이터 조사는 많은 영역에서 진보로 이어질 수 있다. 하지만 예술과 문화의 영역에서는 그와 반대되는 것, 즉 혁신에 대한 반감과 정체성이 두드러진다. 이로써 디지털 데이터 조사는 신자유주의적 문화 정책의 시대에 지방 정부들의 긴축 재정을 통해 어차피 만연해 있는 그 경향을 강화한다. 어쨌든 예술과 문화는 이제껏 관객과 대중적 취향에 고분고분하게 따른 적이 한 번도 없었다.

예술과 문화를 〈정돈되지〉 않은 채로 갖고 싶은 사람은 미래 사회에서는 지금까지보다 훨씬 더 많은 노력을 기울여야 한다. 효율성 사고가 우리의 삶을 더 강하게 규정할수록, 우리가 의도적으로 그로부터 자유로운 공간을 비워 놓으려면 더 많은 수고가 필요하기 때문이다. 전통적인 형식에 얽매이지 않는 것을 촉진하고 질을 양에 따라 측정하지 않는 것은 예술과 문화 담당자들에게는 중요한 과제이다. 문화와 예술은 〈문제〉와 〈해결〉의 도식에 따라 움직이는 영역이 결코 아니다.

유토피아 사회에서는 오래된 것, 기존의 것, 확고하게 뿌리내린 것을 장려하는 것이 아니라 작은 것, 인습적이지 않은 것, 삐딱한 것을 장려하는 문화 정책이 필요하다. 만일 미래에 많은 사람들이 더 이상 생업 노동으로 먹고살지 않는다면, 그중 가능한 한 많은 이들이 삶의 예술가적 자질을 발휘하도록 하는 것이 중요하다. 미래의 독일이 언젠가 히피와 게이머의 나라가 아니라, 실제로 시인과 사상가의 나라가 된다면 얼마나 멋질까!

그러나 신자유주의가 드리운 유익함과 경제적 성공의 어두운 그림자는 여전히 우리 문화에 짙게 드리워져 있다. 2016년에 에센에서 경제와 문화, 창의성을 주제로 열린 한 행사가 기억난다. 함부르크 창의성 협회에서 나온 강연자는 당국이 새로운 아이디어를 가진 어떤 젊은이들은 장려하고, 어떤 젊은이들은 그러지 말아야 할지 결정하는 인물이었다. 그런 사람이 강연 초기에 바로 이렇게 말했다. 〈나는 항상 첫 번째로 이렇게 묻습니다. 당신은 어떤 문제를 해결하려고 하십니까?〉 나는 정신을 바짝 차리고 귀를 기울였다. 창의성 전문가의 말치고는 정말 이상한 질문이 아닌가! 벨라스케스는 어떤 문제를 해결했던가?

모차르트는? 또 프란츠 카프카는 어떤 문제를 해결했단 말인가? 하지만 이 사례가 보여 주듯이 창의성에 관한 수학적·기술적 개념 이해는 많은 사람들, 심지어 직업적 특성상 그것을 더 잘 알고 있을 사람들에게도 창의성에 관한 다른 모든 생각들을 질식시켜 버렸다. 대부분의 인생에서, 창의성은 어떤 것에서 무엇이 나올지 정확히 모를 때 투입하는 것이다. 〈문제〉와 〈해결〉의 도식은 인간적인 창의성에 전혀 도움이 되지 않는다. 혹은 달리 말해서 **모든 사람은 해결에 대해 이야기한다. 하지만 철학자들은 그렇지 않다!**

　　〈문제〉와 〈해결〉의 도식을 부수어 버리는 또 다른 보기는 요리다. 나는 거대 은행이 주최한 본Bonn의 한 행사장에서 디지털 프로젝트에 투자하는 벤처 캐피털 회사인 로켓 인터넷의 공동 소유주인 잠베어 삼형제 가운데 한 사람의 강연을 흥미롭게 들었다. 그 똑똑한 젊은 사업가는 미래의 가정에 대해 이야기했다. 그중에서 특히 멋진 것은 이랬다. 미래에는 더 이상 부엌이 필요 없을 것이다. 스마트한 냉장고 하나로 충분하고, 나머지는 슈퍼마켓이나 일류 레스토랑에서 드론으로 배달되리라는 것이다. 그럼 그것으로 우리가 얻게 되는 것은 무엇이냐는 내 질문에 그는 〈시간〉이라고 대답했다. 하지만 그렇게 얻은 시간으로 우리는 무엇을 하게 될 거냐는, 이어진 내 질문에는 마땅한 대답을 내놓지 못했다. 소파에 앉아 컴퓨터 게임을 하거나 온라인으로 물건을 주문하는 것보다 함께 요리하는 것을 정말 즐겁고 충만한 시간으로 여기는 사람들이 있다는 사실이 그의

관리받는 삶: 예기치 못한 것의 매력

상상 속에는 없는 게 분명했다. 일부 사회 생물학자들의 주장에 따르면, 인간의 협력과 사교성은 매머드를 혼자서는 사냥할 수 없다는 데서 생겨났다고 한다. 실제로 그런 측면이 분명히 작용했을 것이다. 하지만 매머드를 혼자서는 다 **먹어치울** 수 없다는 사실도 그만큼이나 중요했을 것으로 보인다. 대부분의 사람들이 함께 요리하고 함께 식사하는 이유가 어쩌면 거기에 있지 않나 싶다. 물론 컴퓨터만 아는 실리콘 밸리의 일부 긱스는 제외하고 말이다.

그렇다면 디지털 기술이 우리에게 가져다주는 것은 퇴보이기도 하고 진보이기도 하다. 일단 문화적 퇴보의 위험성부터 알아보기로 하자.

실리콘 밸리에서 나오는 많은 비전은 좀 더 자세히 들여다보면 결코 비전이 아니다. 적지 않은 구상들 속에는 인간에 대한 인식이 결여되어 있다. 기술이 무엇을 만들어 낼 수 있을지에 대한 숙고는 충분히 이루어지지만, 인간이나 사회에 무엇이 절박하게 필요한지에 대한 숙고는 빠져 있다. 앞서 말했듯이 기술적으로 완벽하게 만들 수 있다고 해서 결코 완벽하게 만들어서는 안 된다. 완벽화는 누구도 생각하지 못하고, 누구도 책임지려 하지 않는 결과를 부를 것이다. 모든 것이 효율적이고 완벽하게 구축된 사회를 떠올려 보라. 무슨 일이 벌어질까? 이런 사회에서는 바꾸거나 변경할 수 있는 것이 없다. 최적의 상태를 바꾼다는 것은 곧 비효율적으로 변해 버린다는 뜻이기 때문이다. 그런데 본래적으로 보자면 효율성을 최고의 척도로 삼는다는 것은 무엇을 뜻하는가? 인간의 가장 효율적인 상태, 즉 삶의 모든 문제에 대한 가장 완벽한 해결책은 죽음이다. 더 이상 움직일 필요도, 에너지를 소비할 필요도, 노력할 필요도 없이 삶의 온갖 혼란과 불만에서 해방된 상태이다. 죽음보다 더 나은 해결은 없다. 죽음은 인간의 가장 스마트한 상태이다. 삶은 스마트하지 않다. 뜻대로 되지 않고, 예측할 수 없으며, 충분히 숙성되지 않고, 불명확한 것이 삶이다. 하지만 바로 그런 점들이 우리의 인생을 살 만하고 떨리는 것으로 만든다.

디지털 시대의 인간 친화적인 유토피아는 정확히 이 지점에서 시작해야 한다. 어떤 기술적 진보가 바람직하고 어떤 것은 그렇지 않은지도 그에 따라 판단되어야 한다. 요즘에는 기업의 인사 책임자조차 소프트웨어로 대체하려는 움직임이 있는데, 이는 정말 정신 나간 짓으로 역사에 기록될 것이다. 어쩌면 이로 인해 비합리적인 제도를 철폐하는 〈혁파〉*와 〈아날로그화〉를 전담하는 새 직업군이 형성될지도 모른다. 컴퓨터가 최적의 인물로 계산해 낸 사람은 함께 일하는 동료들과는 어울리지 않을 것이기 때문이다. 이런 직장에서는 취하지 않는 무알코올 맥주가 많이 팔릴 것이다.

그보다 더 나쁜 것은 남들보다 빨리 가려고 시간을 단축시키는 교육이다. 이것은 나중에 아이들에게 위험한 것으로 드러났

---

* 혁신 *innovation*이 새로운 것의 도입을 통한 개혁이라면, 혁파 *exnovation*는 기존의 제도와 법령 등 외부 시스템의 철폐를 통한 개혁을 뜻한다.

다. 예를 들어 미국에서는 1997~2007년 사이에 유아의 셋 중 하나가 CD와 DVD로 모국어를 배웠다. 조기 영어 교육 프로그램인 「브레이니 베이비Brainy Baby」와 「베이비 아인슈타인Baby Einstein」의 도움을 받아 최고의 훈련을 받은 것이다. 결과는 대실패였다. 그런 식으로 훈련을 받은 아이들은 테스트에서 현저하게 좋지 않은 성적을 보였다.[61] 모국어를 습득하는 과정에서 아이들은 단어에만 반응하는 것이 아니라 눈 맞추기, 흉내, 몸짓, 애정에도 무척 민감한 반응을 보이면서 배운다. 인간에게 비언어적 커뮤니케이션은 최소한 언어적 커뮤니케이션만큼 중요하다. 그것은 다른 영장류들도 비슷하다.

　　디즈니 같은 기업들은 이런 형태의 학습 상품으로 4억 달러를 벌어들였지만, 정작 아이들에게는 아주 나쁜 결과를 안겨 주었다. 앞의 사례는 수고를 덜고 시간을 단축시켜 주겠다고 약속하는 새로운 테크놀로지에 대한 믿음이 어떻게 **객관성 손상**으로 재빨리 이어질 수 있는지에 대한 좋은 증거이다. 게다가 사람들이 한 상품을 구입하고 받아들이고 환영한다고 해서, 반드시 그게 우리에게 좋다고 판단하는 유일한 척도가 될 수 없음도 보여 준다. 인간 특유의 것과 독특한 심리적 영역을 기계로 대체하면 어떤 결과가 찾아올지는 아무도 모른다. 그에 대한 꽤 믿을 만한 나침반은 이렇다. 심리적으로 중요한 영역은 기술로부터 **도움**을 받게 될까, 아니면 기술로 **대체**될까? 첫 번째 경우는 우리에게 유용할 때가 많겠지만, 후자는 위험할 때가 대부분이다.

인간은 이상한 존재이다. 삶의 행복에는 모순과 저항이 필요하다. 이런 측면은 다른 어떤 누구보다 미국의 철학자 로버트 노직이 적확하게 잘 보여 주었다. 1974년에 그는 독자들에게 〈체험 기계〉의 아이디어를 소개해 주었다.[62] 천재적인 신경심리학자들이 우리를 이상적인 세계로 푹 빠뜨릴 기계를 개발했다. 그 기계가 보여 주는 환상은 우리가 그것을 현실과 구분할 수 없을 정도로 완벽하다. 거기서 우리가 경험하는 모든 것은 완전한 실재처럼 느껴진다. 기계 속의 이 세계에서 우리의 소망은 다 이루어진다. 모든 것은 우리가 꿈꾸었던 그대로 완벽하다. 우리는 과연 이 기계에 탑승할 것인가?

노직은 대부분의 사람이 틀림없이 그 기계에 타지 않을 거라고 생각했다. 실제로 2018년 2월에 뮌헨에서 1천여 명의 IT 개발자들을 대상으로 한 강연에서, 방금 그 질문에 대해 청중의 10분의 1만 자기 삶을 그런 체험 기계 속의 삶과 맞바꿀 거라고 대답했다. 대다수 사람은 그런 완벽한 허상 속에 사는 것에 겁을 집어먹을 가능성이 높다. 게다가 모두가 자신의 소망을 이루며 산다는 것이 결코 마음에 들지 않을 수도 있다. 그게 어쩐지 공정하지 않은 것 같은 느낌을 불러일으키기 때문이다. 그렇다면 이것이 의미하는 바는 한 가지이다. 인간의 삶에는 완벽한 행복보다 더 중요한 게 있다는 것이다. 하지만 그럼에도 놀라운 것은, 결국에는 다들 노직의 체험 기계에 탑승할 거라는 점이다. 물론 기다렸다는 듯이 훌쩍 뛰어오르거나 과감하게 발걸음을 내딛지는 않고, 아주 조금씩 조금씩 망설이듯 걸음을 내

디딜 것이다. 그런 발걸음은 우리에게 특별히 위험하거나 염치 없어 보이지 않는다.

과거의 인간들은 현실을 관찰하는 것으로 충분했다. 현실에는 경이로운 것이 정말 많았다. 아이들은 박물관에서 뼈의 형태나 그림으로만 본 것이 전부인 공룡에게 푹 빠졌고, 인디언이나 해적에게 열광했다. 또한 동물원에 가는 것은 그 자체로 짜릿한 경험이었고, 증기 기관차와 자동차, 비행기는 환상적인 대상이었다. 그러나 21세기 서유럽의 열 살짜리 아이들에게 이 모든 것은 그사이 상당히 지루한 것이 되어 버렸다. 아이들은 빠른 속도로 돌아가는 영화와 게임의 완벽한 허상에 길들여진 지 오래다. 실제 현실이 아이들에게 호응을 얻는 경우는 드물다. 심지어 아이들은 장차 〈혼합 현실〉 속에서 살아갈 것이다. 삶이 만족스럽지 못하면 — 이런 일은 아주 많을 것이다 — 아이들은 가상 현실 헬멧을 쓰거나 홀로그램 안경을 쓰고 평행 우주로 빠져들어 간다. 일상적 삶은 눈에 띄지 않게 천천히 색깔이 변한다. 일상의 삶을 위해서 노력할 것은 없다. 아이들은 무언가를 할 필요가 없고, 몇십 년 전의 열 살짜리 아이들처럼 주변을 탐색하거나 차가운 물속으로 풍덩 뛰어들지도 않는다. 모든 것은 이제 앱이 처리해 준다. 이 아이들은 나중에 어른이 되어서도 자식들에게 자신의 어린 시절에 대해 이야기해 줄 것이 많지 않다. 회고할 만한 자기만의 세계도 없다. 그들에게 있는 것은 타인의 세계뿐이다. 청소년 시기에 인생을 위해 습득하는 정서적·창의적·도덕적 토대는 서서히 제로로 변해 간다. 인생의 모든 것이 규격에 맞춰 생산된 것들이다. 어떤 것도 자신이 직접 경험한 것은 없다. 그러다 결국 인간은 광고 경제가 고객에게 요구하는 수준으로 게으르고 조급해진다. 이로써 스마트폰이나 미래의 새로운 마법 기계를 포기하느니, 차라리 자신의 선거권을 포기하는 인간이 탄생한다.

이런 아이들이 장차 다수가 될지, 아니면 소수에 그칠지는 2018년의 상황에서는 아직 결정되지 않았다. 그 때문에 디지털 시대의 인간적 유토피아는 **자율성을 지키는 것**을 목표로 세운다. 자신이 할 수 있는 일은 직접 하고, 수공업이건 도덕이건 삶의 방향 정립이건 자기만의 능력과 기술을 가지는 것은 가치 있는 일이다. 반면에 비일상적인 것의 경험뿐 아니라 일상적인 것의 경험조차 다 빼앗겨 버린 채 **보살핌을 받는 인간의 삶**은 진보가 아니다. 우리 인간은 슈퍼맨이 아니라 어린아이의 단계를 완전히 훌쩍 뛰어넘는 수준으로까지 발전한 적이 없는 모자라는 존재에 더 가깝다.

칸트, 실러, 헤르더 같은 위대한 계몽주의 철학자들은 미성숙의 낙원 속으로 들어가는 것에 반대했다. 그들에게 욕망 충족과 고통 회피의 사회는 바람직해 보이지 않는다. 자유 또는 자유의 커다란 가치는 행복을 위한 단축에 그 본질이 있지 않다. 그들의 목표는 미성숙한 인간들이 사는 낙원이 아니라, 문화적 진보 속에서 삶과 치열하게 부딪치며 헤쳐 나갈 만큼 성숙한 인간이다. 그들에게 자유롭다는 것은 남에게 보살핌을 받는 것이 아니라, 자신과 타인에게 책임을 지는 것을 의미한다. 기술적 진보로 인해 우리가 우리 자신에 대해 점점 책임을 지지 않는 쪽으로 나아가는 것은 우리 헌법의 토대를 이루는 우리 사회의 기본 구상, 즉 〈성숙한 시민〉의 구상에 어긋난다.

2018년에도 그것이 뜻하는 바를 직관적으로 이해하는 사람은 많다. 아름다운 날로만 이루어진 삶이라고 해서 살 만한 가치가 있는 것은 아니다. 그런 삶의 돌이킬 수 없는 결과는 권태이다. **시간이 많은 것은 아름다운 일이다. 다만 우리에게 무언가 할 일이 있을 때만 그렇다.** 만족은 삶의 의미와는 다른 것이다. 삶에서 항상 효율성, 다시 말해 최단의 길과 최대의 만족을 핵심으로 삼는 것은 인간이 무엇이고, 삶에서 무엇이 중요한지에 대한 일방적인 과장에 불과하다.

독일 경제에 대해서도 비슷한 문제가 제기된다. 실리콘 밸리에서 성공한 모든 것들(단기간에 그치는 것들이 많다)이 독일에서 좋은 사업 모델이 되는 것은 아니다. 수년 전에 줄무늬 양복을 입고 실리콘 밸리로 들어갔다가 지금은 덥수룩한 수염에 후드 티 차림으로 돌아온 예전의 CEO들이 예사로 보이지 않는다. 1970년대와 1980년대에 일본의 경제 철학을 베끼려고 애쓴 것도 다르지 않다. 과거 일본이 〈개선의 원칙〉에 따라 효율적인 성공 모델을 개발했지만, 그것도 이후 이어진 장기 불황과 경기 침체를 막지 못했다는 사실을 우리는 간과해선 안 된다. 따라서 현 추세를 너무 철석같이 믿고 곧이곧대로 따르는 것은 심사숙고해 봐야 한다. 독일에 〈실패 문화〉가 부족하다는 것은 분명 맞는 말이다. 하지만 이런 반론이 가능하다. 첫째, 독일 경제의 지도층이 자주 언급하는 것과 같은 그런 실패 문화는 실리콘 밸리에도 없다. 둘째, 수상쩍은 사업 모델에 건강한 상식을 기반으로 의심을 품는 것은 결코 잘못이 아니다. 사실 독일의 기업 문화는 전 세계적으로 상당히 존중을 받는다. 독일 상품의 질적 수준도 전반적으로 미국 상품보다 더 높다. 중산층이 경제의 척추를 떠받치는 사회는 소수 거대 기업에 의해 유지되는 나라와는 도덕과 관습, 전통, 성공 모델이 다를 수밖에 없다. 독일 경제에서 소비재 산업이 차지하는 비중은 미국과 비교하면 상당히 낮다. 또한 독일에서 2백 년 전부터 이어져 온 특정 사업 모델과 기업 문화가 미국에는 없다. 그것은 금융 사업이 협동조합이나 지역적 공동 이익의 원칙에 따라 움직이는 독일의 상호 저축 은행과 상호 금융 협회만 떠올려 봐도 알 수 있다. 이런 것들을 블록체인이나 핀테크로 대체하는 것은 완전히 다른 사업 모델일 뿐 아니라, 도시와 지역의 촉진과 상호성에 기반을 둔 원칙을 뿌리째 흔드는 문화적 변경을 의미한다.

그렇다고 해서 독일 경제가 창의적인 사업 모델을 개발하고 새로운 디지털 기술을 최적의 상태로 적용하지 않아도 된다는 뜻은 아니다. 그것은 에너지 기술과 환경 기술, 쓰레기 처리 기술만 떠올려 봐도 금방 알 수 있다. 물론 그보다 넓은 사업 영역도 무척 많다. 그중에서 두 가지 영역만 좀 더 자세히 살펴보기로 하자. 예기치 않은 것의 매력이 매우 제한적으로 나타나는 영역인데, 바로 이 점이 인간적인 유토피아의 의미에서 두 영역을 특히 중요하고 매력적으로 만든다.

교통사고로 인한 사망이나 치명적인 질병은 우리 인간 누구에게나 결코 좋은 일이 아니며, 지킬 만한 가치도 없다. 미래에 우리가 그것을 막을 수 있다면 정말 바람직한 일이다. 그런 만큼 이 두 영역에서는 디지털 기술의 활약이 더더욱 기대된다.

　　교통의 미래로 시작해 보자. 우리가 물신(物神)처럼 떠받드는 개인적 교통수단은 대도시마다 교통 체증을 부른다. 그런 측면에서 보자면 우리의 개인적 교통수단에 더 이상 미래가 없다는 사실은 좋은 소식이다. 대다수 독일인이 차를 한 대씩, 아니 가끔은 두 대씩 굴리게 된 이후 교통 문제는 점점 더 심각해졌다. 2017년, 독일에서만 교통사고로 3천여 명이 죽고 40만 명 가까이 다쳤다. 이것과 비교하면 독일에서 2016년에 살해된 사람의 수는 373명에 지나지 않는다.[63] 또한 2015년과 2016년에 전 유럽에서 테러 공격으로 죽은 사람은 150명이다. 이런 상황을 감안하면 도로 위의 교통을 지금보다 훨씬 안전하게 만들어 주겠다는 약속은 정말 축복이나 다름없다.

　　미래 사회에서 유동성 증가는 곧 교통의 감소를 의미한다. 왜냐하면 도로 위의 교통이 많아질수록 개인의 이동의 자유는 점점 제한되고, 교통이 감소할수록 이동의 자유는 증가하기 때문이다. 여기에 중요한 기여를 할 수 있는 것이 자율 주행 자동차 — 사실 〈자율autonomous〉이라는 말은 착각을 불러일으키기 쉬운데 인간 자신도 더 이상 직접, 그러니까 자율적으로 차를 몰지는 않기 때문이다 — 의 개발이다. 미국의 동서부 해안

지역에서 이미 드문드문 달리고 있는 자율 주행 자동차는 더 이상 신분의 상징으로 작용하지 못한다. 소박하고 가벼운 차체에 전기로 움직이는 이 조용한 자율 주행차는 여우 꼬리 같은 장식을 달지도 않고, 굉음 같은 엔진 소리도 내지 않으며, 이웃 사람들에게 괜히 으스대지도 않는다. 이 자동차는 그 자체로 유용한 물건이고, 그 때문에 드물게 개인에게만 팔린다. 물론 대도시에서는 아니다. 그 대신 사람들은 해당 앱을 다운받고 해당 요금을 지불한 다음, 대도시 공장 지대에서 어느 시간대든 이용할 수 있다.

그 결과는 어떻게 될까? 전 세계적으로 많은 연료를 소모하고 공기를 오염시키는 자동차는 10억 대가 넘는다. 하지만 미래에는 실제로 운행하는 차들만 필요하게 될 것이다(물론 예비용은 일부 필요하다). 오늘날의 세계에서 차는 달리지 않고 멈추어져 있는 경우가 상당히 많다. 밤새 주차장에 처박혀 있거나, 차를 타고 출근한다고 해도 마찬가지로 하루 종일 직장 주차장에 서 있다. 이런 점을 감안하면 최소한 도시에서는 지금 우리가 가진 자동차의 5분의 1만 있어도 충분하다.[64] 또한 도로를 따라 설치해 놓은 도로변의 주차 구역은 전반적으로 필요 없어질 것이고, 그곳을 예쁜 녹지나 간이음식점으로 꾸밀 수 있다. 차들은 중앙 지하 주차장에서 나오거나, 아니면 방향이 같은 승객들을 서로 맞바꾸어 가며 운행한다. 이제 우리 대도시들에서는 시골풍의 냄새가 난다. 19세기 동판화에 나오는 거리 풍경과 약간 비슷해 보인다. 도시는 점점 조용해지고, 점점 녹지가 많아지며, 특히 점점 안전해진다. 현재 교통사고의 90퍼센트 이상이 인간의 실수로 생긴다. 자율 주행차가 전면적으로 도입되면 교통사고율은 제로에 근접할 수 있다. 게다가 미래에는 아이들에게 자동차와 교통을 무조건 조심하라고 가르칠 필요가 없다. 교통 체증도 전반적으로 사라지고, 유해 물질의 배출은 현저히 줄어든다. 삶의 질에 이만큼 이득이 되는 일이 있을까!

그 대가는 무엇일까? 독일인들은 오래전 경제 기적을 일군 시절부터 인기를 끌어온 관념, 즉 자신의 차로 신분을 드러내고자 했던 생각을 분명 포기해야 할 것이다. 물론 이런 현상은 이미 오래전부터 진행되어 왔다. 자신의 정체성을 자동차와 어느 정도 동일시하는 독일 젊은이의 수는 급격히 줄어들었다. 중형차 정도로는 신분 상징에 별로 도움이 되지 않는다. 스포츠카나 대형 SUV는 되어야 웬만큼 신분 증명의 인기를 누릴 수 있다. 그런데 신분 상징의 문화가 막다른 골목에 이르렀음을 잘 보여 주는 예가 바로 이 SUV이다. 승용차는 지금까지보다 훨씬 더 커질 수는 없어 보인다. 그랬다가는 지하 주차장에 들어갈 수 없고, 다른 운전자들에게 피해를 줄 수밖에 없다. 많은 양의 에너지 소비로 미래 아이들의 삶의 근거를 파괴하는 그런 SUV 소유주들은 마치 화산 위에서 마지막 탱고를 추는 것과 비슷해 보인다. 생태계를 위험으로 내모는 이런 신분 상징의 문화는 없어져도 전혀 아깝지 않다. 공룡은 멸종 직전인 백악기에 가장 몸집이 컸다.

그와 비슷한 혜성 충돌이 독일이라고 비켜 가지는 않을

것이다. 왜냐하면 독일에서는 자율 주행차에 대한 구상이 스마트폰만큼이나 이루어지지 않고 있기 때문이다. 그럼에도 우리는 개별 정당들의 의지나 개별 단체들의 불만과는 무관하게 세계 곳곳을 휩쓸고 있는 전 지구적 발전과 연결될 수밖에 없다. 독일에서 자율 주행차는 투표로 결정되지 않을 것이다. 그런 로봇카의 전면 도입까지 아직 몇 가지 문제점이 있다고 해서 그것들이 정말 얼마 지나지 않아 독일의 도로를 누비게 되리라는 사실까지 숨길 수는 없다. 현재 장애가 되는 것은 보험 문제와 책임 문제가 아니다. 그것은 얼마든지 풀 수 있다. 미래에 생존 자체가 위협받는 보험 회사들 가운데 어느 곳도 이 사업을 포기하지는 않을 것이다.

윤리적 문제, 예를 들어 자율 주행차가 급박한 상황에서 사고를 피하려고 할 때 어떤 식으로 프로그램되어야 할지의 문제도* 미래의 발전을 저지할 수는 없다. 우선 우리는 자율 주행차가 〈학습해야〉 한다는 생각부터 버려야 한다. 모든 곤란한 교통 상황은 학습 경험을 통해 소프트웨어를 변경한다. 이 소프트웨어를 통제하려면 또다시 다른 감시 소프트웨어가 필요하다. 게다가 이 소프트웨어 시스템도 학습 능력을 갖추어야 한다. 그러다 보면 결국에는 누구도 프로그램화하지 않았고, 누구의 통제도 받지 않는 교통 소프트웨어가 나온다. 이것이 결코 좋은

---

* 충돌 사고로 인명 손실이 불가피할 경우 운전자를 살릴 것인지 다수를 살릴 것인지, 아니면 어린이를 살릴 것인지 노인을 살릴 것인지, 여자를 살릴 것인지 남자를 살릴 것인지 등 자율 주행차를 어떻게 프로그램화할지에 대한 윤리적 물음을 가리킨다.

아이디어가 아님은 분명하다. 문제는 자동차에서 소프트웨어가 왜 학습해야 하느냐이다. 자동차가 급박한 교통 상황에서 핸들을 틀어야 할 경우, 그것을 〈윤리적으로〉 프로그램화하려고 해서는 안 된다. 오히려 순수 기술적으로 해결하는 편이 훨씬 더 낫다. 즉 운전자들을 보호하고, 오른쪽으로 피하며, 그게 안 되면 왼쪽으로 피하는 식이다. 자동차에다 사람의 나이와 성별 등을 인식하는 안면 인식 센서를 장착하지 않는 한(이런 짓은 하지 말아야 한다) 자동차 프로그램에서 노인과 어린아이의 생명의 가치를 두고 오가는 온갖 이상한 사고 유희는 무의미하다. 자동차는 윤리적으로 중립적이다. 그것의 〈학습 경험〉에 대해 공포를 가질 필요는 없다.

정말 불확실한 것은 다른 것이다. 즉 항상 적시에 브레이크를 밟고 조급해하는 법이 없는 스마트한 자동차의 경우 보행자나 자전거가 교통을 방해하고, 무시하고, 차단하는 것을 어떻게 막을 수 있을까? 자율 주행차는 이 모든 것을 태연하게 받아들인다. 입법 기관은 그런 행위들에 대해 더한층 강경하게 대응해야 하고, 경찰은 그런 교통 법규 위반을 엄벌해야 한다. 이것은 결코 사소한 일이 아니다.

그 밖에 자율 주행차의 밑그림이 전반적으로 이미 그려져 있다고 하더라도 실제 이행 과정은 불분명하다. 가벼운 소재로 제작한 자율 주행차와 강력한 힘에다 차체까지 단단한 차량은 서로 너무나 어울리지 않는다. 마차와 자동차가 어울리지 않는 것처럼 말이다. 예전에 자동차가 도시를 달리기 시작하자 말들은 깜짝 놀라 날뛰었다. 그러다 얼마 후 말들은 거리에서 사라졌다. 똑같은 과정이 곧 시작되리라는 것은 충분히 예상 가능하다. 아이들이 많이 사는 지역의 주민들은 자율 주행차의 장점을 알아보고 즐기기 시작하면서부터 더 이상 〈일반〉 자동차들이 도로 위를 달리는 것을 원치 않을 것이다. 도시들은 서서히 전통적인 승용차에 대해 차단벽을 칠 것이고, 경찰이나 소방대원들 말고는 그런 승용차를 타고 돌아다니는 사람은 없게 될 것이다. 그러다 결국 기존의 자동차는 자율 주행차로 완전히 대체되고, 사람들은 마치 마차처럼 그것을 타고 다닐 것이다.

자율 주행차를 구입할 돈이 없는 사람들은 어떻게 해야 될까? 공공 교통수단에 의지하면 된다. 가격 면에서 진정한 대안으로 기능할 수 있고, 러시아워에 교통 정체를 막기 위해서라도 공공 교통수단은 차표 판매가 아니라 세금으로 재원이 마련되어야 한다. 또한 그런 교통수단은 누구나 자유롭게 이용할 수 있으며, 누구도 특정 사업 모델에 종속되어서는 안 된다.

논리적으로 보면 도시의 교통 설계자들에게는 나중의 혼란에 일찍부터 대처할 수 없는 몇 가지 문제가 있다. 자동차 운전이 중요한 문화적 기술이라고 생각하는 사람들에게는 그것을 스포츠로 만들어 줄 가능성이 제공된다. 유익한 교통수단으로 사용되던 말이 퇴출된 뒤에도 여전히 승마의 형태로 남아 있는 것처럼 말이다. 본인이 원하고 할 수만 있다면 왜 자동차 운행에 필요한 특정 스포츠 부지를 마련해 주지 못하겠는가?

이제는 긍정적인 유토피아의 두 번째 영역, 즉 의료 부문으로 넘어가 보자. 질병에 대한 더 나은 예견과 조기 진단, 조기 치료를 가능케 하는 새로운 가능성들의 병기창이 활짝 열리고 있다. 이 가능성들의 다양한 스펙트럼은 점점 개선되는 센서 기술을 장착한 좀 더 정밀한 기기들과 함께 시작된다. 오늘날 초음파 기구는 이미 우리의 신체 기관을 해상도가 높은 그림으로 보여 주고, 수학적인 그래픽으로 구현한다. 혈액 수치, 병력, 의사 소견 같은 건강 정보가 많이 저장될수록 질병에 대한 접근은 한결 수월해진다. 그를 위한 전제 조건은 상응하는 디지털 기반 시설이다. 물론 이때 내 건강 정보는 오직 나를 담당하는 의사만 볼 수 있어야 한다. 디지털 노하우는 진단을 개선하는 동시에 환자 본인에게 맞는 개인적인 치료도 가능케 한다. 다시 말해 환자에게는 표준적인 처치 대신 개인적인 신체 상태의 정확한 지식을 토대로 맞춤형 치료가 제공되는 것이다. 당뇨병이나 고혈압을 앓는 사람의 입장에서 손목에 찬 작은 기구 하나로 몸 상태를 관리할 수 있는 것은 축복이다. 대학 병원과 직접 연결된 그 기구에서 이상 수치가 표시되면 컴퓨터는 즉시 경보를 울려 의사를 대기시킨다. 그 밖에 디지털화되고 망으로 연결된 환자의 서류 정보는 의사에게 행정 업무 시간을 덜어 주는 특별한 이점도 제공한다.

이 모든 것은 당연히 좋은 소식이다! 하지만 이것이 좀 더 인간적인 의료로 이어질지는 의학 분야의 진보에만 달려 있지 않다. 왜냐하면 다른 모든 기술적 혁신과 마찬가지로 여기서도 다음 문제들이 제기되기 때문이다. 우리 사회는 이런 기술 혁신을 어떻게 다루어야 할까? 어떤 이념으로 이 변화를 이끌어야 할까? 더 나은 사회의 관점에서 볼 때 바람직하지 않은 결과들은 어떻게 피할 수 있을까?

건강 위험이 높은 사람에게 디지털 기기의 도움으로 지속적인 관리가 가능해진 것은 앞서 설명한 대로 확실히 큰 장점이다. 심지어 가끔은 촌각을 다투는 상황에서 생명을 구할 수도 있다. 다만 문제는 장차 그런 사람들만 미래 의료 시스템의 구축에 신뢰를 보내느냐 하는 것이다. 건강 위험은 어디서 시작될까? 보험 회사는 그에 대해 어떤 생각을 갖고 있을까? 건강한 상태에서 꾸준히 자기 몸을 관리하는 사람은 보험료가 더 저렴해질까? 결과는 인간들이 대부분의 시간을 자기 모니터링에 열중하는 사회, 즉 자기중심적인 일에 치중하는 사회로 바뀐다는 것이다. 그로 인해 디지털 보조 기구의 도움 없이는 더 이상 자신이 얼마나 아프고, 얼마나 건강한지를 알지 못하는 사람들이 생겨난다. 기계에 대한 종속성은 평균적으로 건강한 사람에게는 바람직하지 않다. 게다가 의사에 의해서건, 보험 회사에 의해서건 그런 태도가 조장되는 것은 더더욱 바람직하지 않다.

두 번째 위험은, 이것이 더 큰 위험인데, 인간이 더 잘할 수 있는 의료적 보살핌을 기계에 맡긴다는 데 있다. 디지털 시대의 〈인격화된 의료〉가 실제 인간과 점점 관련성이 사라지는 쪽으로 흐르는 것은 분명 씁쓸한 지점이다. 온라인상에서의 건강 상담이 자상하고 따뜻한 인간의 손길을 살갗에서 느끼는 것과 같을 수는 없다. 또한 환자를 서류로만 아는 IBM의 컴퓨터 시스템 〈왓슨〉이 20~30년 전부터 환자와 알고 지내는 의사보다 더 나은 진단을 내릴 거라고 장담할 수도 없다.

디지털 시스템은 의료 분야에서 보조 역할을 할 수 있다. 만일 그것이 의사 자체를 대체한다면 위험해진다. 〈보조는 OK, 대체는 NO!〉, 사회적으로 윤리적으로 중요한 분야에 디지털 기술을 투입할 때 적용되는 이 원칙은 의료 분야에도 그대로 적용될 수 있다. 만일 의료 분야에서도 세계의 측정할 수 있는 측면만 세계 자체로 간주된다면, 다시 말해 환자의 진료 카드가 환자 자체로 간주된다면, 그것은 아주 무서운 일이지만 얼마든지 일어날 수 있는 일이기도 하다. 우리가 주류 의학에 대해 푸념하는 것, 즉 몸과 마음의 복잡하고 개인적인 상관관계를 제대로 살피지 않는 주류 의학의 결함은 디지털 시대의 의료 영역에서는 훨씬 더 커질 것이다. 그렇다고 언젠가 인간의 마음을 수백만 개의 자료로 분석하는 것으로 그런 결함이 시정될 수 있을지도 의문이다. 오히려 나에 관한 의료 정보에서 추출할 수 없는 것은 육체적으로 느낄 수 있는 나의 상태가 아니라는 원칙은 한층 더 공고해질 것이다.

그런 만큼이나 의료 분야의 축복 가득한 새 디지털 기술에 공감의 영역을 추가하는 것은 점점 중요해진다. **기술이 정밀해지고 계량화되어 갈수록 환자의 마음을 어루만지고 공감하는 의사는 점점 더 중요해진다.** 디지털화가 지금껏 의사들이 행정 업무에 쏟아야 했던 시간을 절약해 주는 것이 사실이라면,

그에 대한 토양은 잘 준비되어 있는 셈이다. 미래의 의사는 인간의 조력자로서 기능해야 한다는 점에 대해서는 이미 언급한 바 있다. 덧붙이자면, 의사는 장차 과거의 긍정적인 주치의들처럼 환자를 자상하게 보살피고, 자신의 역할을 정보 처리 프로그램에 내주지 않는 진정한 삶의 조력자가 되어야 한다. 그를 위해서는 의대생들에게 지금의 입학 정원제와는 다른 선발 기준이 적용되어야 한다. 결국 앞으로 실제 의료 영역에서 절실하게 필요한 사람은 가장 머리가 좋고 가장 열심히 공부한 학생이 아니라, 남의 아픔을 충분히 헤아리고 공감할 줄 아는 사람일 것이다.

의료 부문에서 정말 중요한 것이 인간의 안녕이라는 사실을 의학이 많이 보여 줄수록 디지털 보조 수단에 대한 인간들의 신뢰는 점점 커져 갈 것이다. 다시 말해 **의료 부문에서의 문화적 변화가 커질수록 기술에 대한 수용성도 점점 높아진다!** 동일한 것이 간병 영역에도 그대로 적용된다. 우리는 간병 로봇의 출현을 환영해야 할까, 아니면 배척해야 할까? 원칙적으로 이 문제에 대한 답은 아주 간단하다. 일본에서는 간병 로봇이 무척 중대한 사안으로서 큰돈을 들여 장려되고 있다. 여기서 로봇의 유형은 기본적으로 둘로 나뉜다. 도우미 로봇과 애완 로봇이 그것이다. 도우미 로봇은 굴러다니는 쓰레기통처럼 생겼는데, 환자를 면담하는 의사를 항상 따라다닌다. 내부 공간에는 온갖 종류의 기기와 환자의 정보를 위한 공간이 마련되어 있다. 아쉽게도 대량 생산이 가능할 정도로 완성되지는 않은 다른 도우미 로봇은 환자용 요강을 갈고, 거동이 불편한 환자를 침대에서 휠체어로 옮기는 일을 돕는다. 반면에 애완 로봇은 작고 가볍고 푹신하며, 일본에서는 이미 치매 환자들의 품에 안겨 있다. 그러다 환자가 인조털을 쓰다듬으면 로봇은 귀엽게 가르랑거리며 몸을 움직이고, 기쁨에 겨워 박수를 친다.

〈도움〉과 〈대체〉의 차이를 이만큼 적확하게 보여 주는 예는 없다. 첫 번째 로봇 유형은 언젠가 일본뿐 아니라 다른 나라에서도 분명 좋은 도우미 역할을 할 것이다. 생각해 보라! 몸져 누운 무거운 환자를 인력으로 휠체어에 옮길 경우 얼마나 힘들고, 환자 역시 얼마나 고통스럽겠는가! 환자는 도우미 로봇이 어떤 문제를 해결해 줄지 즉각 알아차린다. 그렇다면 애완 로봇은 어떤 〈문제〉를 해결해 줄까? 치매 환자에게도 사랑이 필요하다는 문제를? 이것을 〈문제〉로 여기는 사람이라면 요양원 같은 곳에서는 찾을 것이 없다. 물론 치매 환자는 진짜 동물(또는 간병인)과 애완 로봇을 구별하지 못할 거라고 반박할 수도 있다. 로봇을 투입하는 것이 바로 그런 인식에 기초한다.

하지만 이것으로 이 사안의 윤리적 문제가 해결되는 것은 아니다. 만일 우리가 중증 정신 장애인을 놀린다면 그것이 별 대수롭지 않은 문제일까? 분명 그렇지는 않을 것이다. 그것은 당사자가 놀림을 받고 있다는 걸 깨달을 능력이 없다고 해도 마찬가지이다. 우리는 중증 정신 장애인을 놀리는 것이 잘못되었거나, 아니면 심지어 아주 무례하고 비인간적이며 파렴치한 짓이라고 여긴다. 거기에는 자신이 놀림을 받고 있다는 것조차

인지하지 못하는 사람의 입장을 헤아리는 마음도 있지만, 도덕이라는 이름이 더 크게 작용한다. 우리는 중증 정신 장애인을 웃음거리로 여기는 것을 도덕적으로 나쁘다고 여기기 때문에 격분하고, 그런 사람들의 행동을 비판한다. 그렇다면 치매 환자를 속이는 것이 어떻게 올바를 수 있을까? 치매 환자가 자신의 애정 표현에 반응하는 존재로 여기는 로봇으로 이 문제를 처리하려고 하는 시도가 도덕적으로 올바를 수 있을까? 혹자는 사랑을 주고 받아들이려는 욕구가 치매 환자에게 남은 마지막 심리적 갈망 중 하나이기 때문에 그럴 수 있다고 주장한다. 하지만 그렇다고 해서 환자를 속이고 놀리고 호도하는 것이 용서될까?

의료 분야와 마찬가지로 간병 분야도 동일하게 적용된다. 기술을 더 많이 투입하고 싶다고 해서 간병인조차 기계로 대체해서는 안 된다. 그렇지 않으면 디지털화가 내건 약속, 즉 세계를 좀 더 인간적으로 만들겠다는 약속은 결국 실패로 돌아가고 말 것이기 때문이다.

디지털 테크놀로지의 약속은 우리의 삶을 좀 더 낫게 해준다는 데 그 본질이 있다. 그렇다면 〈더 낫다〉는 것은 무슨 뜻일까? 인간적 유토피아에서 더 낫다는 것은 단순히 시간적으로 좀 더 단축되고, 편리해지고, 스마트해진다는 뜻이 아니다. 기술은 인간의 실제적인 욕구에 초점을 맞추어야 하고, 인간의 욕구는 단순히 계량화될 수 없다. 지금껏 양에 따라 질을 가늠하는 식으로 문화를 지향해 온 사람은 문화가 무엇인지 이해하지 못한다. 문화는 문제를 해결하거나, 어차피 수용할 수밖에 없는 것을 확증해 주는 수단이 아니다. 손쉽게 떠오르는 자명한 길은 결코 최선의 길이 아닐 때가 많다. 인간에게 초점을 맞춘 사회에서는 일탈적인 사고와 행동을 싹부터 자르지 않기 위해서라도 너무 많은 것을 규격화해서는 안 된다. 중심에는 항상 자율성이 있어야 한다. 교통이나 의료와 같이 정말 심각한 문제가 있는 경우에만 스마트한 해결은 실질적인 해결이 될 수 있다. 다시 말해 사고 위험을 크게 줄이는 새로운 교통, 그리고 올바르고 매우 의도적인 지침에 따라 인간의 삶을 개선하는, 디지털 기술의 지원을 받는 의료는 당연히 환영받을 것이다.

계획 대신 이야기:
정치의 귀환

시카고의 공공 주택 프로젝트인 〈로버트 테일러 홈스Robert Taylor Homes〉는 정말 멋진 아이디어였다. 도시 계획 담당자들은 지금껏 공공 보조금으로 살아야 했던 하층민들, 주로 흑인들이 기존의 양철 움막에서 벗어나 새로운 현대식 고층 건물에 들어가 살 수 있게 되었다며, 온갖 감언이설과 몸짓으로 선전을 했다. 도시의 부유한 남쪽 지대에 28개 동이 줄을 맞춰 잇달아 세워졌다. 스타 건축가 프랭크 로이드 라이트의 아름다운 프레리 하우스Prairie House와 시카고 대학교에서도 멀지 않은 지역이다. 그런데 1962년에 첫 주민들이 꽃다발을 받으며 입주한 후 얼마 지나지 않아 이 단지에 남은 사람은 아무도 없었다. 1997년 내가 『시카고 트리뷴』 경찰 담당 기자와 함께 이 건물을 방문했을 때, 마치 살벌한 게토나 소름 끼치는 폐허에 들어온 것 같은 기분이 들었다. 건물 현관과 우편함에는 오물이 덕지덕지 묻어 있었고, 아이들은 갱들의 오발탄에 맞을까 봐 욕조에서 잠을 잤으며, 짓밟힌 잔디밭에는 불꽃놀이를 진탕 벌인 송년회 다음 날처럼 곳곳에 탄피가 흩어져 있었다. 1993년에 이미 이곳 주민들의 첫 이주가 시작되었고, 2005년에는 철거가 시작되었으며, 2년 뒤에는 마지막 남은 건물까지 자취를 감추었다.

무언가 잘못되었다. 그것도 아주 잘못되었다. 아이디어 자체는 훌륭했다. 새 건물은 전망도 좋았고 위생적이었을 뿐 아니라, 승강기와 중앙난방, 온수 시스템까지 갖추고 있었다. 그렇다면 이 단지에서의 공동체적 삶은 왜 주민들이 원래 살았던 가난하고 더러운 양철 움막에 비해 전혀 개선되지 않았을까? 황량한 이 단지는 누구에게도 도덕적인 삶을 고무하지 않았다. 게다가 사회적으로 어려운 형편의 주민 2만 7천 명은 서로에게 도덕과 예절을 고무하지도 않았다. 결국 중요한 사회적 문제에 대한 스마트한 해결책을 책상머리에서 설계한 도시 기획자들의 꿈은 대실패로 돌아가고 말았다.

시카고와 같은 거창한 계획, 그리고 인간 심리에 대한 일말의 인식도 없는 마스터플랜은 모든 사회적 문제를 기술로 해결할 수 있을 거라고 철석같이 믿는 〈솔루셔니즘solutionism〉이라는 부정적 개념으로 묶을 수 있다.[65] 현대 건축에서는 그에 대한 보기가 무수하고, 그 중심에는 항상 고도로 복잡한 문제를 간단하고 명확하고 일목요연하게 해결할 수 있다는 약속이 자리하고 있다. 이것은 파리 센강 오른쪽 강변에 거의 모든 건축물을 헐고 거대한 고층 건물 16개 동을 바둑판 모양으로 지은 스위스계 프랑스 건축가 르코르뷔지에의 계획만 생각해 봐도 알 수 있다. 단절의 정신에 도취된 이런 설계는 그것으로 무엇을 잃을 것인지에 대한 고려가 전혀 없다. 특히 다른 어떤 것으로도 대체될 수 없는 역사적 매력을 가진 옛 도시에 대한 배려가 없다.

2013년에 벨라루스의 언론인 예브게니 모로조프는 건축 이론의 〈솔루셔니즘〉 개념을 실리콘 밸리의 무수한 이념과 미래 설계, 사업 모델로 전이했다. 여기서도 그를 사로잡은 것은 미래의 어느 시점에선가 나쁜 결과로 돌아오게 될 완벽화에 대한 근시안적인 의지이다. 왜냐하면 〈이 의지는 오직 개선해야 한다는 일시적 생각에만 매몰되어 있기〉 때문이다. 〈모든 복잡한 사회적 관련들을 충분히 계산할 수 있는 명확한 해결책을 가진 문제로서, 또는 올바른 알고리즘으로 쉽게 최적화할 수 있는 투명하고 자명한 과정으로 재해석하는 시도들에는 전혀 예기치 못한 결과가 생긴다.〉[66]

사회적 문제는 기술적 수단으로 해결할 수 없는 경우가 많다. 기술적 수단만 동원하면 그 문제에 뜻하지 않은 폭력을 가하게 되는 것은 피할 수 없다. 네덜란드 작가 세스 노테봄은 말한다. 〈건축 도면은 항상 고요하지만, 실제 삶은 그렇지 않다.〉 많은 미국 도시들처럼 누구도 감시망을 피해 가지 못하도록 도시 곳곳에 카메라와 움직임 감지 센서를 설치하면 사람들은 범죄율이 떨어질 거라고 믿는다. 하지만 그리되면 우리는 더 이상 자유로운 세계가 아니라 영구적인 감시 속에서 살게 된다. 〈남들이 몰랐으면 하는 일이 있다면 어차피 하지 않는 게 좋다.〉 에릭 슈미트의 이 말은 정곡을 찌른다. 계몽주의자들이 인간을 도덕적으로 행동할 수 있도록 판단력을 훈련시키려고 했다면, 인공두뇌학자들은 인간들에게 비도덕적으로 행동할 가능성을 아예 박탈해 버린다. 〈신뢰는 좋다. 하지만 통제는 더 좋다.〉 레닌의 이 말은 스탈린주의의 냉소적 인간상에 대해 한 세기 가까이 이어져 온 상징인데, 오늘날에는 실리콘 밸리식 사회 공학의 상징으로 자리하고 있다.

감시와 통제로 문제를 해결하려는 시도는 캘리포니아나 미국에 국한되지 않는다. 독일에서도 정보기관과 경찰은 이미 그 방향의 기차에 올라탔고, 〈테러와의 전쟁〉이라는 명분하에 그 가능성을 〈최상으로 끌어올리고〉 있다. 이 문제에서 다시 등장하는 것이 바로 **이동 기준선**이다. 1980년대에는 많은 독일인들이 주민 등록 전수 조사와 전자 주민증의 도입을 격렬하게 반대했지만, 지금은 각종 감시 시스템을 일상에서 인내할 용의가 있다. 이로써 안전과 자유의 관계는 조금씩 그 기준선이 이동하고 있다. 지난 몇 년간 독일의 안전 지수가 심각하게 떨어졌기 때문이 아니라, 단순히 예전에는 존재하지 않았던 기술적 가능성이 많아졌기 때문이다. 목적이 아니라, 그것의 존재 여부가 수단의 사용을 결정한다. 통계에 따르면 독일의 범죄율은 실제로 많이 떨어졌다. 물론 사이버 범죄는 계속 증가하고 있지만.

상황은 우려스럽다. 승인된 모든 감시 시스템의 사용에는 나름의 확고한 논리가 있다. 반면에 이러한 전체적인 발전 양상이 인간 사회의 중요한 가치들을 파괴한다는 사실은 쉽게 도외시된다. 발전 단계들을 하나하나 따져 보면 그 자체로 그리 나빠 보이지 않기 때문이다. 그러나 전체적으로 보면 투명성이 사생활의 보호보다 더 중요해지고, 통제가 자유를 대체한다. 이렇듯 무수히 작은 발걸음으로 계속 발전해 나가다 보면, 결국 우리가 마주하게 될 것은 자유 국가가 아니라 인공두뇌 국가이다. 이 길에서 우리가 막을 수 있는 지점은 보이지 않는다.

불투명성은 우리 사회의 중요한 가치다. 암흑의 패거리나 부패, 뒷거래 같은 것을 떠올렸다면 이 말은 의아하게 들릴 수도 있다. 솔루셔니스트의 사전에도 오직 투명성만 있지 불투명성은 존재하지 않는다. 그러나 의아해하는 사람들에게 영국 작가 윌리엄 메이크피스 새커리가 『적발되는 것에 관하여On Being Found Out』(1861)에서 했던 말을 들려주고 싶다. 그가 언급한 완벽하게 투명한 사회는 이렇다. 〈불법을 저지른 모든 사람이 적발되어 그에 합당한 처벌을 받는 것을 떠올려 보라. 학교에서 자잘한 잘못들까지 모두 적발되어 호되게 매를 맞는 아이들을 떠올려 보라. 교사와 교장도…… 예외가 될 수는 없을 것이다. ……전 군의 잘못이 적발되는 바람에 그 책임으로 쇠사슬에 묶인 총사령관을 상상해 보라. 어떤 성직자가 자신의 〈과오〉를 털어놓으면 우리는 주교를 붙잡아 그에게 책임을 물을 것이다. 만일 주교의 죄가 밝혀지면 그를 임명한 고위 성직자는 어떻게 해야 할까? ……처벌과 매질은 너무 끔찍하다. 우리가 저지른 과오가 모두 적발되지 **않는 것**이 얼마나 다행인지 모른다. 반복하자면, 사랑하는 형제들이여, 나는 우리가 저지른 모든 것에 대해 처벌받는 것을 반대한다.〉[67]

물론 새커리가 상상하는 사회는 아직 머나먼 이야기이

제4부 민주주의: 정치의 귀환

다. 그러나 우리가 그리로 가고 있는 것은 틀림없다. 우리는 아직 남에 대해 모든 것을 알지는 못한다. 그것을 아는 건 GAFA 같은 기업들뿐이다. 우리가 관계하는 사람들에 대해 모든 것을 알지 못한다는 사실은 우리의 공동생활에는 한없이 가치 있는 일이다. 우리가 아는 타인의 행동 패턴은 남이 아는 우리의 행동 패턴만큼 불완전하고, 그게 바람직하다. 왜냐하면 각자가 다른 모든 이들에 대해 모두 알게 될 경우, 우리 사회는 무너질 것이기 때문이다. 새커리 역시 가능한 최고의 투명성은 사회적 평화가 아닌 불화를 낳게 되리라고 예상했다. 〈대부분의 여성에게 우리를 폭로할 재주가 장착되어 있지 않은 것은 얼마나 놀랍고 아름다운 자연의 배려인가! ……아내나 자식이 당신의 실제 모습을 그대로 알게 되길 원하는가? 당신의 가치에 따라 정확하게 당신을 평가해 주길 바라는가? 만약 그렇다고 한다면, 사랑하는 친구여, 당신은 지극히 삭막한 집에서 살게 될 것이고, 당신의 친숙한 가정에는 삭풍이 몰아칠 것이다. ……그렇다고 당신이 그들에게 비치는 모습 그대로의 인간이라고 생각하지는 마라.〉[68]

완벽하게 투명한 사회는 결코 바람직하지 않다. 일탈적 행동을 허용하지 않는 사회도 마찬가지이다. 사회학자 하인리히 포피츠는 이렇게 쓴다. 〈완벽한 행위의 투명성이 구축되면 사회 규범 시스템은 허점이 드러나면서 심각한 웃음거리가 될 수밖에 없다. 일탈적 행동을 모조리 까발리는 사회는 규범의 효력을 망가뜨릴 것이다.〉[69] 이유는 분명하다. 모든 일탈적 행동이 공공연히 드러난다고 해서 인간은 예전보다 더 규범적으로 행동하지는 않을 것이기 때문이다. 오히려 모든 규범은 시간이 얼마가 됐건 효력을 잃어버릴 것이다. 어차피 규범을 백 퍼센트 지킬 수 있는 사람은 없으니까.

규범은 〈어쩔 수 없이 경직되고, 무뚝뚝하고, 확고하고, 《완고한》면이 있으며, 그와 함께 언제나 과도한 요구와 허상적인 측면〉[70]을 품고 있다. 하지만 일반적인 사회적 행동과 도덕은 회색 지대에 머물러 있다. 우리가 정확히 알지 못하는 행동으로 이루어져 있다는 말이다. 사람들이 살아가는 곳에서 규칙을 위반하는 것은 일반적인 사회적 행동에 속한다. 그리고 어떤 것이 규칙 위반인지는 그곳의 문화와 깊은 관련이 있다. 예를 들어 베이루트에서는 빨간 신호등에 길을 건너도 경찰이 특별히 제지하지 않는다. 반면에 독일의 도시에서는 경찰에게 걸릴 위험성이 훨씬 높다. 이유는 명확하다. 베이루트에서는 경찰이 보행자들의 신호 위반까지 신경 쓰게 되면 다른 일을 전혀 할 수 없기 때문이다. 그렇다면 규범에도 **이동 기준선**의 원칙이 적용된다. 모두가 규범을 지키지 않는 사회에서는 모두가 규범을 지키는 사회보다 그런 식의 위반이 별로 대수롭지 않게 여겨진다. 왜냐하면 타인의 위반 사실에 대해 더 많이 알게 될수록 우리 자신의 위반도 정당하게 느껴지기 때문이다. 많은 사람이 세금을 적게 내려고 술수를 부리는 것이 공공연히 드러나면, 그것이 공정한 세금 납부의 도덕성으로 이어지지 않는 것은 분명하다. 인간 행동 논리학에 따르면 그것은 오히려 그런 행동의 반복으로 이어지는 시작일 뿐이다.

이런 관점에서 보면 손님이 쇼핑 카트를 끌고 마트 주차장을 떠나려고 할 경우 자동으로 바퀴가 잠겨 버리는 시스템은 어떻게 보아야 할까? 혹은 뉴욕처럼 누구도 더 이상 무임승차를 하지 못하도록 개표구에 차단 장치를 설치한 지하철 시스템은 어떻게 보아야 할까?[71] 이런 시스템들은 인간이 잘못된 행동을 하는 것을 막을 뿐 아니라, 그런 행동을 할지 말지에 대한 선택권도 아예 박탈해 버린다. 기술적 안전 예방 조치가 우리의 삶을 더 많이 규정할수록 우리는 판단력을 훈련시킬 필요가 없어지고, 도덕적 행동에 대한 자기 결정권도 잃게 된다. 그리고 우리가 어떤 규정을 지키는 것도, 단지 그리하는 것 말고는 다른 가능성이 없기 때문이다. 반면에 사회 규범은 우리로 하여금 그것을 따를지 어길지 선택하게 한다. 우리가 규범을 **반드시** 따를 필요는 없다는 것이 규범의 유의미성을 높인다. 규범의 정당성은 강요가 아니라 자발성에 그 본질이 있다. 규범은 모두가 따르지는 않기에 중요하다. 우리는 사회적 삶이 〈불확정성의 원리에 따라 움직이는 것을 좋아하고 그런 원리하에서야 잘 살 수 있다. 이 불확정성은 결국 우리가 규범 시스템에 대해 가지고 있는 선의만큼이나 서로에 대해 가지고 있는 선의에 기여한다. 규범은 모든 것을 밝히는 강력한 조명을 견디지 못한다. 거기에는 무언가 어스름한 것이 필요하다.〉[72]

또한 우리의 실제 삶은 항상 여러 규범 사이에서 결정을 요구한다. 왜냐하면 누군가는 지킨 규범을 다른 누군가는 지키지 않을 수도 있기 때문이다. 이 상황을 우리는 견뎌 내야 한다. 〈바보들만 내적 갈등이 없다.〉 마르틴 젤의 이 말은 사회에도 해당된다. 또한 진실에 해당되는 것은 모든 도덕적 미덕에도 해당된다. 다시 말해 우리는 진실과 마찬가지로 도덕적 미덕도 진지하게 받아들여야 하지만, 너무 진지하게 받아들여선 안 된다. 규범은 공동생활에 따르는 어려움을 덜어 주는 규칙이다. 이 모든 규칙은 갈등을 예방한다. 다만 문제는 모든 갈등이 예방되면 그만큼 삶이 재미있어질까 하는 것이다. 또한 그리되면 누가 스스로 생각을 하려고 할까?

　윤리학의 목표는 최대한 삶의 안전을 보장하는 것이 아니라, 가능한 한 많은 사람들에게 충만한 삶의 기회를 제공하는 것이다. 그리되도록 우리에게 봉사하는 것이 바로 규범이다. 우리가 규범을 위해 존재하는 것은 아니다. 규범의 위반에 대해 분개할 수는 있지만, 사실 그런 위반이 있는 게 더 좋다. 만일 위반 사항 하나하나가 **모두** 적발되어 처벌되는 나라가 있다면, 그런 곳에서 살고 싶은 사람이 있을까? 모든 도덕적 원칙이 경직된 규칙으로 제한 없이 끌어올려지면 야만적인 폭력이 된다. 누가 항상 정직하고, 항상 공정하고, 항상 정의롭고, 항상 공감하고, 항상 관대하고, 항상 감사할 수 있을까? 설사 그럴 수 있다고 해도 그게 정말 충만한 삶일까?

　미래의 기술이 유사한 문제들을 디지털 방식으로, 그러니까 〈안전 매트릭스〉로 우리를 감싸 줌으로써 해결하겠다고 약속하더라도 우리는 회의적인 입장을 유지할 수밖에 없다. 자유를 희생시켜 범죄를 일소하겠다는 것은 피로스의 승리, 즉 많은 희생을 치른 유명무실한 승리에 지나지 않는다. 너무 큰 희생이다. 우리는 자기 규정적인 사회에서 살지 못하게 될 테니까. 그런 곳에서는 사람들이 기술적 시스템의 감시와 자극 때문에 〈선(善)〉을 행하지, 도덕적 자율성에 따라 행하는 것이 아니다. 그들은 그저 시스템에 종속된 존재들이다. 게다가 우리에 대한 온갖 정보를 갖고 있고, 우리의 동기와 욕망, 일정한 행동 방식을 우리 자신보다 더 많이 아는 이들이 은밀한 권력을 행사하게 될 거라는 점도 분명하다.

디지털 시대의 인간적 유토피아를 그리고 싶은 사람은 이러한 위험을 심각하게 인식해야 한다. 솔루셔니스트들이 아무리 책상머리에서 정적인 건축 설계도를 그린다고 해도 실제 삶이 그렇게 정적으로 흘러가지는 않는다. 그것은 자신이 설계한 주거 단지의 주민들에게 아름답고 일률적인 전체 풍경을 해친다는 이유로 화분을 창문 앞에 내놓는 것을 금지한 바우하우스 건축가 발터 그로피우스만 떠올려 봐도 알 수 있다. 그런 〈화분〉은 오늘날 사람들이 거주하고 일하는 곳이면 어디든 널려 있다. 그렇다면 효율성과 최적화의 대사제들은 우리 삶의 세계와 실질적인 캐릭터들에 존재하는 무질서와 정돈되지 않은 것을 얼마나 더 인내할 수 있을까? 우리의 삶에는 수많은 캐릭터들이 존재한다. 자신의 일을 백 퍼센트 감당해 내지 못하는 사람들, 결함이 있는 외로운 투사, 무뚝뚝한 사람, 조야한 사람, 붙임성이 없는 사람, 마냥 유쾌한 사람, 쉽게 흥분하는 사람, 느린 사람, 비꼬길 좋아하는 사람, 경쾌한 사람, 이런 사람들을 그들은 얼마나 더 견딜 수 있을까?

이 모든 것은 다채롭고 까다로운 실제 삶의 일부이다. 그로 인해 우리의 삶은 힘들지만 동시에 흥미롭다. 이것들이 만들어 내는 것은 〈계획〉과는 동떨어진 〈이야기들〉이다. 철학자 오도 마르크바르트는 이렇게 정의 내린다. 〈무언가가 중간에 예기치 않게 끼어들 경우 생겨나는 것이 이야기이다.〉 그에 반해 계획은 중간에 끼어드는 것이 없다. 스마트폰으로 내비게이션을 켜고 운전하는 사람은 도중에 길을 물을 필요가 없다. 중간에 아무것도 끼어드는 것이 없으면 우리의 삶은 어떻게 될까?

인간적 유토피아로 가는 도상에서는 이러한 위험에 주목해야 한다. 잠시 한눈을 팔았다가는 현재 들어선 이 좁은 길은 얼마든지 완벽화의 제물이 될 수 있다. 그 과정에서 정치는 필연적으로 실종된다. 모로조프는 말한다. 〈우리가 오늘날 기술적 완벽화의 충동에 불을 지피는 실리콘 밸리의 정신에서 벗어나기 위해 힘과 용기를 내지 않으면 아마 언젠가는 그전까지의 바람직한 기능이 완전히 사라진 정치를 마주하게 될 것이다. 거기다 도덕적 행위의 기본적 능력을 상실한 인간들, 더 이상 어떤 위험도 감수하지 않고 오직 결산표에만 신경을 쓰는 무미건조한(혹은 심지어 생명력이 없는) 문화 기관들, 그리고 마지막으로 반대란 불가능할 뿐 아니라 아예 생각조차 할 수 없을 정도로 완벽하게 통제된 사회를 마주하게 될 것이다.〉[73]

계획 대신에 이야기: 정치의 귀환

모든 것을 효율성의 관점에서만 바라보면, 오늘날의 유럽이나 미국 등 민주주의 국가들의 정치에 내재한 비효율성에 고개를 절레절레 흔들 수밖에 없다. 그래서 실리콘 밸리의 대표자들은 정치 시스템을 최적화해야 한다며, 그것이 자신들에 의해 이루어지는 것이 최선임을 숨기지 않는다. 하지만 그들은 우리 민주주의가 **일부러 느리게** 조직화되어 있다는 사실을 알지 못한다. 양원제와 권력 분립은 권력의 균형을 잡는 데만 기여하는 것이 아니라, 정치적 결정을 의도적으로 천천히 내리게 하는 데도 기여한다. 고대 아테네에서는 피고인을 법정에 불러 놓고 하루 만에 간단한 투표로 판결을 내렸다. 그러다 보니 심각한 오심이 수없이 많았다. 18세기에 고안되어 19세기와 20세기에 관철된 민주적이고 법치적인 국가 시스템이 그런 극단적인 행동주의를 제지하고 나섰다. 혹자에게는 가장 짧은 길이 가장 효율적인 길로 비칠 수 있겠으나, 민주주의의 관점에서 보면 오히려 돌아가는 길이 더 효율적이다. 시간과 비용, 돈을 절약하는 것이 반드시 좋은 것은 아니며, 치명적인 실수로 이어질 때도 많기 때문이다.

시간이 돈이고, 항상 빠른 자가 더 큰 보상을 받는다는 경제 원칙은 정치에는 해당되지 않는다. 많은 훌륭한 이념은 시간이 오래 걸리고, 복잡하고, 까다롭고, 관철하기 어렵다. 정치 영역을 더 효율적으로 만들려고 하는 사람은 결국 정치를 폐지하고, 그것을 사회 공학으로 대체하려고 한다. 의심스러운 사업 계약을 받아들이게 함으로써 시민들을 점점 더 투명하게 만들수록 이러한 전이는 더 쉽게 이루어진다. 전직 헌법 재판관 우도 디파비오는 〈수정하기 어려운 변화 과정〉이 시작되고 있다고 썼다. 〈지금껏 서구의 민주주의를 실존적으로 떠받쳐 온 완고하고 비판적인 인간은 사라지고, 성과의 감언이설에 속아 넘어간 인간만 생겨난다. 그야말로 기술적 자기 통제 표준과 각각의 망 공동체 추세에 길들여진 채 타인의 일탈적 행동을 찾는 인간들이다.〉74

일률성에 대한 압력, 타인에 대한 불신, 무한 경쟁은 열린 사회를 떠받치는 최고의 버팀목이 될 수 없다. 하지만 자기 자신을 먼저 생각하고, 타인을 이용해 먹으려는 우리의 심리적 조건은 오래전부터 있어 왔고, 디지털화보다 그 역사가 훨씬 더 길다. 날마다 타인에게서 이득을 취하라는 생각이 주입된 사람은 의심스러운 국민 교육을 받은 이들이다. 수십억 유로의 광고료가 우리 가치의 허약한 집을 무차별적으로 폭격한다. 어린 시절의 도덕, 일말의 종교성, 학창 시절에 배운 민주주의도 그런 폭격의 세례를 받는다. 오늘날에는 더 이상 자신의 할증 요금이 타인에 비해 공정하냐고 묻는 사람이 없다.

〈시장 경제의 기본 핵으로서 이른바《개인 원칙》은 철저하게 숙고된 사회 원칙 및 휴머니즘 원칙과 균형을 이루어야 한다.〉 루트비히 에르하르트의 스승 빌헬름 룁케의 말이다. 그런데 오늘날 이런 사회 원칙과 휴머니즘 원칙은 어디에 있는가? 누가 그것을 위해 싸우는가? 자유주의적 시장 경제와 원활하게 작동하는 민주주의는 서유럽에서는 불가분의 관계로 엮여 있다. 하나 없이는 다른 것을 거의 상상할 수 없을 정도이다. 하지만 이 둘은 지금껏 자주 장담해 온 것처럼 그렇게 조화로운 통일체를 이루지 못했다. 브레이크 없는 무제한의 자본주의는 우리의 속옷에 브랜드 이름만 찍어 놓은 것이 아니라, 우리 의식의 깊숙한 곳까지 침투해서 시민 의식을 지우고 우리를 소비자로 만들었다. 이제 우리는 가격을 숙고하고, 요금을 비교하며, 타인을 제물로 삼아 자기 이익을 더 챙기기 위해 더 많은 시간을 쏟고 있다.

이런 상황에서 우리의 정신은 대체로 지속적인 과민 상태에 빠지고, 소비에 질리면서도 계속 소비하라는 자극에서 벗어나지 못한다. 바로 이것이 우리 경제의 목표이다. 충족된 소비가 아니라 아무리 발버둥을 쳐도 충족되지 않는 소비가 목표라는 말이다. 이렇다 보니 많은 사람들이 정치에 질려 하면서도 민감하게 반응하는 것은 이상한 일이 아니다. 그들의 사회적 소망과 희망, 목표는 인터넷 세계의 허깨비 정체성처럼 무한히 연출된 채 계속 바뀌고, 스마트폰의 수십억 자아처럼 교환할 수 있으며 하찮아진다. 이것은 시민 의식의 진작을 위해 결코 좋은 일이 아니다. 과소비 사회와 민주주의는 자연스러운 동맹이 아니라, 그저 한시적인 파트너에 지나지 않는 것처럼 보인다.

이런 상황에 대한 가장 설득력 있는 설명은 180여 년 전인 1835년에 이미 등장했다. 알렉시 드 토크빌이 미국의 민주주의에 대해 쓴 두 권짜리 책 가운데 제1권에 말이다. 이 똑똑하고 젊은 프랑스 귀족은 19세기 초에 민주주의의 표본이라고 여겨지던 미국에서 무관심한 시민들을 발견했다. 공공선(公共善)에 대한 관심 없이 오직 자기 자신의 이익에만 몰두하는 상인 민족이었다. 물질적 삶이 풍족해질수록 사람들은 점점 더 비정치적으로 변한다. 그리고 자유주의가 만연할수록 시민들의 정치의식은 점점 옅어진다. 그러다 보면 민주주의는 결국 빈껍데기밖에 남지 않을 거라고 토크빌은 예언한다. 시민들은 참여를 포기하고, 국가는 모든 것을 파악하는 〈온정(溫情) 독재〉로 변한다. 미적으로는 평등하고, 정치적으로는 전체주의적이면서 매력적일 정도로 똑똑한 체제이다.

토크빌의 말이 맞을까? 이 질문은 과거 어느 때보다 지금 우리에게 더 절실하게 제기된다. 사회학자 리처드 세넷이 지칭한 〈소비자이자 구경꾼인 시민〉은 과연 자신의 민주적 권력을 거대한 디지털 콘체른에 내주고, 자유를 팔아 안락함을 얻을까?[75] 반면에 미국의 전 노동부 장관이자 정치학 교수인 로버트 라이시는 이렇게 말한다. 소비자이자 투자자로서의 우리는 점점 더 많은 권력을 얻게 되겠지만, 피고용주와 시민으로서는 점점 권력을 잃게 될 거라고. 이 말이 맞을까?[76] 이것은 대안이 없는 과정일까? 아니면 바꿀 수 있을까?

국가가 상당 부분 경제적 관심에 따라 움직인다는 것은 새로운 현상이 아니다. 18세기 후반에서 19세기까지의 영국도 다르지 않았다. 영국 동인도 회사는 당시 왕이 누구든 상관없었다. 오늘날 대기업들이 독일 총리가 누구든 상관하지 않듯이.

다만 현재의 새로움은 압도적인 힘을 가진 대기업들이 더 이상 민족 기업이 아니라는 사실이다. GAFA 같은 기업들은 대체로 국적이 불분명하거나 초국가적으로 활동한다.

이런 상황에서 국가와 시민에 대한 문제는 수십 년 전과는 다르게 제기된다. 국가와 시민은 미래에 어떻게 결속할까? 시민은 국가를 어떻게 존중하고, 국가는 시민을 어떻게 보호할까? 이 두 가지 문제는 서로 연결되어 있다. 결정적인 요소는 국가와 시민 사이의 〈신뢰〉이기 때문이다. 우리는 국가가 양심 없는 기업들로부터 우리를 보호해 줄 거라고 믿을까? 아울러 국가가 필수적인 국가 안보 차원의 목적을 넘어 우리에게서 정보를 탐지해 내지 않을 거라고 믿을까? 이 두 가지 측면에서 국가를 믿을 수 있다면, 우리도 국가를 존중하게 될 것이다.

지난 수십 년 동안 국가에 대한 애착, 특히 국민의 의사 결정에 공동 책임이 있는 정당들에 대한 애착은 꾸준히 줄어들었다. 그 대신 많은 사람들이 소비자의 태도로 국가에 접근한다. 그들은 묻는다. 〈국가의 그런 정책은 나에게 무엇을 가져다주는가?〉 또는 〈그런 정책으로부터 내가 얻을 수 있는 이익은 무엇인가?〉 시대의 중대한 문제와 관련해서도 그들은 기술의 정신이 그러하듯이 해결책을 기대한다. 그래서 국가는 난민 **문제**를 해결해야 한다. 가장 좋은 것은 수학적 방법으로 상한선을 정해 놓고 난민 수를 제한하는 것이다. 그러면 문제는 사라진다. 이는 환경 **문제**나 정의 **문제**에도 동일하게 적용된다.

정치로부터 최우선적으로 삶의 안락함과 문제 해결을 기

대하는 사람은 전반적으로 정치적 사고와 결별한 사람들이다.
바로 여기에 사회 공학적 해결책을 위한 진입로가 존재한다. 인
간의 범죄 행위를 막는 것은 힘들고 기나긴 과정이다. 센서와
카메라로 도시를 완벽하게 감시하는 것은 간단하고 스마트하
다. 이런 이유에서 〈스마트 시티〉는 많은 사람들에게 공감을 얻
는 하나의 버전이다. 센서 기술은 클라우드에 보관된 도시 환경
의 모든 정보를 활용할 수 있다. 도시민들과 그들을 에워싼 테
크놀로지는 그런 식으로 영구적인 상호 작용의 관계로 진입한
다. 우리 주위의 사물들은 그때그때 관점에 따라 〈인간적인 것
으로〉 변한다. 혹은 인간이 기술적 인프라의 일부로 나타날 수
도 있다.

　　스마트 시티의 아이디어는 많은 사람들을 꿈꾸게 한다.
인간과 사물의 네트워크화는 경제를 효율적으로 만들고, 수많
은 새로운 사업 아이템을 싹트게 한다. 내가 하는 모든 행위와
내가 아는 모든 것은 내 도시를 〈최적화〉하는 데 유용하게 사용
될 정보로 남는다. 이로써 전 도시는 지속적인 학습 시스템으로
변한다. 이 시스템이 작동하면 쓰레기차는 수거할 쓰레기가 없
는 길로 운행할 필요가 없고, 도서관은 사람들이 대출하지 않는
책을 소장할 이유가 없으며, 백화점은 고객 수를 잘못 산정하지
않고, 에너지도 언제 어디서건 불필요하게 낭비되는 일이 없어
진다. 이는 글로벌 기업들에는 정말 거대한 미래 사업이다. 자
신의 도시를 스마트 시티로 만들고 싶은 사람은 IBM, 시스코
시스템스, 지멘스, 바텐팔 같은 회사들에다 도시 시스템의 구축

과 관리를 맡길 테니까.

　　다른 길도 있다. 유럽 연합이 장려하는 방향인데, 예를 들어 베를린이나 빈, 바르셀로나 같은 도시에서 대학들과의 협력에 주력하는 것이다. 그런데 이 프로젝트에서 항상 핵심 문제는 도시가 얼마나 스마트하게 구축되고, 특히 어떤 영역에서 그런 일이 이루어져야 할지를 누가 결정하느냐이다. 이와 관련해서 기술 철학자 아르민 그룬발트는 이런 발전 양상에서 특히 중요한 점을 지적한다. 각각의 도시 구역에서 기술적 인프라를 어떻게 구축할지는 정치인이나 최첨단 기업이 아니라, 그곳에서 사는 인간들 스스로 결정해야 한다는 것이다.[77] 왜냐하면 테크놀로지가 우리의 행위 틀에 올바른 영향을 줄수록 그만큼 타인을 특정한 기술에 적응시킬 필요가 없어지기 때문이다. 스마트 시티로의 발전을 대안 없는 자연법칙적 진화로 보는 사람은 지금껏 어디에도 없었던 〈기술 결정론〉을 주장하는 셈이다.[78]

　　그렇다면 여기에서도 기술이 아닌 인간이 중심에 서야 한다. 한 도시나 한 지역이 에너지 절감을 위해 최선을 다하면 그런 움직임은 빠르게 다수를 차지할 수 있다. 반면에 때를 가리지 않고 공공장소에 있는 모든 시민을 감시하는 시스템은 다수가 될 가능성이 높지 않다. 따라서 독일의 시군(市郡)은 메가 인프라에 필요한 솔루셔니즘적인 전체 패키지를 일괄 구입하거나 바라지 않는 것이 좋다. 왜냐하면 시민들과 함께 움직이지 않고, 시민들의 적극적 참여를 불러일으키지 못하면 신뢰 상실과 반발이 생길 수밖에 없기 때문이다. 게다가 대부분의 사람들은 스마트 시티에서의 삶이 실제로 어떤 모습일지 구체적으로 그려 내지 못한다. 꿈과 같은 세계일까, 아니면 악몽과 같은 삶일까? **로봇은 완벽하게 정돈된 상황이 편하겠지만, 미래의 사냥꾼과 목동, 비평가들은 반드시 그렇지는 않다.** 소란스럽고 다채로운 도시의 삶을 유지하는 요소는 우연과 예기치 못한 것, 틈새, 그리고 자발성이다. **완벽하게 계획할 수 있는 것은 오직 공동묘지뿐이다.**

결정 과정과 시민 참여에서 계몽, 정보, 투명성이 빠지면 디지털 시대는 잘 돌아가지 않는다. 그러나 지금까지 국가와 자치 단체들은 전자 정부나 스마트 거버넌스와 관련해서 최소한의 요구도 충족시키지 못하고 있다. 세금 서류건, 건축 허가 절차건 당국은 신속하고 투명한 행정과는 아직 한참 거리가 멀다. 전자 민주주의의 그런 형식 없이는 어떤 시의회와 시장도 도시를 스마트하게 탈바꿈하는 꿈을 꿀 수 없다. 조급하고 게으른 정치 소비자가 아닌 진짜 시민을 원하는 사람은 그들을 정치적 과정으로 끌어들여야 하고, 학교에서부터 그런 교육을 시키는 것이 가장 좋다.

한 도시의 작은 공간에 해당되는 것은 인공 지능을 통한 초지역적 〈해결〉에도 당연히 해당된다. 시민들의 삶은 당혹스러울 만큼 점점 투명해지는 반면에, 사물 인터넷과 인공 지능을 이용한 사업 아이템의 발달은 너무나 불투명한 상태로 남아 있다. 윤리적으로 민감한 이런 영역을 연구하는 사람은 항상 자신의 의도를 명확히 밝혀야 한다. 그것은 특히 신경 기술, 예를 들어 우리의 내면세계를 가시적으로 보여 주는 뇌-컴퓨터-인터페이스* 같은 기술에 해당된다. 장애가 있거나 사지가 마비된 사람에게 그런 연구는 아주 큰 도움이 될 것이다. 하지만 그런 테크놀로지로 우리가 모르는 무엇을 더 할 수 있는지 제때 보고해 주는 사람은 없다. 반면에 그런 기술에 관심을 보일 법한 사람은 많다. 특히 정보기관이 그렇다. 현실 속의 기계나 시설을 컴퓨터 속의 가상 세계에 구현하는 〈디지털 쌍둥이〉 기술로부터 우리는 무엇을 예상할 수 있을까? 그런 시뮬레이션 모델의 사용 영역이 과연 기계 공학에만 한정될까?

인공 지능에 〈윤리적〉 프로그램을 장착하는 것은 특히 민감한 사안이다. 이 문제는 자율 주행 자동차와 관련한 논의에서 이미 제기한 바 있다. 자율 주행차의 경우 사람의 용모를 인식하는 센서를 너무 똑똑하게 만들 것이 아니라, 아예 안면 인식 기능을 넣지 않는 것이 가장 나을 거라고 했다. 그럼에도 기술자와 일부 기술 철학자들은 기계에 윤리적 프로그램을 탑재하는 것을 꿈꾼다. 그에 따른 결과는 가늠하기 어렵다. 기계가 도덕적 프로그램에 따라 행동한다면 논란의 여지가 있는 사안, 예를 들어 사고나 재앙 시의 결정에서는 프로그램을 만든 사람이 그 결과에 따른 비난을 받을 수밖에 없다. 그렇다면 **우리가 허용해야 하는 것의 한계를 명확하게 긋는 것이 훨씬 나아 보인**

* 우리의 뇌를 컴퓨터에 연결해서 쌍방향 통신을 가능하게 하는 수단으로, 사용자가 생각하고 결정한 특정 뇌파가 시스템의 센서에 전달되면 컴퓨터에서 해당 명령을 실행한다.

다. 기계에 윤리적 프로그램을 탑재하고, 인간의 도덕적 결정을 기계에 맡기는 것은 결코 허용되어서는 안 된다. 인공 지능의 어떤 투입이 도덕적으로 우려되고, 또 어떤 투입이 우려되지 않는지에 대한 경계가 바로 여기에 있다. 앞서 간병 로봇의 투입과 관련해 언급한 것과 똑같은 경계이다. 즉 원칙적으로 인간을 돕는 것은 도덕적으로 비난받을 일이 아니다(범죄 행위를 돕도록 기획된 경우는 제외하고). 다만 사회적으로 민감한 영역에서 인간을 대체하는 것은 도덕적으로 비난받을 수 있다.

그런데 이런 구분만으로 인공 지능을 언제 어디에 투입하는 것이 바람직할지가 결정되지는 않는다. 많은 분야에서 너무 똑똑한 기술이 인간을 멍청하고 둔감하게 만들 거라는 위험성에 대해선 이미 상세히 설명한 바 있다. 이와 관련해서 네덜란드의 교통 설계자 한스 몬데르만의 예를 들고 싶다. 교통 분야에서 최고의 관심은 바로 안전이다. 그런데 몬데르만은 1980년대와 1990년대에 네덜란드의 여러 도시에서 수많은 교통 표지판을 없애 버렸다. 그의 관점은 다음과 같았다. 너무 많은 규칙은 스스로 생각하는 것을 해친다! 〈사람들을 늘 바보처럼 이끌고 다룬다면 결국 인간 스스로 바보처럼 행동할 것입니다!〉[79] 몬데르만은 표지판을 없애는 대신 도로를 좀 더 좁고 시골풍으로 만들었다. 그러자 운전자들은 이런 변화된 도로 상황에 직관적으로 반응했고, 교통 표지판이 있을 때보다 더 일찍 속도를 줄였다. 몬데르만처럼 생각하는 사람이 많을수록 오늘날의 우리 사회는 더 좋아질 것이다. 로봇카의 등장으로 〈스스로 생각하기〉를 적용하기에는 적절해 보이지 않는 교통 분야에서조차 말이다. 어쨌든 이런 시대일수록 다르게 생각하는 사람들은 충분히 많아야 하고, 우리의 기본권을 위협할 발전 양상으로부터 우리를 지켜 줄 국가의 역할은 점점 중요해진다.

미래의 인간적 사회에서는 많은 영역이 디지털 기술을 통해 개선될 것이다. 특히 에너지와 다른 천연자원의 효율적 사용은 획기적으로 개선될 수 있다. 국가와 자치 단체들도 분명 예전보다 더 스마트해지고 시민의 욕구를 더 충실히 반영할 것이다. 또한 교류와 시민 참여는 미래의 인간들에게 삶의 여러 영역에 개인의 관점을 더 많이 투영하고, 그로써 그 영역들을 함께 만들어 나갈 길을 열어 준다. 이때 사회적 문제를 기술적으로 해결해 줄 거라고 약속하는 솔루셔니즘적인 설계에 대해선 경계심을 늦추지 말아야 한다. 인간 행동의 불투명성, 회색 지대, 규칙과 규범을 어길 가능성들은 인간 자유의 기본 요소이다. 인간적 유토피아는 이러한 자유를 지키고 싶어 한다. 기술이 이러한 자유를 제한하거나, 또는 주제넘게 인간 대신 〈윤리적〉 결정을 내리려고 하면 그 사용은 제약되어야 한다.

인간성을 위한 규칙들:
나쁜 사업과 좋은 사업

미래에서 보면 2010년대는 참 특이한 시대였다. 사람들은 디지털 혁명의 쓰나미에 열광하거나 압도당했다. 나침반도 없고 방향 감각도 상실한 채, 디지털 거대 기업들이 약속하는 특정한 미래와 그들이 내세우는 필연적인 역사의 진로를 믿었다. 모든 것은 이미 정해져 있는 듯했다. 이런 상황에서 서방 국가들은 경제적 몰락의 형벌을 피하기 위해서라도 그 대열에 동참하는 것 말고는 다른 선택이 없다고 믿었다. 또한 사람들은 〈인터넷〉이 현실적 국가법과는 완전히 다른 법을 가진 가상 세계라고 생각했고, 현실 세계의 법칙이 여기서는 통용되지 않을 거라고 믿었다. 그러다가 심지어 이 세상에는 진보가 여러 가능성으로 존재하는 것이 아니라, 단 하나의 **특정한** 진보만 있다고 여겼다. 가령 1970년대의 사람들이 핵에너지가 더 나은 많은 가능성 가운데 하나가 아니라, 우리가 나아갈 수밖에 없는 **정해진** 진보와 미래라고 믿었던 것처럼.

　　이런 형태의 믿음은 2010년대에 널리 퍼져 있었다. 거기에 의심을 품는 사람은 시대에 뒤떨어지고, 케케묵고, 세상 물정 모르는 기술과 진보의 적으로 치부되었다. 이는 원자력을 두고 벌어진 1970년대의 논의 과정과 다르지 않았다. 주류에 속하고 싶은 사람은 2018년에도 정신 나간 인간이라는 소리를 듣지 않으려면 그런 믿음에서 너무 멀리 떨어지지 않도록 조심해야 했다. 그래서 기껏해야 기술적 진보의 속도 조절이나 부르짖고, 교육과 판단력의 가치나 강조하고, 디지털 대기업의 투명성 강화만 요구했다. 디지털 경제가 존재하지 않고, 모든 디지털 사업 모델이 국민의 복리 증진에 도움이 되는 것은 아니며, 인터넷의 본질이 권력의 문제이지 우리에게 주어진 필연적 환경이 아니라는 사실은 당시 차별적으로만 간간이 나올 뿐이었다.

역사는 결국 반복될 수밖에 없는가! 그것은 제1차 산업혁명 때의 상황만 떠올려 봐도 알 수 있다. 그때도 사회적 혼란, 과도한 요구, 그리고 훗날 거대한 오류로 판명된 경제적 논리에 대한 믿음은 동일했다. 사람들은 노동자를 그 자체로 가치 있는 인간으로 존중한 것이 아니라, 되도록 적은 임금을 주면서 일이나 부려 먹는 존재로 보았다. 가장 싸게 물건을 생산하는 사람, 다시 말해 노동자에게 가장 적은 임금을 주는 사람만이 경쟁에서 살아남을 수 있었기 때문이다. 그러나 오늘날의 우리는 안다. 보편적인 국민의 복리(福利)가 노동조합과 노동 운동을 통해 정부가 더 나은 임금을 주도록 기업에 강요했을 때에야 시작되었음을. 국가는 그전에는 경제에 해나 끼치는 쓸데없는 것으로 간주했던 사회법 제정이 필요하다고 보았다. 그와 함께 내수 시장은 번창했고, 민주주의는 관철되었으며, 교육은 강화되었고, 사회적 정의는 늘어났다.

그렇다면 2018년의 상황은 어떨까? 오늘날 디지털 대기업과 그들을 추종하는 기업들은 우리에게 대놓고 이야기한다. 고객 정보의 가공되지 않은 〈원유〉를 황금으로 만들려면 사용자를 인격권과 사적 영역을 가진 가치 있는 인간으로 존중해서는 안 된다고. 그들의 사업 모델은 **대안이 없는 불가피한 것**으로 비친다. 미래가 바로 그것을 원하기 때문이다. 새 시대에는 새로운 사업과 새로운 법이 필요하다. 고리타분한 정보 보호법도 시대 흐름에 따라야 한다. 현실 세계에서는 정치적 쟁점이 되는 개인 정보의 오용과 남용도 디지털 세계에서는 그렇지 않다. 어쩌면 실정법에 대한 우리의 관념 자체가 디지털 시대에는 어제의 일이 될지 모른다. 그렇다면 불가피한 현실을 받아들이라는 것이다.

유토피아의 관점에서 보면, 우리는 2010년대를 놀랄 정도로 많은 사람들이 자기 자신과 국가, 판결에 대한 신뢰를 잃어버린 시대로, 혁신과 효율성을 우상으로 떠받들던 시대로, 훗날 간신히 법적으로 금지시킨 사업 모델들을 합법화한 시대로 기억할 것이다. 또한 기업의 최고 경영자들이 실제로 자신의 개인적 인간상에 모순되는 발전에 불을 지핀 시대이기도 했다. 다시 말해 그들은 고객을 자신의 정보에 대한 권리가 없는 조급하고 게으른 사용자로 간주했다. 반면에 자신의 아이들은 게으르고 조급한 인간으로 만들지 않으려고 최고의 학교에 보냈고, 자기만의 사적 영역을 가진 인간으로 존중했다.

얼마나 자가당착적인 시대인가! 그것은 개인에 관한 정

인간성을 위한 규칙들: 나쁜 사업과 좋은 사업

보를 최대한 많이, 그리고 무차별적으로 탐지해서 그걸로 큰돈을 버는 디지털 콘체른의 통상적인 방식이 아주 빠른 속도로 확산된 것만 생각해도 알 수 있다. 1998년으로 돌아가 당시 정치인과 헌법 수호자들의 입장에서는 2018년의 현실이 어떻게 보였을지 상상의 그림을 그려 보자. 1998년에 사생활 보호의 기본권을 존중하는 사람이라면 누구나 그런 기본권 보호의 댐이 상상할 수도 없는 규모로 무너진 것을 보면 말문이 막혀 버릴 것이다. 그래서 댐을 더 튼튼히 쌓아 사회 전체에 홍수가 일어나는 것을 막으려고 온갖 노력을 다했을 것이다. 그러나 변화는 갑자기 찾아오지 않았다. 한 걸음 한 걸음 소리 없이 찾아왔다. 그러니까 처음에는 무료로 이용할 수 있는 검색기가, 다음에는 소셜 네트워크가, 마지막에는 음성 인식 서비스가 찾아왔다. 초창기에는 정보 보호에 대한 테러 행위가 명확하게 인식되지 않았고, 나중에는 그런 목소리가 일부 나오기는 했으나 곧 과소평가되었다. 그러다 2018년에 이르자 대부분의 사람들은 이미 발을 빼기엔 너무 늦었고, 어차피 이런 변화의 물꼬를 바꿀 수 없다고 생각했다. 물론 일부 사람들은 계속 불안감을 느끼기도 했지만, 나머지 사람들은 그들에게 최고의 안전과 더 많은 편리함, 놀라운 경제 성장을 보장하는 디지털 미래에 대해 이야기했다. 사실 누가 안전과 편리함에 이의를 제기하겠는가? 매일 자신의 자유를 기꺼이 팔 준비가 되어 있는 사람들을 누가 흔들어 깨울 수 있겠는가? 유례없는 진보와 성장을 약속하는 사업 모델에 누가 진지하게 의심을 품을 수 있겠는가?

2018년도의 이 사업 모델을 좀 더 자세히 살펴보도록 하자. 정보를 다루는 형식은 많고, 정보에도 여러 형식이 있다. 그런데 많은 정보들은 실제로 일상을 살아가는 사람과는 아무 관련이 없다. 산업 시설을 완전히 자동화하고, 기계를 관리하고, 냉각 시스템과 환기 장치, 서버를 좀 더 전기를 아끼며 돌리기 위해서는 엄청난 정보가 필요하다. 다만 개인 정보는 거기에 포함되지 않는다. 이 같은 혁신은 법률적으로나 철학적으로나 별로 문제될 것이 없다. 그런데 내 행위, 예를 들어 인터넷을 서핑하고, 온라인으로 물건을 주문하고, 스마트폰 내비게이션으로 도로를 달리는 내 행위가 어딘가에 기록됨으로써 정보의 완전히 다른 범주가 생겨난다. 의사나 병원이 내 몸의 정보를 저장하는 것도 마찬가지이다. 이런 정보들은 그 자체로 지극히 민감하고, 앞으로 보게 되겠지만 기본권 차원에서 잘 보호되어야 한다. 정보의 세 번째 범주는 개인 정보가 익명화되고, 그래서 그것을 사용하는 사람이 그 정보의 출처를 모를 때 생겨난다. 이 경우 자신의 정보를 처분한 사람의 사생활은 지켜진다. 그래서 익명화된 정보는 일반적인 개인 정보보다 덜 위험하다. 하지만 그것으로 이루어지는 상거래는 최소한 국민 경제적 관점에서는 항상 모든 경우 바람직하고 유익한 건 아니다.

개인 정보부터 시작해 보자. 스마트폰을 사용하고, 돈을 인출하거나 인터넷 서핑을 하는 사람은 도처에 흔적을 남긴다. 우리의 습관과 관심, 성향, 일과, 재정 상황 등을 보여 주는 정보이다. 이것은 사실 막을 수 없다. 게다가 은행은 이런 정보를 이용해서 고객의 습성에 맞는 서비스를 제공할 수 있고, 온라인 사업자는 고객의 취향에 맞는 상품을 구비해 놓을 수 있다. 여기까지는 문제가 없다. 다만 내 개인 정보를 통해 의도적으로 내게 광고를 하거나, 내 정보를 제삼자에게 팔아넘길 경우 상황은 심각해진다. 다시 말해 나를 상업적으로 멋대로 이용할 경우 섬뜩해진다는 말이다.

이 과정에서 특히 악랄한 사업 모델은 우리에게 무언가를 무료로 제공한다. 검색기, 소셜 네트워크 가입, 또는 〈알렉사〉처럼 저렴한 가격의 가상 개인 조수 같은 것들이다. 이런 사업 모델의 실체는 실제 세계에서는 알아보기 어렵다. 고객은 이런 서비스를 제공받는 대가로 자신의 정보를 내준다는 사실을 알고 있지만, 보통 그의 상상력은 거기서 그친다. 실제로 무슨 일이 일어나는지, 그런 스파이 사업으로 얼마만큼 이득이 발생하는지는 전혀 알지 못하거나, 아니면 특정 기업의 주가가 급격하게 올라가는 것을 보면서 다른 무언가가 있는 게 아닌지 어렴풋이 짐작할 뿐이다. 고객은 자신의 정보가 누구에게 팔리는지도 전혀 모른다. 하지만 그것들을 수집하고, 첨가하고, 통합하고, 분류하고, 그것으로 프로필을 작성하는 것은 정말 거대한 사업이다. 수많은 기업들이 그 일에 특화되어 있고, 그것으로 막대한 이익을 거둔다. 실물 경제에서는 몹시 어렵고 법적인 제한도 많은 일이 이제는 아무 방해도 받지 않고 손쉽게 이루어진다. 바로 사람들의 주머니를 털기 위해 정보를 빼내는 일이다.

독일처럼 정보 보호의 울타리가 높은 민주적 법치 국가

의 경우, 이는 시스템에 대한 테러 공격이나 다름없다. 사람들이 정보를 자발적으로 내주고 있다고 해서 그런 상황이 바뀌지는 않는다. 왜냐하면 사람들은 애초에 스마트폰이나 검색기, 또는 인스턴트 메신저 같은 많은 디지털 커뮤니케이션 수단들로부터 벗어나기 어렵기 때문이다. 그렇다면 자발성은 결코 그렇게 자발적이지 않으며 사회적 고립을 피하기 위한 강요의 성격이 짙다. 상황이 이렇다면 그런 도구나 서비스를 아예 사용하지 말라고 요구하는 것은 결코 현실적인 해결책이 될 수 없다. 결국 우리에게는 늘 자신의 위치를 탐색하게 하고, 자신을 감시하게 하며, 자신의 정보를 빼내 가게 하는 것 말고는 다른 선택의 여지가 없다. 암호화 전략과 위장 전술에 대한 고도의 기술적 지식이 없다면 말이다.

일반 이용자는 미지의 제삼자가 자신을 이용해서 돈을 벌고, 자신의 개인적·직업적 네트워크를 들여다보고, 자신이 어디에 있는지 관찰하며, 또 자신의 동선과 인물 프로필을 작성한다고 해서 그것을 막을 방법이 거의 없다. 우리의 컴퓨터와 스마트폰에는 이른바 제삼자 쿠키*가 우글거리고, 그것들은 겉으로 드러나지 않은 채 우리에게 맞춤형 광고 폭탄을 퍼붓는다. 이로써 기업들은 우리 자신도 미처 깨닫지 못한 욕망을 먼저 파악해서 그것으로 막대한 이득을 취한다.

조지 오웰의 『1984년』이나 올더스 헉슬리의 『멋진 신세

인간성을 잃은 사람들: 나쁜 사람과 좋은 사람

---

* 웹 브라우저는 이 기능을 이용해 고객의 행태를 분석해서 기호에 맞는 광고를 제공한다.

계*Brave New World*』를 읽으며 학창 시절을 보낸 사람이라면 이 모든 것이 합법적으로 진행되고 있다는 사실이 별로 놀랍지 않을 것이다. 그런 양심 없는 정보 거래가 만일 1998년에 갑자기 도입되었다면, 분명 전 유럽에서 즉각 금지되었을 것이다. 그러나 이 모든 일은 수많은 단계를 거쳐 10년 동안에 일어났고, 게다가 최소한 예전과 동일한 속도로 계속 진행되고 있기에 — 그것도 은폐된 채 — 그리고 정치와 사법부에 의해 제대로 인지되지 못한 채 진행되고 있기에 그것을 막을 대책 역시 지극히 빈약하다. 독일과 유럽에서 책임 있는 위치에 있는 사람들치고 일이 이렇게 되기 전까지는, 그리고 지속적인 동참을 강요받기 전까지는 실제로 무슨 일이 일어나고 있는지 깨달은 사람이 거의 없다. 또한 디지털 변혁 이전의 시대만 아는 사람들은 안락함과 편리함, 그리고 높은 경제 성장률에 대한 약속이 미끼로 던져질 경우 자유 민주주의 수호자들이 얼마나 방어 능력이 허약한지 알지 못한다.

　　그렇다면 경제 성장에 대한 약속은 어떻게 되었을까? 지칠 줄 모르는 컴퓨터와 로봇이 인간의 노동을 대신 처리할 경우 생산성이 획기적으로 높아지는 것은 의심할 수 없다. 익명의 무수한 정보들이 물류 과정을 좀 더 효율적이고 효과적으로 개선할 수 있다는 것도, 익명화된 정보가 교통과 쓰레기 처리 문제를 최적화하거나 의료 발전을 촉진시키는 것도 마찬가지이다. 그러나 인간의 소비 행태를 의도적으로 조종하려고 개인 정보를 상업적으로 이용하고 판매하는 사람은 어떤 측면에서 국민 경제에 이익이 되는가?

　　개인 정보는 사용자의 취향에 맞게 효율적으로 광고하는 데 주로 쓰인다. 누군가에 대해 아는 것이 많을수록 나는 그 사람이 무언가를 구입하도록 교묘하게 유인할 수 있다. 그렇다면 이로써 생기는 국민 경제적 결과는 무엇인가? 개인적 맞춤형 광고로 인해 특정 상품에 더 많은 돈을 지출한 사람은 다른 데서 절약할 수밖에 없다. 아무리 보고 또 봐도 가치 창출은 이루어지지 않고, 돈만 다른 식으로 분배될 뿐이다. 페이스북처럼 고객의 많은 것을 알고 싶어 하는 식료품 콘체른, 축구 팬들에게 추가적인 상품을 팔려고 그들의 인터넷 검색 흔적을 추적하는 분데스리가 축구 연맹, 독자들에게 맞춤형 기사를 추천함으로써 ― 심지어 독자 정보를 제삼자에게 팔아 치우기도 한다 ― 자신의 온라인 사이트에 독자들을 묶어 두려는 미디어 기업 등 모든 기업이 이런 짓을 한다. 그것도 늘 타인의 비용으로 말이다. 고객의 프로필에 맞게 광고를 제작하는 사람은 고객의 주머니를 털어 자기 배를 불릴 수 있지만, 고객이 쓸 수 있는 돈을 불려 주지는 못한다. 따라서 이를 통해 전체 피자가 커지는 일은 없다.

　　거대한 정보 거래 업체들, 예를 들어 구글, 페이스북, 아마존처럼 잘 알려진 기업들을 비롯해 오라클Oracle, 케임브리지 애널리티카Cambridge Analytica, 비주얼디엔에이VisualDNA처럼 막후에서 막강한 힘을 과시하는 정보 거래 업체들은 항상 돈을 가장 많이 제시하는 기업에 고객 정보를 판다. 이는 국민 경제에 무척 해로운 일이다. 그를 통해 강자들만 더 강해지고,

인간성을 위한 규칙들: 나쁜 시대와 좋은 인성

작은 규모의 시장 참여자들은 고객과 매출이 점점 줄어든다.[80] 데이터 브로커 기업 액시엄Axiom은 미국 인구의 96퍼센트에 대한 상세한 정보를 확보하고 있다. 독일 인터넷 사용자들의 약 4천4백만 개 파일도 거기에 저장되어 있는데, 14개 카테고리(예를 들어 〈한 부모 가정의 무국적자〉 등)와 214개 하위 카테고리(〈지적〉, 〈쾌락적〉, 〈소비 만능적〉 등)로 나누어져 있다.[81] 돈만 충분히 지불하면 누구나 이 정보를 손에 넣을 수 있는데, 그럴 수 있는 기업은 시장의 강자들이지 작은 업체들이 아니다. 결국 그러다 보면 국민 경제는 황폐해지고, 시장의 막대한 돈은 어디에도 세금을 내지 않는 몇몇 기업과 투자자의 손에 들어간다.

이 모두는 **개인 정보의 상업적 이용**에 해당한다. 물론 여기에서도 구분이 필요하다. 개인 정보가 한시적으로만 저장되는가? 그것을 입수한 사람에 의해 직접 사용되는가? 아니면 제삼자에게 넘겨지거나 팔리는가? 개인 정보를 저장하는 것은 무척 의미가 큰 일일 수 있다. 예를 들어 의료 부문이나 자율 주행차 영역에서 말이다. 개인 정보를 직접 이용하는 것은 상업적 이용의 범위에 대한 정밀하고 세분화된 승인이 필요한 다른 단계이다. 그것을 **무제한으로 사용하거나**, 심지어 판매까지 하는 것은 기본권을 침해하는 파렴치한 짓이다.

헌법과 유럽 기본권 헌장은 인격권과 시민의 사생활 보호를 위한 확고한 보루이다. 어쨌든 문서상으로는 말이다. 헌법 제1조는 인간의 침해할 수 없는 존엄을 보장한다. 이때 모든 시민에게는 〈개인 정보 결정권〉이 부여된다. 즉 개인에게는 〈원칙적으로 자신에 관한 정보가 언제, 어떤 범위 내에서 공개될지 스스로 결정할〉 권한이 있다는 것이다.[82] 사적 영역이 중요해질 수록 보호 울타리는 더 높아진다. 이런 맥락에서 연방 헌법 재판소는 〈정보 기술 시스템의 신뢰성과 진실성을 보장하는 기본권〉에 대해 말한다.[83] 유럽 기본권 헌장 제7조는 사생활의 존중을 보증하고, 제8조는 개인 정보 보호를 보증한다. 유럽 연합 재판부는 2015년 10월의 〈국제 세이프 하버 Safe Harbor 개인 정보 보호 원칙〉에 따라 개인 정보의 처리와 관련해서 자연인의 사적 영역을 보호할 의무를 각 회원국에 부과했다.[84]

그렇다면 독일과 유럽의 시민들은 문서상으로는 최상의 보호를 받고 있는 셈이다. 만일 나 자신과 관련된 정보가 **언제, 어떤 범위 내에서** 공개될지 나 스스로 결정할 수 있다면, 타인이 어떻게 내 정보를 상업적으로 이용하거나 악용할 수 있겠는가? 그런데 구글과 페이스북, 애플, 아마존의 이용 조건에 내가 이 단서를 단다고 해서 〈언제〉에 대한 문제는 해결되지 않는다. 왜냐하면 내 정보가 언제 이용되어야 할지를 내가 결정한다면, 그 업체들은 모든 경우마다 사전에 내게 물어봐야 하기 때문이다. 게다가 〈어떤 범위 내에서〉 그것이 이용될지 가늠할 수 있으려면, 나는 그게 누구한테 팔리는지도 알아야 한다. 그렇다면 여기서 최소한의 요구가 나온다. 그들은 내가 매달 늘 새롭게 서명해야 하는 내 정보로 무엇을 할 계획인지 일목요연한 보고서의 형태로 내게 알려야 한다는 것이다.

안전성을 위한 규칙들·나쁜 사업과 좋은 사업

이런 의미에서 2016년 5월 유럽 정보 보호 기본법EU-DSGVO이 가결된 것과 함께, 2018년 5월까지 전 회원국이 시행하도록 못 박은 것은 무척 고무적인 일이다. 이 법의 취지는 모든 사람에게 타인의 개인 정보에 대한 자의적 사용을 금지한 것이다. 주안점은 이 〈취지〉에 있다. 왜냐하면 이것은 제5조에 명시한 것처럼 허가된 것만 할 수 있는 〈허용 유예의 금지〉 원칙이기 때문이다. 따라서 기업들은 개인 정보 처리를 〈꼭 필요한 범위〉로 제한해야 한다. 이로써 드디어 증명의 부담이 역전되었다. 이제는 정보를 제공한 사람이 아니라, 개인 정보를 수집하고 저장한 사람이 그것을 어떻게 다루는지 증명해야 하기 때문이다. 그와 함께 정보 사용의 백지 위임도 더 이상 인정될 수 없다.

유럽 연합에 사는 사람들의 정보를 무차별적으로 수집하던 이들, 즉 GAFA 같은 기업들은 이 법에 당혹감을 감추지 못했다. 이로써 권력 투쟁이 시작되었다. 어쨌든 이제 구글과 페이스북, 그리고 다른 하이테크 강자들은 사용자들에게 운영 체제, 이메일, 소셜 네트워크, 쇼핑 플랫폼을 제공하고, 그 과정에서 개인 정보를 〈꼭 필요한 범위〉 내에서만 사용해야 한다. 유럽 연합이 이러한 권력 투쟁을 강경하게 계속 이어 갈지는 두고 볼 일이다. 지금 벌써 유럽 국가 내의 인터넷 업체들은 전자 보호법E-Privacy-Verordnung에 강력히 반발하고 있다. 정보 보호 기본법의 일부인 이 법은 사용자가 명시적으로 동의한 경우를 제외하고는 원칙적으로 개인 정보의 처리를 금지하고 있다. 사용자가 동의하려면 최소한 16세가 되어야 하고, 그때부터 개인 정보가 이용될 때마다 새로 동의를 얻어야 한다. 또한 어떤 형태의 마케팅 행위든 사용자에게 정확히 통보되어야 하고, 온라인에서 물건을 구입하는 사람에게 개인 정보를 광고 목적으로 활용하는 것에 동의하도록 강요해서는 안 된다.

전자 보호법을 포함해 유럽 연합의 정보 보호 기본법이 규정대로 정확히 시행된다면, 정보의 자기 결정권을 돌려받기 위한 중요한 첫걸음을 뗀 셈이다. 독일의 신문사들을 비롯해 특정 부문의 하소연에 넘어가서는 안 된다. 여기서 중요한 것은 바로 헌법으로 보장된 우리의 기본권이니까 말이다. 지금껏 그런 기본권이 회피되고 추락한 것은 결코 정당화될 수 없다.

권력 투쟁이 첨예화하면서 마침내 정치가 칼을 갈고 있다. 그러나 싸움은 아직 끝나지 않았다. 다들 정보 보호 기본법을 중간 단계로 여기기 때문이다. 일각에서는 좀 더 명확하고 강력한 규제를 원하지만, 다른 일각에서는 기본법 자체가 너무 나갔다고 생각한다.

그렇다면 중요한 것은 무엇일까? 유럽의 어떤 나라도 GAFA 같은 기업들의 시장 독점과 경쟁 왜곡을 원치 않는다. 은밀하게 숨어서 장사를 하는 국제적 정보 괴물에 관대한 사람은 별로 없다. 그런데 다른 한편으로는 많은 사람들이 고향 기업들의 개인 정보 활용에 대해서 원칙적으로 거부하는 것이 아니라, 오히려 그 고향 기업들을 지역적 또는 국가적으로 디지털 강자들에 대한 작은 경쟁자로 간주하고 싶어 한다. 이 지점에서 거대 경제 단체들의 로비가 북소리를 높인다. 비록 그런 목소리가 국민 경제적인 측면에서는 지극히 의심스럽다고 하더라도. 개인 정보를 상업적으로 마음껏 이용한 결과는 디지털 강자들(이 가운데 유럽에 세금을 내는 기업은 별로 없다)이 자잘한 경쟁자들을 시장에서 몰아낸 것이다. 그 와중에 많은 사업 모델이 파괴되고, 많은 사람이 해고된다. 광고 전략은 점점 음험해지고, 구매력은 감소한다. 게다가 상업적 정보 거래로 이익을 보는 측은 모두가 아니라 소수에 불과하다. 상호 간의 정보 판매로 국민 경제가 부유해지는 일은 없다.

그런데 이런 맥락에 관한 토론은 거의 이루어지지 않고 있다. 게다가 경제 단체들이 정치에 압력을 가한다면, 그것은 국민 경제가 아닌 막강한 거대 경쟁자를 고려한 측면이 짙다. 따라서 그들이 내세우는 개인 정보 시장의 새로운 찬란한 미래상도 그만큼 왜곡되어 있다. 그럼에도 많은 정치 세력, 그중에서도 자유주의 세력이 앞장서서 그들에게 무한 신뢰를 보낸다. 그로써 법적인 문제는 경제 문제에 종속된다. 그것도 많은 사람들이 생각하는 것보다 훨씬 더 깊이. 정보의 자기 결정권을 얼마나 엄격하게 해석할지의 문제도 개인 정보 거래를 국민 경제에 얼마나 유익한 것으로 판단하느냐에 달려 있다.

그사이 상황은 많은 거대 기업뿐 아니라 국가들도 구글과 페이스북, 애플, 마이크로소프트의 사업 모델에 투자하고, 자신들의 운명을 이 디지털 콘체른들과 연계시킴으로써 점점 복잡해지고 있다. 노르웨이, 싱가포르, 말레이시아, 사우디아라비아 같은 나라들은 미국의 디지털 경제에 어마어마한 돈을 투자한다. 전 세계에서 애플만큼 대규모로 국제적 융자를 받고 있는 콘체른은 없다. 국가를 포함해서 전 세계 금융 자본이 실리콘 밸리에 돈을 퍼붓는다. 그 덕분에 애플과 구글, 페이스북, 아마존, 마이크로소프트는 2017년 한 해에만 전체 가치를 무려 1조 달러나 높일 수 있었다. 중국도 상황은 다르지 않아 보인다. 중국의 디지털 기업 알리바바와 텐센트는 작년에 5천억 달러나 가치가 올랐다.[85]

유럽 경제, 또는 심지어 유럽 국가들이 실리콘 밸리의 사업 모델에 종속될수록 시민들의 개인 정보 보호에는 점점 소홀해진다. 이때 디지털 경제의 많은 사업 모델들이 개인 정보의 상업적 이용 없이도 충분히 유지될 수 있다는 사실은 도외시되기 일쑤다. 만일 유럽 시민들의 정보를 상업적으로 이용하는 것이 금지된다면, 구글이나 페이스북은 지금까지 무료로 제공하던 것들을 그저 유료로 전환하면 된다. 뒤에서 몰래 개인 정보를 판매하는 것보다는 검색기나 소셜 네트워크 사용료로 월 몇 유로를 받는 편이 낫다. 내가 가끔 이용하는 자율 주행 자동차의 경우도 제공자에게 매달 돈을 좀 더 주는 대신 내 신상 정보를 나 모르게 사용하지 못하게 하는 편이 더 낫지 않을까? **이런 사업을 어둠에서 밝은 세상으로 끄집어내는 것은 진보에 방해가 되지 않고 국민 경제에 해를 끼치지도 않는다. 그것은 그저 실물 경제의 주도면밀한 게임 규칙을 네트워크 산업으로 옮기는 것뿐이다.**

인간성을 위한 규칙들: 나쁜 사업과 좋은 사업

하지만 유감스럽게도 여전히 많은 정치인들이 디지털 콘
체른들의 말에 속고 있다. 그러니까 검색기건, 소셜 네트워크건,
애플리케이션이건, 온라인 거래건, 아니면 사물 인터넷이건 모
든 디지털 사업 모델은 불투명한 상황, 즉 어둠 속에서만 운영
될 수 있다는 것이다. 그러나 이는 어두운 사업을 보호하기 위
해 특정 사업의 이해관계 업체들이 퍼뜨린 신화에 지나지 않는
다. 그중 어떤 것도 〈네트워크의 논리학〉에 맞지 않으며, 무자비
한 상업화의 논리에만 맞을 뿐이다.

검색기가 정보 거래와 수집 없이도 얼마든지 경제적으로
꾸려 나갈 수 있다는 것은 대략 서른 개에 이르는 대안 검색기
가 증명해 준다. 그중 프랑스의 콴트Qwant가 현재 유럽에서는
최고의 대안 검색기로 보인다. 구글링 대신 콴틀링을 하는 사람
은 비슷한 수준으로 필요한 정보를 검색할 수 있지만, 개인 정
보는 보호된다. 구글에 비해 많이 알려져 있지 않은 것이 안타
까울 뿐이다. 이러한 상황을 바꾸는 것은 사실 국가의 몫이다.
국가는 현실 세계의 자유로운 교통을 위해 철도와 도로를 제공
하고 관리한다. 또한 시민들에게 에너지의 원활한 공급도 보장
한다. 이것들은 모두 〈공공 서비스 대상〉이다. 그렇다면 네트워
크상에서의 자유로운 교통과 관련해서는 왜 국가가 공공 서비
스를 제공하지 않는가? 2018년쯤 되었으면 **유럽 국가들이 시민
들의 개인 정보를 보호하기 위해 네트워크상에서 그런 인프라
를 구축해 제공하는 것**이 정상이지 않을까? 검색기, 이메일, 소
셜 네트워크, 디지털 도시 계획, 음성 인식 서비스, 이 모든 것은

디지털 시대의 기본 서비스에 속한다. 시장 독점적 기업들의 손에 맡겨 둘 일이 아니다.

미래의 인간적 사회에서 국가는 공공 정보 서비스를 불투명한 영업 방침으로 운영되는 콘체른들에 맡겨서는 안 된다. 민주주의와 자유로운 의견 흐름, 국민 경제에 독이 되는 그런 위험 요소는 최대한 서둘러 제거되어야 한다. 우리가 실물 경제에서는 배척하고 금지했지만 디지털 경제에서는 허용한 사업 모델의 시대도 분명히 곧 끝날 것이다. 이 관문을 계속 열어 두면 이 책의 제1부에서 설명한 디스토피아로 들어가는 길이 활짝 열리기 때문이다. 애초에 싹을 자르지 않으면 늘 독점을 반대하고 더 많은 투명성만 요구하다가 싸움에서 밀리고 말 것이다. 이와 관련해서 전 헌법 재판관 우도 디파비오가 말한 〈막대한 헌법적 위험 상황〉은 그 줄기나 가지가 아니라 오직 뿌리에서만 제거될 수 있다.[86]

이로써 긍정적 유토피아의 소망이 명확히 표현된다. 긍정적 유토피아는 이렇게 질문해야 한다. 인간의 존엄과 인격권, 정보의 자기 결정권을 최대한 보호해 줄 좋은 인간적 미래는 어떤 모습이어야 할까? 19세기와 20세기에는 사회적 안전망의 확충을 통해 노동자들에게 서서히 행위의 자율성을 부여했다. 이후 독일에서는 굶어 죽지 않기 위해, 완전히 지옥 같은 삶에서 벗어나기 위해 일하는 사람은 없어졌다. 이제 21세기에는 노동자들에게 막강한 디지털 콘체른과 지역의 무임승차 기업들이 추진하는 〈정보의 타자 결정〉에 반대해서 정보의 자율성을 보장해야 한다. 이로써 무분별한 착취로부터의 보호가 다시 화두로 떠오른다. 두툼한 시가를 문 머리가 희끗희끗한 신사들의 조야한 맨체스터 자본주의와 마찬가지로, 운동화를 신고 사뿐사뿐 움직이는 상냥한 팰로앨토 자본주의도 광폭한 극단적 형태로 인식되어야 하고, 그에 맞게 문명화되어야 한다. 그러지 않고 우리의 계몽된 인간상이 지금껏 일구어 낸 소중한 업적들과 인간 존엄에 관한 우리의 복잡한 관념을 희생시켜 가면서까지 그런 자본주의를 맹목적으로 추종하게 되면 디스토피아의 나락으로 급격하게 떨어질 수밖에 없다. 여기서도 가장 짧은 길이 가장 좋은 길은 아니다.

인간적 미래 사회는 사생활의 권리를 경제적 관점으로 재지 않는다. 그것은 오늘날 노예제나 아동 노동의 문제를 경제적 논리로 접근하지 않는 것과 같다. 그것은 합법적인 정보 도둑 문화가 한 사회의 도덕을 어떻게 만들지 상상해 보기만 하면 된다. 낯선 자들이 우리의 정보를 빼내서 이용하고, 우리를 기만하고 멋대로 착취하는 것이 완전히 합법적이라면 모든 자유민주주의의 중요한 토대인 **신뢰 문화**는 심각한 타격을 받지 않을까? 그로 인해 사회는 어떻게 변하게 될까? 그렇다고 미국 인터넷의 선구자 재런 러니어가 제안한 것처럼 개인 정보를 이용당하는 사람들에게 디지털 콘체른이 약간의 금전적 보상을 해 주는 게 옳은 처방일까?[87] 그리되면 사회적 근본 가치에 대한 그들의 배신행위는 돈 몇 푼으로 정당화되지 않을까? 그런 제안은 절대 거대한 사회악을 퇴치하는 길로 나아가지 못한다.

물론 이 문제에 대해 반대 입장을 취할 수도 있다. 인공 두뇌의 테크노크라시technocracy로 성숙해 가는 과정에서 문화적 변화가 일어나는 것이 그렇게 나쁜 일일까? 전 세계 사람들은 디지털 세계의 축복을 전반적으로 비판 없이 받아들이고, 그 결과에 만족하고 있지 않은가? 게다가 판도라의 상자는 이미 열렸고, 그것을 도로 닫을 방법은 없다. 그렇다면 남은 방법은 그것에 적응하고, 평화롭게 사는 방법을 찾는 것이다. 시민들은 자신이 유저로 격하되고, 자신의 정보가 판매되더라도 반발하지 않는다. 그들은 지금껏 디지털 기업들이 제공하는 것들을 즐겁게 이용해 왔고, 그것이 재미를 주는 한 허구적 가상 세계 속으로 기꺼이 들어갔다. 이것이 세상의 순리가 아닐까? 미국의 철학자 프랜시스 후쿠야마가 동구권의 붕괴 이후 예고했던 것처럼 자유 민주주의가 역사의 끝은 아닐 것이다. 어쩌면 그것은 테크노크라시와 자율적 기계 시대로 가는 도상의 중간 정거장에 지나지 않을지도 모른다.

그러나 이러한 길은 앞서 말한 것처럼 자연법칙으로 미리 예정된 것이 아니다. 소위 인류의 예정된 길이라고 주장했던 다른 모든 길처럼 말이다. 가령 게오르크 빌헬름 프리드리히 헤겔은 인류가 프로이센식 관료 국가로 이행될 거라고 예고했고, 카를 마르크스는 이른바 〈역사의 끝〉으로서 〈계급 없는 사회〉를 그린 바 있다. 그런데 이제 개인 정보의 자유로운 사용에 합법적인 길을 열어 주면 우리는 실리콘 밸리의 과점 기업들을 덩치가 점점 더 커지는 초강자로 키우는 결과를 맞이하게 될 것이고, 이 강자들은 우리의 사회적 시장 경제와 민주주의를 부드러운 방식으로 무력화할 것이다.

그렇다면 자유에 관한 우리 시대의 역설은 바로 다음에 있다. 시민의 자유를 전반적으로 보장하거나 복원하기 위해서는 개인 정보를 사용하는 기업의 자유를 대폭 줄여야 한다는 것이다. 국가가 이 문제에서 자유주의적인 입장을 취할수록 우리의 가치가 잠식되고, 우리의 자유가 파괴되는 일은 점점 늘어날 것이다. 우리의 사회적 시장 경제 정책을 유지하고 기본 질서를 지킨다는 것은 **헌법적으로 보장된 인격권, 특히 정보의 자기 결정권을 되돌려 받는 것을 의미한다.**

정보 독점이 민주주의를 촉진하는 것이 아니라, 오히려 경제와 사회 영역에서 새로운 권력의 불균형을 초래한다는 사실은 대부분의 사람들이 분명히 알고 있다. 또한 시민의 자유권을 중시하는 사람은 인간을 끊임없이 좀 더 정밀하게 조종하려는 사업 모델을 환영할 수 없다. 시민의 개인 정보를 파악하려는 국가의 권한이 제한되어야 한다는 것은 정치적 보편선이다. 그런데 경제에서 위기 신호가 올 때면 이러한 원칙도 방향을 잃을 때가 적지 않다. 이 문제에서는 시민권의 고전적인 대변자인 자유주의자들이 가장 맹목적으로 행동한다.

물론 〈일반인들〉도 이미 오래전부터 자신의 정보를 보호하는 방법과 관련해서 몇 가지 영리한 아이디어를 갖고 있다. 시중에는 『너희는 나를 잡지 못해! *Mich kriegt ihr nicht!*』같은 제목의 책이 많이 나와 있는데, 이런 유의 책들에는 정보 괴물의 마수로부터 눈에 띄지 않고 자신을 지키는 요령과 기술이 적혀 있다.[88] 그런데 그 방법이 간단하지 않다. 시간과 수고를 많이 들여야 하는 일이다. 그래서 이런 방법을 쓰는 사람은 극소수에 불과하다. 게다가 다른 위험도 있다. 그런 방법을 쓰면 정보기관으로부터 주목을 받을 수밖에 없다. 숨길 게 있으니 숨으려고 한다고 생각할 테니까 말이다. 독일에서 누군가 자신의 정보를 인식하지 못하게 하는 것만으로 의심을 사는 것은 참으로 황당하다. 이 사안이 그렇게 복잡한지를 이보다 더 명확하게 보여 주는 것은 없는 듯하다.

기술적 진보가 축복으로 입증되려면 동시에 사회적 진보도 이루어져야 한다. 퇴행의 위험은 확인되는 순간 단순히 인지하는 것에 그치는 것이 아니라 싸워서 없애야 한다. 그것은 제반 사회 문제에 대한 수많은 사회 공학적 해결책으로서, 우리를 금치산자로 만들고 판단력을 잃게 만드는 위험에만 해당되는 것이 아니라, 시민의 정보를 빼내 가는 스파이 행위에도 해당된다. 게다가 이 점에 대해서는 합의가 좀 더 쉬울 것 같은데, 과세 제도도 손봐야 한다. 디지털 시대의 사업 모델들이 세제(稅制)에서 사고 전환을 요구하는 것은 이미 오래전부터 알려진 사실이다. 그럼에도 우리는 국제 세금 규정의 근본적인 개혁을 2018년 현재까지 방치해 오고 있다. 핵심은 가치 창출의 형태와 과세 지역을 밀접하게 연결시켜야 한다는 것이다. 다시 말해 납세자는 자신이 돈을 번 곳에서 세금을 내야 한다. 그를 위해 유럽 연합에 필요한 것은 법인세 책정의 공통 근거이다.

다시 한번 떠올려 보자. 2014년 당시 독일 법무부 장관 하이코 마스는 디지털 콘체른들의 알고리즘을 강제로 공개하는 정책을 추진했고, 당시 경제부 장관 지크마어 가브리엘은 거대한 플랫폼 운영자들의 해체를 언급했다. 그러나 둘 다 시행되지 않았다. 그럼에도 그런 움직임은 여전히 존재한다. 유럽 연합의 정보 보호 기본법은 중요한 발걸음이다. 바퀴는 오래전부터 계속 돌고 있다. 독일과 유럽 기업들이 멋대로 착취해서는 안 되는 개인 정보를 계속 탐하는 동안 실리콘 밸리는 그런 사업 모델에서 벗어나는 중에 있다. 무료 서비스 광고로 벌어들이는 수십억 유로의 수입을 자발적으로 포기하겠다는 뜻이 아니다. 로봇카에서 사물 인터넷에 이르기까지 인공 지능과 관련한 많은 아이디어에 광고 수입이 반드시 필요한 것은 아니다. 기껏해야 그것은 어차피 값을 치른 상품에 대한 부수입일 뿐이다.

그런데 이러한 새로운 사업 모델에 대해서도 깊은 숙고와 대처가 필요하다. 유럽 연합의 국가들은 지금껏 빠른 네트워크 구축에 엄청난 돈을 투자하고도 왜 그것을 이용하는 업체들로부터 비용을 다시 거두어들일 생각을 하지 않는가? 송전선에는 돈을 내면서 왜 광케이블에는 돈을 내지 않는가? 그것은 〈자율〉 주행 자동차도 마찬가지이다. 독일 납세자들의 돈으로 건설한 도로를 이용하는 사람은 마땅히 그에 상응하는 요금을 내야 한다. 외국 인터넷 콘체른들이 독일 인프라를 기반으로 돈을 번다면 왜 그런 시설을 무료로 이용하는가? 가령 구글이 자율 주행 자동차 서비스를 일정한 요금을 받고 독일 도시들에 제공한다면 왜 그에 대한 보상을 하지 않는가? 다시 말해 왜 통행세를 내지 않는가? 자치 단체나 납세자들이 수십억 유로를 들여 건설하고 관리하는 도로가 아닌가?

또 다른 도전은 사물 인터넷이다. 이용자의 신체 정보에 의거해서 그 사람의 체형에 맞고 건강에도 도움이 되도록 설계한 사무용 의자는 센서 기술과 정보 처리를 통한 〈사물들〉의 협업을 보여 주는 정말 무해한 보기이다. 하지만 적용할 것이 많아질수록 문제도 뚜렷이 드러난다. 즉 이용자에게 뭐가 〈올바르고〉, 뭐가 〈건강한지〉 결정하는 것은 프로그램이라는 것이다. 이는 사고를 피할 수 없을 때 차가 어떤 원칙으로 움직여야 하는지 프로그램화된 자율 주행 자동차의 상황과 다르지 않다. (나는 사람의 생김새에 대해서 자동차가 전혀 〈인식하지 못해야〉 한다는 해결책을 제시한 바 있다.) 그런데 인간을 전혀 〈인식하지 못하는〉 상태로 두어서는 안 되는 시스템도 있다. 그럴 경우 시스템의 기능 자체가 별 의미 없기 때문이다. 그런 시스템들은 고도의 〈생활 환경 지능ambient intelligence〉을 가지고 있어서 센서가 매우 정확히 대상을 인지한 다음, 입력된 프로그램에 따라 결정을 내린다. 법률가이면서 작가인 이본 호프슈테터는 우리의 기본 가치와 규범을 고려해서 그런 결정을 〈윤리적으로〉 프로그램화해야 한다고 주창한다.[89] 그러나 그런 프로그램이 결코 인간이 할 수 있는, 윤리적으로 세분화된 숙고의 수준

인간성을 위한 규칙들: 나쁜 사람과 좋은 사람

에 이를 수 없음은 명백하다. 그것도 도덕 문제에서는 합리적 이유와 직관적 충동이 서로 밀접하게 연계되어 있을 때가 많기 때문에 그런 것이 아니다. **따라서 더 중요한 논점은 우리가 어떤 영역에서 사물 인터넷에 결정을 맡기고, 또 어떤 영역에서 우리의 생명에 대한 결정권을 프로그램 코드에 맡길 수 없는지에 맞추어져야 한다.** 앞서 살펴본 많은 솔루셔니즘적 아이디어들에 대한 고찰이 이 문제와 관련해서도 도움이 될 것이다.

이런 문제의 해결에는 오늘날 여기저기서 쏟아져 나오는 창업에 대한 국가적 지원도 필요하다. 어느 한 분야에서 여러 문제를 멋지게 잘 조정한 사람은 다른 분야에서 혁신과 발전, 성장을 원하는 사람에게는 자극이 될 수밖에 없다. 에너지를 절감하고, 새로운 환경 기술을 개발하고, 인간 존엄에 맞는 난민 숙소를 3D 프린터로 제작하고, 훌륭한 아이디어를 네트워크화해서 확산하고, 정보기관을 좀 더 합리적으로 통제할 방안을 강구하며, 단순한 정보 전달 대신 진정한 교육을 장려하는 모든 똑똑한 아이디어들은 인간적 미래를 위해 시급하게 지원되어야 한다. 또한 기업가 정신과 시민의 창의력을 촉진하고 싶은 국가라면, 이 모든 것이 결국 국민 경제에도 유익하다는 사실을 직시해야 한다. 그러나 성공하자마자 구글이나 페이스북에 팔려 버리는 창업은 정반대의 결과를 낳는다. 그런 창업은 지원해서는 안 된다.

인간적인 미래 사회에서는 개인 정보 거래가 금지된다.

개인과 관련된 정보는 구체적으로 사용될 경우에만, 그리고 그때그때 동의를 얻을 경우에만 허용된다. 정보의 자기 결정권은 높은 수준으로 존중되어야 하고, 그것만이 시민의 자유를 비롯해 자율성과 민주주의를 공고히 한다. 디지털 인프라는 시민들이 디지털 세계에서 정보를 얻고, 소통하고, 방향을 정립하는 데 필요한 것으로, 국가가 구축해서 무료로 제공해야 한다. 사물 인터넷 같은 디지털 네트워킹은 인간에게 봉사해야 하고, 인간이 선한 이유에서 자율적이고 윤리적으로 행동하는 모든 지점에서는 멈추어야 한다.

다른 사회:
화폐 시대와의 작별

우리는 어디로 가려고 하는가? 미래 사회는 자유롭고 자율적인 인간들의 사회이다. 또한 삶의 작은 일에서 즐거움을 느끼고 의미를 찾는 인간들의 사회이다. 사냥꾼으로서 미지의 새로운 체험을 찾든, 목동으로서 가족과 친구, 그리고 도움이 필요한 다른 사람들을 돌보든, 혹은 비평가로서 사회에 대해 숙고하고 사색하든 상관없다. 또한 정원을 가꾸든, 거대 프로젝트를 추진하든, 이웃들을 격려하고 고무하든, 또는 이웃의 심신을 돌보든 전혀 상관없다. 삶은 오늘날보다 훨씬 많은 품위와 자유, 발전 가능성을 제공한다. 이곳은 남들에 의해 부추겨진 욕망과 자신의 진정한 욕망을 구분할 줄 알고, 미래 세대의 비용으로 살지 않으려고 최선을 다하는 책임감 넘치는 사람들이 사는 사회이다. 의학은 점점 개선되고, 기대 수명은 높아지며, 매연을 내뿜는 교통은 소음 없이 굴러가는 교통으로 대체된다. 더 많은 식물과 더 많은 녹지, 더 많은 휴식과 고요, 명상이 이 세계 속으로 진입하고, 대신 삶의 배경에서는 지칠 줄 모르는 인공 지능 기계들이 인간의 복리를 위해 일한다. 노동 세계의 분주함과 스트레스는 말없이 일하는 기계들의 몫이다.

이런 현실, 혹은 그 현실의 중요한 부분은 어떻게 만들어졌을까? 우리가 살았던 2018년의 그 이상하게 혼란스러웠던 시대를 떠올려 보자. 한편, 디지털이 발달한 나라에서는 돈을 위해 일하는 사람이 점점 줄어들 거라고 낙관적인 전망을 내놓았다. 또한 주 82시간 노동에서 시작해 오늘날 37.5시간으로 줄어든 그 과정은 점점 진전되면서 훨씬 더 많은 사람들이 생계의 위협과 불안, 압박감 때문에 매달려야 했던 지루하고 무가치한 노동으로부터 해방될 거라고 약속했다. 그 대신 스스로를 갈고 닦고 펼쳐 나갈 가능성은 과거에 비해 이미 무한대로 증가했고, 계몽주의가 품었던 그 담대한 꿈을 훌쩍 뛰어넘어 버렸다.

하지만 다른 한편으로, 2018년에는 가파르게 추락할 크나큰 위험도 함께 도사리고 있었다. 20세기 말에 우리가 전반적으로 도달했던 성숙함과 자율성에서 인간의 행동이 점점 더 의도적으로 조종되는 사회로 추락할 위험이었다. 이는 반성하는 판단력의 무력화 속에서 탐욕을 자극하고 불을 지피는 발전이었고, 문화적·윤리적·정치적 능력을 위축시키는 사회적 표류였다. 게다가 인간들로 하여금 기계와의 융합에 동의하게 하고, 자신의 몸에 칩을 심게 하며, 급기야 모든 인간적인 것은 쓸모없어지고, 그래서 모든 휴머니즘이 기계의 독재하에서 사멸하고야 마는 표류였다.

인류의 야심 찬 꿈과 악몽, 이 둘은 2018년에는 아주 가깝게 나란히 서 있었다. 그런데 제1차와 제2차 산업 혁명 때도 정확히 그러지 않았던가? 노동자의 운명은 경악스러웠고, 자본가는 그것을 문제로 보지 않았다. 마르크스조차 집단적 가난을 향해 계속 이렇게 진행될 거라고 믿었다. 노동자를 점점 빨라지는 속도에 맞춰 컨베이어 벨트 앞에서 단순히 손이나 놀리는 존재로밖에 보지 않았던 제2차 산업 혁명 시기 등장한 테일러리즘*의 냉소적 인간상도 떠오른다. 이런 상황에 언젠가는 변화가 찾아올까? 20세기 초 대부분의 경제학자들은 해방을 예견하지 않았다. 스스로를 역사의 목표로 오인한, 테일러리즘에 못지않은 냉소적 인간상으로 무장한 스탈린주의의 흡입력도 떠오른다. 그렇다면 〈디지털 테일러리즘〉, 즉 인간을 인간에 대한 정보와 그 정보의 효율적 착취로 환원시키는 시대가 왜 역사의 종착지여야 하는가? 새로운 테크놀로지와의 교류에서 수정 가능한 하나의 과도기가 아니라 말이다.

실리콘 밸리가 예견한 일이 모두 실현되지는 않을 거라는 단서는 많다. 세 가지 거대한 위기가 오늘날 저 수평선에서 서서히 모습을 드러내고 있기 때문이다. 이 위기들이 던진 충격으로 우리의 경제 활동 방식은 지금까지 관행적으로 계속 이어져 온 것을 답습하지는 않을 것이다. 첫 번째는 **소비 위기**이다. 오늘날도 그렇지만 미래에도 디지털 합리화와 물류의 최적화로 경제적 생산성이 높아지면 새로운 직업을 얻는 사람보다 기

---

* 미국의 경영학자 프레더릭 윈즐로 테일러가 창시한 과학적 관리 기법. 노동자의 움직임, 동선, 작업 범위 등을 표준화해서 생산성을 높이는 체계. 이 방법은 많은 나라의 생산과 기술의 조직화에 큰 영향을 끼쳤지만, 인간은 기계처럼 취급받는 것에 분노를 느낀다는 점을 간과한 한계가 있다. 다시 말해 노동이 단조로운 작업들로 세분화될 경우, 노동자의 창의성이 개입될 여지는 거의 없다.

존의 직업을 잃는 사람이 훨씬 많을 것이다. 그와 함께 구매력은 떨어질 수밖에 없다. 게다가 고객 정보를 체계적으로 활용해 소비를 진작시킨다고 해서 전체적으로 경제 성장이 이루어지는 것은 아니며, 단지 작은 기업에서 큰 기업으로의 점진적인 이익 이전만 생겨난다. 생산성 증가에 따른 이익이건, 소비 증가에 따른 이익이건 구매력에는 도움이 되지 않는다. 이런 의미에서 이미 1970년대부터 시작된 그 발전선상에서 디지털화가 비롯되고, 그 발전을 가속화한다. 즉 내수 시장에서 수요에 상응하는 증가 없이 경제의 체계적인 효율성만 가속화하는 것이다. 수출과 부채, 금융 자본주의가 오랫동안 은밀하게 유지해 온 것들이 이제 명백하게 드러날 상황에 처해 있다. 즉 우리의 경제 방식이 앞으로는 국민 경제의 실질적인 성장으로 이어지지 못하리라는 사실이다.

지금도 이미 GAFA 같은 기업들의 막대한 결산 이익은 미국의 국민 경제에 별 도움이 되지 않는다. 자율 주행 자동차처럼 인공 지능에 기반한 미래의 사업 모델들이 상용화되면 그렇지 않아도 어려움을 겪고 있는 미국 자동차 산업에는 최후의 일격이 될 것이다. 기술의 무수한 다른 영역도 마찬가지이다. 그런데 독일 같은 나라들에서 극적인 상황이 벌어지기 전에 미국이 먼저 직격탄을 맞을 가능성이 높다. 도널드 트럼프 같은 현상은 지금 다가올 지진을 벌써 예고하고 있기 때문이다. 실리콘 밸리의 기술적 유토피아는 공기가 희박한 공간에서는 번창하지 못한다. 그것이 국민 경제적으로 문제점이나 심지어 재앙을 야기한다면, 기하급수적인 성장은 물론이거니와 직선적인 성장도 어렵다. 하이테크 콘체른과 그 투자자들이 기본 소득을 부르짖는 이유도 바로 거기에 있다. 하지만 기본 소득이 정녕 그들의 문제를 해결해 줄까?

GAFA 같은 기업과 그 투자자들이 우리에게 제시하는 아름다운 신세계에 대한 가장 강력한 반론은, 그 신세계가 그들의 약속과는 달리 경제적으로 제대로 작동하지 못하리라는 데 있다. 한편으로 많은 사업 모델은 아직 자리를 잡지 못한 순수한 미래 기업일 뿐이다. 승객 중개 서비스업체인 우버는 매년 약 10억 달러의 손실을 보지만, 그로 인해 세상을 매일 조금씩 더 낫게 만든다는 명목으로 이 기업에 많은 돈을 퍼부은 사우디아라비아나 골드만삭스 같은 투자자들이 크게 불안해하는 것 같지는 않다. 우버의 가치는 결산표상의 실질적인 손실이나 6백 억 달러로 추정되는 상상 금액에 있는 것이 아니라 투기꾼들의 희망에 있다. 디지털 경제에서 이런 기업이 우버 하나만은 아니다. 수많은 디지털 콘체른의 가치는 그것들의 약속에 신뢰를 보내는 〈미래 투자형 펀드〉나 벤처 캐피털 자금의 꿈을 먹고 산다. 에어비앤비든, 웜두Wimdu든, 아니면 어깨에 잔뜩 힘이 들어간 전자 학습 영역이든 간에 실제로 수익이 나는 사업 모델은 거의 어디서도 보이지 않는다. 만일 막대한 자본의 유입을 가능케 하는 손쉬운 신용 대출 제도로 인해 경제적 거품이 생긴다면 2007~2009년의 세계 금융 위기는 분명 머지않아 엄청난 디지털 위기로 다시 찾아올 수 있다.

그럴수록 독일 같은 나라들이 디지털 소비재 경제에 너무 과하게 종속되지 않는 것이 더더욱 중요하다. 특히 모든 사람을 상대로 이윤에만 초점을 맞추는 서비스업에 말이다. 품질 좋은 전기톱, 나사, 산업용 섬유, 또는 여행용 트렁크를 제작하는 것은 미래에도 독일 경제의 중추로 남을 것이다. 반면에 실리콘 밸리가 우리에게 미리 그려 보인 총체적 테크노 영역으로의 길은 분명 경제적 이유 때문에 아무런 장애가 없는 곧은길이 될 수는 없다. 물론 사회적 평화를 위해 인구의 3분의 2를 가상 오락으로 진정시킬 수는 있겠으나, 그게 성공하더라도 인공 지능에 수천억 달러를 투자한 이들에게 수익금을 돌려줄 만큼 충분한 소비력이 생성되지는 않을 듯하다. 어쨌든 소비에 의존한 디지털 경제는 엄청난 난관에 직면할 수밖에 없다. 미래에는 극소수의 사람만이 우리의 시스템을 지금까지의 방식으로 유지할 수 있을 만큼 돈을 벌 것이다. 바로 이것이 옛 시스템의 그렇게 많은 수익자들이 선진 산업 국가에서 임박한 대량 실업을 과소평가하는 이유일 것이다. 왜냐하면 지금까지의 길이 이렇게 지속될 수 없음을 어렴풋이 깨닫는 순간, 필연적으로 근본적인 대안을 숙고할 이유가 생기기 때문이다. 현재 독일에서도 거대 경제 단체들은 그런 것에 별 관심을 보이지 않는다.

이로써 두 번째 위기는 이미 거론되었다. 미래에도 많은 사람이 경제적으로 소비자로서 필요하겠지만, 단지 **소비자의 기능으로서만** 그럴 뿐이다. 이스라엘의 역사학자 유발 노아 하라리는 『호모 데우스*Homo Deus*』에서, 계몽주의의 자유로운 인간상이 군사적인 면뿐 아니라 경제적 면에서도 그것으로 이익을 기대할 수 있을 때에야 비로소 관철된다는 사실을 보여 주려고 많은 애를 썼다. 용병 부대가 국방의 의무에 자리를 내주고, 공장에서도 일할 인력이 필요해지자 국가는 국민에게 여러 권리를 부여하고, 인간을 개인으로 선포했다. 인간이 그 자체로 필요했기 때문이다. 하라리의 이 테제를 그대로 따를 필요는 없다. 19세기 초 공장에서는 개인이 필요하지 않았고, 인권이 오직 제복을 입은 시민들의 동기 부여만을 위해 선포된 것도 아니었다. 하지만 최소한 도덕과 자본주의 경제가 자유주의 속에서 한시적으로나마 동맹을 맺었다는, 그러니까 미래에는 더 이상 필요 없어질 그런 식의 동맹을 맺었다는 하라리의 결론은 맞지 않을까? 〈만일 대중이 그들의 경제적 중요성을 상실하게 되면 인권과 자유는 계속 도덕적으로 정당화될 수 있을까? 그것들에 대한 도덕적인 논거가 충분할까? 만일 개인에게 경제적 능력이 없어진다면 엘리트 계층과 정부는 개별 인간에게 계속 가치를 부여할까? …… 이지적 능력을 상실한 인간은 경제적 가치까지 잃을 위기에 처해 있다.〉[90]

인간을 정보의 집합체, 또는 디지털 기술상의 인터페이스를 찾는 결함 있는 컴퓨터로 간주하는 실리콘 밸리의 인간상을 자세히 들여다본 사람이라면 하라리의 염려에 쉽게 공감할 것이다. 왜냐하면 정보의 형태로 수집된 인간의 삶을 하나의 상품처럼 무제한으로 거래하고, 정치를 사회 공학으로 대체하려하며, 게다가 더 나은 세상을 만들어 주겠다고 여전히 웃으면서 말하는 사람은 휴머니즘이나 인권의 측면에서는 기대할 것이 많지 않기 때문이다. 따라서 하라리의 말은 충분히 옳을 수 있다. 제1차 산업 혁명 시기에 생겨난 옛 사회, 즉 자유주의-자본주의적 경제와 계몽주의의 자유로운 근본 가치가 결합된 사회는 끝났다. 그것의 토대였던 시민적 노동 사회와 성과 사회가 사라졌기 때문이다. 이 책에서 일찍이 설명되었던 이 테제는 이제 좀 더 선명한 깊이를 얻었다. 그렇다면 그다음에는 뭐가 올까?

소비 위기와 **하라리 위기** — 두 번째 위기는 이렇게 부르도록 하자 — 는 〈이대로 계속〉을 외치는 길 위에서 벌어지는 작디작은 혼란들이다. **그것들은 둘 중 하나, 즉 우리의 자유로운 인간상이나 경제 활동 방식에서 일어나는 변혁의 징조이다. 우리의** 이 상황은 우리가 하나의 결정 앞에 서 있다는 것을 깨달을 때에야 이해할 수 있다. 실리콘 밸리의 초자본주의는 지금까지처럼 더 이상 계속 돌아갈 수 없고, 아울러 가식과 위선의 경우가 아니라면 계몽의 가치를 높이 평가하지 않는다. 상승하는 **해방 노선**(인간을 임금 노예에서 자율적으로 행동하는 존재로 만들어 주는 길)과 추락하는 **금치산 노선**(인간의 판단력을 프로그램 코드로 점진적으로 대체하는 길)은 시스템 자체를 풍비박산 내지 않고는 상반된 방향으로 계속 이렇게 무한정 달려갈 수 없다.

이러한 혼돈의 흐름은 전체 규모 면에서 앞선 두 위기를 훨씬 뛰어넘는 세 번째 위기, 즉 **생태적 위기**를 통해 더욱 심화된다. 그사이 점점 글로벌화한 우리의 전체 경제 모델은 2018년에도 무한 성장을 목표로 삼고, 여전히 자원의 무분별한 착취와 심각한 환경 부담의 길로 설정되어 있다. 이대로 계속 나아가서는 안 된다는 것은 기본적으로 누구나 안다. 하지만 일상으로 돌아오면 우리는 다시 잊어버린다. 어쨌든 거기서 어떤 진지한 결과도 도출해 내지 못한다. 자본주의는 흔히 **성장해야만** 유지된다고 한다. 그게 맞다면 자본주의는 금세기에 지구를 전반적으로 사람이 살 수 없는 곳으로 만들어 버릴 것이다. 전체 인간의 4분의 1에 해당하는 부유한 산업 국가의 주민들이 현재 전세계 자원의 4분의 3을 소비한다. 그중 대부분의 자원은 유한하다. 이런 의미에서 디지털화는 재앙을 품은 발전을 강화한다. 디지털 기술은 대개 재래식 기술보다 훨씬 더 많은 에너지를 필요로 한다. 암호 화폐 비트코인의 테크놀로지만 보더라도 1년에 거의 덴마크 전체가 쓰는 만큼의 전기를 소비한다.[91] 구글과 페이스북은 못 하는 게 없지만, 환경 변화를 중지시키거나 마실 물을 증가시켜 주지는 못한다. 그들은 결코 성장의 굴레에서 벗어날 수 없다. 구글이 에너지를 좀 더 효율적으로 소비하는 방향으로 나아가고 있다고는 하지만, 디지털 기술 자체가 점점 더 많은 에너지를 필요로 할 뿐 아니라 그런 기술이 점점 더 늘어나고 있다는 점을 감안하면 구글의 노력은 별 의미가 없다. 결국 디지털화는 자원 착취와 환경 변화를 점점 가속화한다.

세 가지 위기와 관련해서 특히 난감한 것은, 그 셋에 대해 동일하게 보조를 맞추며 대응할 방법이 없다는 것이다. 만일 생산성의 증가에 비해 소비 수준이 너무 낮다는 진단이 맞다면 해결책은 소비를 더 늘리는 것이다. 이런 맥락에서 경제학자 하이너 플라스베크 같은 사람은 소비 진작을 위해 임금을 훨씬 더 높여야 하고, 그러면 모든 게 순리대로 돌아갈 거라고 주장한다.[92] 그러나 어제의 처방이 내일의 문제를 해결하지는 못한다. 그것은 그들이 자신들의 도식에 맞지 않는다고 해서 그렇게 평가 절하하길 좋아하던 노동 사회와 성과 사회의 경제적 변혁에 눈을 감은 것이나 다름없다. 게다가 그들은 우리가 절박하게 극복해야 할 소비주의의 이데올로기를 계속 옹호하고 있다. 앞서 살펴본 것처럼, 오늘날 시민 의식의 결여에 기여하고, 〈조급하고 게으른〉 소비자를 양산하며, 생태적 재앙에 계속 불을 지피는 것은 부유한 나라들에 뿌리박힌 초소비주의이다. 달리 말해서, 소비 위기를 제거하려면 우리는 생태 위기를 더 고조시킬 수밖에 없는 것이다.

이런 엄청난 도전을 고려하면 실리콘 밸리에서 인기 있는, 스탠퍼드 대학교의 다음 모토를 인용하는 것은 너무 냉소적으로 비칠까? **〈모든 문제는 기회다. 문제가 더 클수록 기회도 커진다.〉** 시대의 전환기마다 그러했듯이 큰 혼란에 대한 걱정이 생기고, 기존의 혼란은 강화된다. 접합제가 부스러지면 대팻밥이 사방으로 날리는 법이다. 또한 균형이 무너지면 사방에서 여러 이상 현상이 일어난다. 기후 변화의 가속화로 삶의 토대를 빼앗긴 수백만 명의 사람들, 거대한 이주 물결, 미친 듯이 날뛰는 민족주의, 분리주의, 보호주의, 인터넷상에서 분노와 증오의 문화, 정치 혐오, 시선 돌리기용 전쟁, 음모론으로의 도피, 소수 민족을 탄압하는 민병대(미국에서 일어난 일이지만, 단지 미국 만의 일은 아닐 것이다) 같은 현상들이다.

　　이런 상황은 거대한 변혁을 예고한다. 왜 그렇지 않겠는 가? 제1차와 제2차 산업 혁명도 사회를 급격하게 변화시켰다. 프롤레타리아 계급의 생성에서부터 노동 운동을 거쳐 여성의 참정권에 이르기까지. 물론 미래 사회가 더 나아질지, 아니면 더 나빠질지는 정해져 있지 않다. 야만으로의 퇴행은 정신 나간 지도자의 등장에 따라 언제든 가능하다. 혹자들은 디지털 통제 자본주의가 계속 진전을 이루고 경제적으로도 큰 성공을 거둔 중국을 힐끔거린다. 경쟁력을 잃지 않으려면 유럽도 그것이 필 요하지 않을까? 그러나 21세기에 우리의 자유를 위협하고 환경 을 급속도로 파괴한 사업 모델에 수조 달러를 투자한, 곳곳에서 맹위를 떨치는 자본주의가 선(善)이 아니라는 사실은 오늘날 많 은 사람들이 공감하는 사실이다. 불만은 실업자와 서민들의 반 지하 단칸방뿐 아니라 가난한 시인과 좌파 지식인들의 다락방, 그리고 콘체른 경영자와 〈결정권자들〉의 집무실에서도 터져 나 오고 있다. 미국의 거대 투자자 조지 소로스가 볼 때 구글과 페 이스북은 〈중독을 촉진하고, 독립적인 사고를 위협하며, 독재자 들에게 국가 재정으로 국민을 감시하는 길을 열어 준〉 독점 기 업이다. 열린 사회는 위기에 처해 있고, 민주주의는 위협받으며, 문명의 생존은 백척간두에 서 있다.[93]

미국의 철학자 존 롤스의 시대 이후 자유주의자들의 신앙 고백은 이렇다. 국가 내의 불평등은 사회적 약자들이 그것으로 최대의 이익을 누릴 수 있을 때만 정당화된다! GAFA나 글로벌 금융 산업의 수혜자들에 대해서는 그런 말을 할 수 없고, 하늘 높은 줄 모르고 올라가는 축구 선수들의 말도 안 되는 연봉에 대해서도 그런 말을 할 수 없다. 국제 빈민 구호 단체 옥스팜Oxfam의 보고서에 따르면 62명의 세계 최고 부자들이 가난한 사람 36억 명만큼의 재산을 갖고 있다고 하는데, 그게 사실이라면 글로벌 자본주의는 더 이상 모든 가능한 세상 중에서 최상의 세계가 아니라 급속도로 추락할 일만 남았다. 그것은 자기 수정 메커니즘으로 저지할 수 있는 일이 아니며, 어떤 정부의 개입으로도 막을 수 없다. 그렇다고 오늘날 우리가 알고 있듯이, 속 빈 강정 같은 자본주의가 깃발과 바리케이드가 난무하는 혁명으로 대체될 수도 없다. 그것이 무너진다면, 그 토대 자체를 앗아 가는 기술 혁명을 통해, 그리고 그 모순에서 발생한 좋은 아이디어를 통해 무너질 것이다. 그렇다면 그다음에는 무엇이 올까?

디지털 경제와 관련한 좌파의 문헌들에는 자본주의가 붕괴할 거라는 마르크스의 예언이 곧 사실로 입증된다는 글귀로 가득하다. 그러나 입증될 것은 프롤레타리아 혁명을 이야기한 마르크스의 초기 버전이 아니라 『자본론Das Kapital』 제3권에 나오는 후기 버전이다. 즉 자본주의 경제는 상품을 더 효율적으로 생산할수록 수익성이 떨어지고, 그러다 보면 언젠가 시스템

위기가 찾아올 거라는 것이다. 금융 자본이 아무리 실리콘 밸리에 막대한 자금을 투자해도 소비 경제에는 유의미한 돌파구가 생기지 않는다. 게다가 디지털 경제가 점점 더 높은 수준으로 기술화될수록 상품 가격은 점점 저렴해져서 결국에는 더 이상 어떤 수익도 생기지 않을 것이다. 또한 디지털 경제의 거대 독점 기업들은 자신들의 사업 모델 주변에 설치한 보호 울타리가 허물어지면 오늘 당장이라도 몰락할 수 있다. 소셜 네트워크, 검색기, 음성 인식 서비스, 사물 인터넷이 왜 공공재가 되어서는 안 된단 말인가? 모든 지식이 민주화될수록 그런 지식을 토대로 수익 지향성 사업을 운영하는 자본가들은 점점 필요 없어질 것이다. 마르크스가 1858년에 이미 요구한 것처럼 지식과 소통은 자본의 〈수단〉에 그치는 것이 아니라 모두의 소유여야 한다. 실제로 그렇게 된다면 지식과 소통은 자본주의를 〈공중 분해시켜〉 버릴 것이다.[94]

그러나 일부 사람들이 소망하는 그런 일은 논리적으로나 현실적으로나 결코 벌어지지 않을 것이다. 왜냐하면 현재 급속도로 형성되고 있는 실리콘 밸리의 거품이 터진다고 해도, 그것은 원래 거품이 많이 낄 수밖에 없는 자본주의 역사에서 수많은 거품들 가운데 하나에 지나지 않기 때문이다. 더구나 자본가들은 늘 그래 왔듯이 이번에도 수익률 하락에 맞서 매우 창의적으로 대응하고 있다. 글로벌한 시장, 전쟁, 그리고 실제 화폐와 가상 자본의 대담한 증식 같은 수단으로 말이다.

또 다른 문제도 있다. 자본주의가 붕괴할 경우 그 사업 모델들을 공동선 경제로 탈바꿈시키려면 누가 주도권을 잡아야 할까? 분명 〈프롤레타리아트〉는 아니다. 그렇다면 미국 정부나 유럽 연합이 잡아야 할까? 가능성이 없지는 않지만 높지도 않다. 그렇다면 시민, 특히 교육받은 중산층이? 그렇다. 굳이 선택해야 한다면 그들이 주도권을 잡아야 한다. 하지만 어떤 시스템을 건설하는 것이 최선일까? 사회주의? 이것은 분명 아니다. 역사가 가르쳐 주듯, 순수한 형태의 모든 사회주의는 국가 독재, 또는 결국에는 가장 힘세고 잔인한 인간들이 새로운 과두로 올라서는 무정부주의에 빠졌기 때문이다.

현실적인 길은 자본주의의 철폐가 아니다. 더구나 그것을 위한 〈혁명적인 주체〉가 존재하는 것도 아니고, 청사진으로서의 사회주의가 전체 경제를 위한 대안도 아니다. 1883~1884년에 오토 폰 비스마르크는 자신의 사회 입법으로 제1차 산업 혁명의 어두운 면을 개선하고, 맨체스터 자본주의의 단점을 보완했다. 1930년에는 〈프라이부르크학파〉의 사상가들이 공산주의와의 체제 경쟁에서 자본주의를 좀 더 매력적이고 지속적인 것으로 만들기 위해 자본주의에 사회주의적 요소를 심어 넣었다. 이른바 사회적 시장 경제의 탄생 순간이다! 그들의 구상은 제2차 산업 혁명을 좀 더 높은 문명적 수준으로 이끌었고, 1948년 이후에 지속된 굉장히 성공적인 독일 경제의 토대를 구축했다. 제4차 산업 혁명을 맞아 우리는 또다시 변화된 경제 조건하에서 새로운 질서와 균형을 만들어 낼, 그러니까 새로운 사회 계약을 체결해야 할 과제 앞에 서 있다. 우리가 비스마르크에서부터 프라이부르크학파를 거쳐 온 상승선을 이어 가려면 더 많은 사회주의를 자본주의에 심어야 한다. 그렇지 않으면 엄청난 경제적·사회적 붕괴의 위험에 빠질 수 있다.

이 과제를 해결하기 위한 첫걸음은 무조건적인 기본 소득의 도입이다. 물론 안타깝게도 출판업자 마티아스 그레프라트 같은 좌파 비판가들은 여전히 기본 소득을 경제적으로 쓸모없는 잉여 인간을 〈사회적 시혜의 대상〉으로 전락시키는 시도로 보고 있지만 말이다.[95] 골수 좌파의 그런 본능적인 방어 기제는 너무 근시안적이다. 다시 말해 적절하게 높은 수준의 기본 소득은 기업들의 돈벌이 활동을 〈성과 사회〉라는 이름으로 위장하고, 인간들을 심리적으로 그 질서 속에 강제로 편입시키려는 사회적 게임 규칙으로부터 수백만 명의 사람을 해방시키기 때문이다. 무조건적인 기본 소득은 **사회주의적 발상을 통한** 더 많은 자유의 확보를 의미한다. 기본 소득과 함께 많은 사람들이 실제로 자신이 **누구를 위해 어떻게** 일할지에 초점을 맞출 수 있다. 그로써 사냥꾼, 목동, 비평가가 사는 미래 사회로의 진입이 가능해진다. 21세기의 〈비(非)노동 운동〉은 19세기의 노동 운동처럼 인간성을 되찾아야 한다. 경제 영역에서의 무조건적인 효율성 추구로 인해 벌써 어느 정도 영토를 잃었고, 앞으로는 훨씬 더 많이 잃을 위험에 처한 인간성을 말이다.

물론 기본 소득은 궁극적인 해결책이 아니라, 단지 지속 가능한 시장 경제의 미래로 나아가는 첫걸음일 뿐이다. 교육 제도의 변화도 필요하다. 장기적으로 인간이 그것에 복무하는 것이 아니라, 그것이 인간을 위해 복무해야 하는 디지털 경제의 문명화만큼이나 말이다. 자체 동력으로 영원히 굴러갈 거라는 영구 기관 자본주의의 환상이 깨질 경우, 생산의 효율성 상승도 다른 많은 것이 함께 바뀌지 않는 한 사회와 경제에는 분명 별 도움이 되지 않는다. 디지털 기술과 그 사업 모델을 다루는 문제에서 의식의 전환은 생각보다 훨씬 쉽게 일어날 수 있다. 미래가 이미 확고하게 예정되어 있다는 실리콘 밸리의 거대한 허구적 이야기를 철석같이 믿는 많은 회의론자들의 예상보다는 말이다. 우리 사회가 기술의 독재로 나아갈 수밖에 없을 거라는, 이 예정설이 머지않아 우리 눈에 정말 미련한 생각으로 비치지 않을지 누가 장담할 수 있을까? 독일 같은 나라에서 과거에 어떤 의식의 전환이 있었는지 생각해 보라! 1950년대부터 오늘날까지 독일인의 의식과 세계관은 얼마나 엄청나게 바뀌었던가! 멜빵바지, 하인츠 에르하르트식 농담, 전화 교환원, 긴 노동 시간은 오늘날의 젊은이에게는 아스테릭스 시대의 이야기로나 들린다. 1970년대와 1980년대의 세계도 다르지 않다. 그렇다면 앞으로 몇십 년 안에 우리의 의식이 이와 비슷한 식으로 바뀌지 않을 이유가 있는가? 1970년대만 해도 환경을 지키겠다는 생각을 가진 사람은 거의 없었다. 하지만 보라, 오늘날 사람들의 생각이 얼마나 바뀌었는지! 환경 보호를 책임진 사람들 말고도 그런 의식이 없는 사람이 있을까? 환경 보호에 생태 운동이 필요했듯이, 기술을 다루는 문제에서도 인간적 테크놀로지와 그것의 인간적 사용을 주창하는 운동이 필요해 보인다.

물론 이것만으로는 분명 충분하지 않다. 흔히 사회적 대변혁에는 일종의 재앙 같은 일이 필요하다고들 하는데, 그 말은 이번에도 믿을 만해 보인다. 그런 재앙의 맨 앞자리를 차지하는 것은 가능성이 매우 높아 보이는 대량 실업이다. 이 일이 발생하면 무기력 상태에 빠져 있던 정치도 정신을 번쩍 차리고 행동으로 나설 수밖에 없다. 위기가 격화되고 언론이 격분하면 그전까지 많은 사람들에게 대안 없는 선택으로 비치던 사업 모델들이 실은 유일한 가능성이 아니었음이 명백하게 드러날 것이고, 인터넷과 정보, 인공 지능을 다루는 우리의 방식에도 하나의 가능성만 있는 것이 아니라 많은 가능성이 존재한다는 사실도 새삼 깨닫게 될 것이다. 또한 그와 함께 국가에는 더 적극적으로 개입하고 조정하고, 올바른 자극을 가하고, 복지 시스템을 전면적으로 개조하며, 또 고전적 노동 사회와 성과 사회에서 새로운 사회로 바뀌는 과정에서는 시민들을 방향성 없는 상태로 내버려 둬서는 안 된다는 요구가 제기될 것이다.

이로써 2018년은 물론이고 이후의 시대에도 해당되는 정치적 과제가 명확히 그려진다. 정치는 스스로를 힘없는 난쟁이로 취급하는 패배감에서 벗어나야 하고, 〈무기력한 선잠〉에서 깨어나 지금껏 나 몰라라 내팽개쳤던 일들에 대해 다시 통제권을 틀어쥐어야 한다. 자유로운 시장이 스스로 알아서 조절해나가는 것은 기대할 수 없다. 인터넷 경제에서는 어마어마한 몸집의 독점 기업들이 시장을 장악한 것을 고려하면 어차피 시장 자체는 자유롭지 못하다. 이런 상황에서 정치인들은 계몽주의의 자유주의적 인간상이 자신들에게 얼마나 소중한지 보여 주어야 하고, 시민의 기본권에 해당하는 정보의 자기 결정권을 확고하게 보호해야 한다. 왜냐하면 우리의 질서 수호자와 헌법 수호자들은 거의 눈치채지 못하고 있지만, 현재 테크노 유토피아의 부화 장소인 실리콘 밸리에서는 예전에 공산주의를 도덕적으로 붕괴시킨 바 있던 그 조짐이 보이기 때문이다. 더 나은 세상을 만들어 주겠다는 솔루셔니즘적인 약속으로 모든 것을 통제하지만, 누구에게도 통제되지 않는 권력 기구가 탄생할 조짐 말이다.

이런 흐름으로부터 우리는 우리 자신을 지키고 보호해야한다. 정치인과 헌법 재판관들은 우리의 행동을 알고리즘으로 단순화하지 않고, 우리의 삶을 정보 처리로 환원하지 않는 인간상을 지켜 내야 한다. 자유를 위한 이 투쟁은 겉만 그럴싸한 아름다운 말로 결판나는 것이 아니라, 특정한 이데올로기적인 방식으로 인간을 다루지 않는 경제로의 투자와 규제를 통해 결판난다. 꿈에 취해서 돌아다니고 참여를 강요하던 시대는 지나갔다. 인터넷은 더 이상 어떤 정치인에게도 〈신천지〉가 아니다. 팰로앨토의 거대한 저택에서 높은 방화벽을 쌓아 놓고 자신의 사생활을 숨기고 사는 마크 저커버그 같은 인간들은 자신이 무슨 짓을 하고 있는지 안다. 하지만 정보 투명성의 무한한 가치에 대해 열변을 토하는 저커버그의 말에 신뢰를 보내는 사람들은 그렇지 않다.

그렇다면 우리는 디지털 자본주의를 어떤 구체적인 방법으로 문명화할 수 있을까? 미국의 경제학자 스콧 갤러웨이의 말에 따르면 오늘날 진정한 경쟁을 복원하려면 구글과 페이스북, 아마존, 애플의 시장 권력을 해체하는 것 말고는 다른 방법이 없다고 한다. 미국 정부가 머지않은 시기에 그런 수단을 강구할 가능성은 충분해 보인다. 그런 시도가 처음은 아니므로. 그러나 페이스북이나 구글 같은 기업이 하나라면 몰라도 서너 개가 있다면 실제적으로 바뀌는 것은 그렇게 많지 않을 것이다. 그럴 경우 사업 모델은 사업 방침이나 이데올로기만큼이나 별로 침해를 받지 않는다. 실리콘 밸리의 권력이 다른 식으로 분산된다고 하더라도 솔루셔니즘적인 해결과 프로그램 코드가 우리의 삶을 정지시키고, 우리의 발전 가능성을 저해하며, 우리의 민주주의를 망가뜨릴 위험은 상존한다.

디지털 미래의 좀 더 근본적인 문제는 누가 어떤 것을 소유하고, 그 근거는 무엇이냐 하는 것이다. 내 정보는 어떤 경우든 내 것이어야 한다. 네트워크상의 디지털 인프라는 개인의 자유와 계발을 위해 너무나 중요하기 때문에 그것을 예측할 수 없는 사기업에 맡길 수 없다. 여기서 국가에 대한 요구가 나온다. 도로와 에너지 공급과 마찬가지로 디지털 기간 시설을 이윤에만 관심이 있는 제삼자에게 넘겨서는 안 된다는 것이다. 향후 디지털 의제와 관련해서 어떤 법이 통과되더라도 핵심은 네트워크상에서 시민의 자유를 보장하는 것이어야 한다. 그에 따른 경제적인 결과도 흥미로울 수밖에 없다. 자유로운 인터넷은 개인에게 생산적으로 작용할 크나큰 잠재력을 품고 있으니까.

카를 마르크스는 생산력과 생산 수단을 구분했다. 생산력은 무언가를 만들어 내는 모든 것, 즉 노동자와 기계를 가리키고, 생산 수단은 무엇이 누구의 소유인지를 결정하는 제도와 법, 소유 상태를 가리킨다. 제1차와 제2차 산업 혁명에서는 이 두 가지가 엄격하게 분리되었다. 기계와 공장은 노동자의 것이 아니라 사적 수익자의 것이거나, 국가 자본주의의 경우는 국가의 것이었다. 반면에 디지털 세계에서는 완전히 다른 시나리오가 가능하다. 이 둘이 계속 그렇게 명확하게 분리되어야 할 이유가 있을까? 내 노트북이나 스마트폰은 내 것이다. 여기서 나온 노동 성과도 당연히 내 것이어야 하지 않을까? 곳곳에서 지식을 얻을 수 있고, 무척 저렴하면서도 엄청난 능력을 가진 기계가 널려 있는 세계에서는 과거 세계, 즉 증기 기관과 컨베이어 벨트의 세계만큼 분리가 자명하지 않다.

게다가 미래에는 확고한 고용 상태로 일하는 사람의 수가 점점 줄어들 거라는 점을 감안하면, 미래의 노동자들은 왜 자신의 노동력을 자기 자신이나 공동체가 아닌 디지털 대기업을 위해 투입해야 하는지 의문이 들 수밖에 없다. 증기 기관의 발명 이후 첫 2백 년 동안에는 그럴 수 없었지만, 이제는 협력과 분산적 네트워크가 완전히 새로운 방식으로 가능해졌다. 고용된 상태의 생업 노동에 더 이상 매달리지 않는 수많은 사람들이 미래에 자신과 사회에 이익이 되는 활동을 하길 바라는 국가는 오픈 소스 프로젝트와 오픈 콘텐츠 프로젝트,* 특히 그중에서도 공동선을 지향하는 프로젝트들이 가능하도록 최선을 다해야 한다. 물론 이것이 향후 몇십 년 안에 직업을 잃게 될 보험 영업 자나 버스 운전자들에게는 그렇게 큰 위안이 되지 않을 것이다. 하지만 전통적인 디지털 경제의 불만스러운 노동 대신 자기 자 신과 공동체, 그리고 사회를 위해 일하게 될 전망이 높은 젊은 이들에게 열리는 것은 사실이다.

그를 위한 마법의 주문은 〈공유 생산〉이다. 여기서 공유 *Allmende*는 원래 중세의 공유지, 즉 대지주들에게 소유권을 빼 앗기기 전까지 마을과 작은 도시에서 농부들이 함께 일하던 공 동의 토지를 의미했다. 오늘날의 경우, 예를 들면 위키피디아가 그런 공유지에 해당한다. 개인이 각자 자신의 가축을 방목하면 서 모두의 이익을 위해 일하는 그런 공유 방목지 말이다. 물론 위키피디아의 뒷면을 슬쩍 들여다보면 작성된 글에 대한 해석 권이 지극히 불평등하게 편중되어 있는 것은 사실이지만, 그럼 에도 그 원칙만큼은 충분히 존중할 만하다. 좌파 유토피아주의 자들은 그사이 공공 사물 인터넷과 연계된 공유 경제로 모든 경 제적 문제를 해결하려는 아이디어에 푹 빠져 있다. 그러나 그것 이 실제로 지구상의 부자 나라들에서 미래 경제의 모체가 될지

* 오픈 소스*open source*는 소프트웨어 등을 만들 때 그것이 어떻게 만들어졌는지 알 수 있도록 소스 코드를 공개하는 것을 말한다. 독점적이고 상용화한 소프트웨어에 반 해 누구나 자유롭게 사용하자는 이 운동은 공유 경제의 대표 사례이다. 오픈 콘텐츠 *open contents*는 오픈 소스 개념을 확장해서 글과 영상, 음악 같은 창작물을 누구나 공 유하고 이용할 수 있게 하자는 것이다.

는 아직 아름다운 꿈에 불과해 보인다. 어쨌든 현재 우버나 에어비앤비 같은 실리콘 밸리의 사업 모델은 미래를 위해 아주 중요해 보이는 무료 공공 서비스의 세계를 파괴하고, 그 세계의 구석구석까지 상업화하고 있으니까 말이다.

자체 동력으로 영원히 굴러갈 거라는 영구 기관 자본주의는 오스카 와일드가 꿈꾼 영구 기관 사회주의만큼이나 불가능한 일이다. 세상 어디에선가는 스마트폰 생산을 위해 희토류가 계속 채굴될 것이고, 원료에 대한 싸움도 여전히 치열하게 전개될 것이다. 모든 것이 3D 프린터로 제작되는 엔터프라이즈호 피카르 함장의 돈 없는 세상은 24세기 정도나 되어야 움틀지 모른다. 그리고 암호 화폐도, 공유 생산도 그리로 가는 최단의 길은 아니다.

그렇다고 해서 공동선 경제와 짝을 이룬 기본 소득이 올바른 방향으로 나아가는 중요한 발걸음이 아니라는 뜻은 아니다. 여기서 올바른 방향이란 생태적 관점에 초점을 맞춘 방향을 가리킨다. 아울러 우리의 경제 시스템과 의식도 바뀌어야 한다. 지금까지처럼 계속 대량으로 소비해 나가는 것이 아니라, 점점 더 많이 나누고 공유하는 방식으로 말이다. 그렇지 않으면 우리의 손자 세대는 정말 이 행성에서 천수를 누리며 살지 못하는 날이 올 수도 있다. 우리에게는 인간성 교육도 더 많이 필요하다. 또한 우리는 디지털 기술과 지혜롭게 교류하는 법을 익히고 육성하며, 디지털 기술의 위상을 정확히 평가하고, 그것의 한정된 이진법 논리를 이해하며, 그것이 사회적 문제를 해결하는 데 한계가 있음을 명확히 깨달아야 한다. 정당들은 계몽의 가치를 지키려면 기술과는 〈다른 무언가〉를 선거 구호의 중심에 놓아야 한다. 그렇다면 고전적인 노동 사회와 성과 사회에서 자동화와 자율적인 활동의 세계로 나아가는 과정에서는 국가에 많은 것이 요구된다. 요약하면 다음과 같다.

• 사회 시스템의 근본적인 개조, 그리고 최소한 1천5백 유로 이상의 무조건적인 기본 소득 도입. 여기서 기본 소득의 재원은 금융 거래에 대한 과세, 즉 초미니 세금으로 마련할 수 있다.

• 시민의 존엄, 특히 사적 영역과 정보의 자기 결정권의 보장. 그러기 위해서는 〈전자 프라이버시〉와 관련해 확고한 규제와 명확한 법규가 필요하다.

• 디지털 기간 시설의 제공. 이것은 상업성이 배제된 검색기와 이메일 서비스, 음성 인식 시스템, 소셜 네트워크를 국가가 적극 장려함으로써 가능하다.

• 인공 지능을 이용한 사업 모델에 대한 폭넓은 통제와 시민의 입장을 고려한 규제. 이는 윤리적으로 민감한 사업 영역이 프로그램 코드로 대체되는 경우에 특히 필요하다.

• 함께 사는 사회, 사회적 창업, 협력, 공유 경제 모델, 지속 가능성, 공동선 경제에 대한 혁신적 아이디어의 촉진.

• 디지털 혁신과 관련해서도 지속 가능성과 천연자원의 보존을 강력히 의무화하는 것이 필요하다.

이 모든 것은 2040년까지 기다릴 시간이 없다. 어쩌면 지금보다 더 나은 삶이 가능한 유토피아를 볼 수 있으려면, 그중 대부분의 것은 향후 10년 내에 결정되어야 한다. 하지만 연방 의회에 진출한 정당들은 여전히 몽유병에 빠져 있다. 오직 자신들의 이익에만 몰두하고, 미래 문제에 대해서는 무기력하기 짝이 없다. 이 책이 그들의 방향 정립에 조금이라도 도움이 될 수 있으면 더 바랄 게 없을 것이다.

우리는 오늘날 지질학자들이 인류세(人類世)라고 부르는 시대, 즉 인간의 시대에 살고 있다. 그러나 이 명칭은 틀렸다. 우리 시대는 인간의 시대이기는 하지만, 인간에게 복무하는 시대가 아니라 인간이 돈에, 도구적 이성에, 상업적 논리에 복무하는 시대이다. 그렇다면 우리는 인류세에 사는 것이 아니라 화폐 시대, 즉 돈의 시대에 살고 있는 셈이다. 물론 이런 시대에 순응하며 살 필요는 없다. 계몽의 상속자는 미래를 신의 손이나 테크놀로지의 독자적인 진화 법칙에 맡기지 않고, 인간 스스로 만들어 나가야 한다고 생각하는 사람이다. 계몽된 사회는 타자에 의해 규정되지 않을 뿐 아니라 신이나 자본, 기술에 의해서도 원격 조종되지 않는 자율적인 사회이다. 이제 우리의 자율성을 되찾아 오자! 우리만을 위해서가 아니라 무엇보다 미래의 모든 세대를 위해서!

한밤중의 생각

우리, 그리고 나머지 사람들:
디지털화는 전 세계의 일이다

토머스 모어는 『유토피아』를 쓰면서 들었던 양심의 가책을 드러내지 않고는 작품을 끝낼 수 없었다. 그래서 결론 부분에서 자신이 〈썼던〉 모든 것들이 〈혼란스럽게 느껴진다〉라고 고백했다. 작가는 당시까지 인간의 공동생활을 설계한 책들 중에서 가장 현대적이고 인간적인 구상에 해당하는 이 짧은 책을 예언으로 끝맺지 않고, 오히려 이상 국가에 대한 자신의 솔직한 심정을 토로하는 것으로 끝맺었다. 〈나는 이런 세계의 실현을 **기대하는** 것이 아니라 그저 **소망할** 뿐이다.〉[96]

나는 토머스 모어의 이런 태도에 공감을 금치 못한다. 해답의 외피를 쓰고 나타나는 것이 현실에서는 하나의 문제일 경우가 얼마나 많던가! 낮에는 그렇게 단순하고 명료해 보이던 것이 한밤중에 다시 곰곰이 생각해 보면 불명확하고 혼란스러울 때는 또 얼마나 많던가! 커다란 염려와 낙담이 지배하던 국면은 2017년에서 2018년으로 넘어가는 흐린 이 겨울날에 봄날 같은 낙관주의로 바뀌었다. 한편에서는 내 제안이 너무 급진적이거나, 심지어 기술 적대적인 것으로 비칠 수 있다. 디지털 경제가 만들어 낼지도 모를 수십만 개의 새로운 직업을 내가 너무 과소

평가한 것은 아닐까? 또는 미래 삶의 자유와 자율에 대한 염려를 지나치게 과장한 것은 아닐까? 반면에 반대편의 시각에서 보면 내 아이디어는 너무 약해 보일 수도 있다. 내 주장에서 금융 자본의 철폐는 어디에 있는가? 미래를 바꿀 수 있는 암호 화폐와 지역 화폐의 힘은 왜 언급되지 않았고, 돈의 종말은 어디로 갔으며, 무조건적인 최고 소득은 왜 빠뜨렸는가? 한쪽의 꿈이 항상 성공적인 자본주의로 향해 있다면 다른 쪽의 꿈은 그런 자본주의를 내일보다는 당장 오늘 없애고 싶어 한다.

꿈은 얼마든지 꿀 수 있다. 이 책에서 내가 유토피아의 길을 비행선이 아닌 트랙터를 타고 간 것은 중요했다. 게다가 너무 멀리 나아가지 않고 적당한 선을 지킨 우려들은 아직 자잘한 걱정들에 속했다. 그런데 독일이나 다른 부유한 유럽 국가들에서 벗어나 생각을 좀 더 넓은 지역으로 확장시키면 상황은 아주 심각해졌다. 디지털화는 단순히 기술적으로 발달한 나라에만 해당되는 것이 아니라, 지구상의 모든 나라에 영향을 주기 때문이다. 1970년대부터 1990년대까지 유럽과 미국 산업의 작업 공장 노릇을 했던 동남아시아 같은 지역은 장차 독일에서 훨씬 적은 비용이 드는 로봇과 경쟁이 되지 않을 것이다. 초창기 섬유 기업들은 벌써 그 지역에서 철수해 다시 독일에서 공장을 돌리고 있다. 그 밖에 우리가 집단 사육의 잔인함에서 벗어나기 위해 고기를 페트리 접시에서 배양하는 시대가 온다면, 축산업과 동물 사료 생산으로 먹고사는 전 세계 개발 도상국의 수많은 사람들은 어떻게 될까? 이런 나라들은 무조건적인 기본 소득을 도입할 경제적 여력도 없지 않은가!

　　산업 국가들이 어떻게 시장의 승리자로 계속 남을지 자기 고민만 하는 사이에 가난한 나라와 그들의 격차는 점점 벌어지고, 패자는 줄줄이 양산된다. 그 결과는 우리가 아직 모르는 규모의 이주 행렬이다. 이 규모에 비하면 지난 수년간 우리가 경험한 난민 행렬은 작은 전진(前震)에 불과할 것이다. 인간이 과거 수천 년 동안 동물 떼를 따라 움직였다면, 오늘날에는 자본의 흐름에 따라 움직인다. 그러나 전반적인 자동화도 이들에게는 장차 먹고살 전망을 전혀 제공하지 않는다.

　　디지털 혁명은 많은 사람들에게 더 자율적이고, 더 많은 정보로 무장하며, 더 많은 사람들과 소통하는 삶을 펼치게 해줄 많은 잠재력을 품고 있다. 그것도 생산 과정이 생태적이고 깨끗하게 이루어지며, 그때는 오늘날과 달리 혁신만 생각하는 것이 아니라 혁파도 생각하는, 즉 과거에는 혁신적이었던 혁신까지 폐기할 줄 아는 지속 가능한 경제 속에서 말이다. 그런데 우리가 정말 우리의 경제 시스템을 이렇게 근본적으로 바꿀 수 있을까? 우리는 정말 우리의 부를 나머지 이들과 나누게 될까? 우리의 경제적 미래에 대해 낙관론을 펼치는 사람들이 우리에게 약속한 것처럼 살게 되면 우리가 정말 행복해질까 하는 문제를 제쳐 놓으면, 21세기는 무엇보다 우리가 부분적으로 그들의 비용으로 얻었고 앞으로도 계속 얻게 될 나머지 사람들과 부를 나누어야 하는 세기가 될 것이다. 인권은 18세기에 선포되어 19세기에 일부 유럽 국가에서 수용되었고, 20세기에는 폭넓게 실현되었다. 그렇다면 21세기는 우리가 그것을 전 지구적으로 퍼뜨리는 세기가 되어야 한다. 계몽의 신념을 가진 사람은 단순히 유럽에 머물러서는 안 된다. 인권은 인간 모두가 누려야 할 권리이니까.

　　　더 많이 나누는 것과 함께 자원까지 보호하는 것이 정말 전 지구적인 차원에서 가능할까? 세상이 점점 더 디지털화하면 우리는 생물학과 생태학에 더 이상 신경을 쓰지 않게 될 위험에 빠지지 않을까? 우리는 우리 자신과 지구상의 다른 동물들에 대해 책임을 느낄까? 사실 미래에는 인간과 동물이 지금보다 한층 더 밀착될 수밖에 없다. **인공 지능과는 달리** 생명을 가진 감정적인 존재로서 말이다. 우리가 결국 기술이 아니라 자연의 일부라는 사실, 이것이 이 책의 표지화를 자세히 들여다보면 엄습하는 감정이 아닐까? 1907년에 앙리 루소가 그린 「뱀을 불러내는 마법사」라는 그림이다.* 제2차 산업 혁명 시기에 그려진 목가적인 자연의 풍경인데, 열대 낙원을 한 번도 직접 본 적이 없는 브르타뉴 출신의 화가가 그린 작품이다. 순백의 자연, 인간과 동물의 공생에 관한 꿈은 원시림의 고요한 삶을 비현실적으로 창백한 달빛 속에 담고, 하늘은 이 달빛으로 파리하며, 풀은 환하게 빛난다. 시대의 풍경에서 벗어난 듯한 이 그림은 자연이 가진 창조의 평화라는 옛 감정을 불러일으킨다. 여기서 인간은 자연의 주인도, 자연의 설계자도 아니다. 그래서 자연을 바꾸지도 않고, 착취하지도 않는다. 인간 자체는 인공이 가미되

* 원서 표지화로 쓰인 앙리 루소의 그림은 319페이지 참조.

지 않은 자연의 순수한 일부이다. 노랑부리저어새 역시 뱀을 불러내는 이브를 전혀 두려워하지 않고, 뱀도 간교함으로 이 낙원을 파괴하지 않는다.

미래의 사냥꾼, 목동, 비평가 사회가 자연에 관한 마지막 감정을 잃지 않는다면, 테크놀로지의 간교함으로 자연을 파괴하지 않고 지켜 낸다면, 그리고 기술이 천연자원의 착취를 줄이는 데 도움을 줄 뿐 아니라 그 보호에 더 많은 공을 들인다면 기술은 인간에게 최고의 봉사를 하는 셈이다.

이것이 성공할 확률은 사실상 높지 않다. 그러나 우리 중 누군가는 실리콘 밸리의 테크노 거인들에게 무릎을 꿇고, 기계독재로의 방향이 진화론적으로 이미 정해져 있다는 숙명론을 믿는다고 하더라도, 우리가 디지털 변혁에서 경제적·사회적으로 살아남아 그 토대 위에서 새로운 사회 계약을 맺을 가능성은 얼마든지 열려 있다. 하지만 그 과정에서 우리는 어떤 대가를 치러야 할까? 인간의 자원 및 에너지 소비로 지구가 급속도로 황폐해지는 것은 이미 저지할 수 없는 일이다. 또한 아프리카 사헬 지역에서는 이미 날마다 북쪽으로 사막화가 진행되고 있고, 아랄해와 차드호는 거의 사라졌으며, 북극과 남극은 계속 녹아내리고, 열대림은 파괴되고 있다. 산업 국가들로 인해 제동이 잘 걸리지 않는 기후 변화는 머지않아 세계의 많은 지역을 사람이 살 수 없는 땅으로 만들 것이다. 이 시점에서 사고의 전환을 이루고, 지구상의 수십억 인간들을 위해 좋은 삶의 환경을 만들 가능성, 즉 우리의 생활 환경을 포함해 모든 자연을 파괴하지 않으면서 좋은 환경을 만들 가능성은 사실 그리 높지 않다.

비관주의의 토양은 이미 넓게 포진해 있고, 곳곳에 비료도 충분하다. 그러나 모두가 비관주의자라면 결국 우리가 맞게 될 것은 디스토피아이다. 아무도 세계를 더 나은 방향으로 돌리려고 노력하지 않을 테니까. 낙관주의자는 용기가 필요하지만 비관주의자는 비겁하게 손만 놓고 있다. 자기의 생각이 옳다는 것을 자신과 같은 생각을 하는 사람들을 통해 꾸준히 확인하면서.

그러나 낙관주의자는 자신의 기대가 실현되지 않더라도 자신의 생각이 입증되었다고 믿는 비관주의자보다 한결 의미 있는 삶을 살아간다.

비관주의는 답이 아니다!

앙리 루소, 「뱀을 불러내는 마법사」(1907)

주

1 http://www.youtube.com/watch?v=fw13eea-RFk

2 Wilde (2016), P. 3.

3 http://mlwerke.de/me/me03/me03_017.htm, P. 33.

4 재인용. Terry Eagleton: *Kultur*, Ullstein 2017, P. 110.

5 Robert Musil: *Der Mann ohne Eingenschaften*, Rowohlt 1978, P. 40.

6 https://www.oxfordmartin.ox.ac.uk/downloads/academic/The_Future_of_ Employment.pdf

7 Brynjolfsson/McAfee (2016), P. 249.

8 같은 책.

9 Thomas L. Friedman: *Die Welt ist flach. Eine kurze Geschichte des 21. Jahrhunderts*, Suhrkamp 2008, 3. Aufl.

10 〈구덩이 속의 괴물〉이라는 은유는 잉고 슐체Ingo Schulze가 2009년 8월 5일 『프랑크푸르터 알게마이네 차이퉁』에 기고한 자본주의에 관한 멋진 논문 「Monster in der Grube」에서 차용했다. http://www.faz.net/aktuell/feuilleton/ debatten/kapitalismus/zukunft-des-kapitalismus-16-das-monster-in- dergrube-1843083.html

11 https://digitalcharta.eu/

12 http://www.faz.net/aktuell/wirtschaft/netzwirtschaft/automatisierung- billgates-fordert-roboter-steuer-14885514.html

13 재인용. Morozov (2013), P. 9.

14 http://www.sueddeutsche.de/politik/neuer-ueberwachungsstaat-chinas digitaler-plan-fuer-den-besseren-menschen-1.3517017

15 Andreas Geldner: 「Google. Zurück zu guten alten Zeiten」. In: stuttgarter- zeitung.de vom 22. Januar 2011.

16 재인용. Christian Stöcker: 「Google will die Weltherrschaft」. In: spiegel.de/

netzwelt vom 8. Dezember 2009.

17 https://en.wikipedia.org/wiki/The_Human_Use_of_Human_Beings (리하르트 다비트 프레히트 번역)

18 https://t3n.de/magazin/udacity-gruender-superhirn-sebastian-thrun-ueberbildung-241204/

19 Robert Brendan McDowell und William B. Todd: *The Writings and Speeches of Edmund Burke*, Oxford University Press 1991, Vol. 9, P. 247.

20 Aristoteles, *Politik* 1253b.

21 Lafargue (2015), P. 42.

22 Wilde (2016), P. 18.

23 같은 책, 같은 곳.

24 같은 책, P. 9.

25 같은 책, P. 4 이하.

26 https://www.heise.de/tr/artikel/Durchbrueche-fuer-sieben-Milliarden-Menschen-1720536.html

27 https://de.wikipedia.org/wiki/Seasteading

28 http://www.zeit.de/2016/24/bedingungsloses-grundeinkommen-schweiz abstimmung-pro-contra/seite-2

29 Wilde (2016), P. 18.

30 https://www.zeno.org/Philosophie/M/Nietzsche,+Friedrich/Die+fröhliche+Wissenschaft/Viertes+Buch.+Sanctus+Januarius/329

31 http://www.faz.net/aktuell/finanzen/meine-finanzen/vorsorgen-fuer-das-alter/diw-studie-in-deutschland-wird-mehr-vererbt-als-angenommen-15091953.html

32 Michael T. Young: *The Rise of Meritocracy* 1870-2033, Thames and Hudson 1958; 독일어: *Es lebe die Ungleichheit. Auf dem Wege zur Meritokratie*, Econ 1961.

33 https://netzoekonom.de/2015/06/18/die-digitalisierung-gefaehrdet-5-millionen-jobs-in-deutschland; https://www.stuttgarter-nachrichten.de/inhalt.digitalisierung-diese-berufe-koennte-es-bald-nicht-mehrgeben.33fe4bad-5732-4c40-ac6f-e77e0335ab27.html

34 http://107.22.164.43/millennium/german.html

35 참조. Bauman (2005); Sennett (2005).

36 http://www.zeit.de/politik/deutschland/2017-08/angela-merkelwahlkampf-bundestagswahl-vollbeschaeftigung-quote-elektroautos

37 http://www.zeit.de/2016/24/bedingungsloses-grundeinkommen-schweiz abstimmung-pro-contra/seite-2

38 https://www.vorwaerts.de/artikel/bedingungslose-grundeinkommen zerstoert-wohlfahrtsstaat

39 https://chrismon.evangelisch.de/artikel/2017/36320/anny-hartmann-und christoph-butterwegge-diskutieren-ueber-das-bedingungslose grundeinkommen

40 Jakob Lorber: *Das große Evangelium Johannes*, Lorber Verlag 1983, Bd. 5, Kapitel 108, Abs 1.

41 Hannah Arendt: *Vita activa oder Vom tätigen Leben*, Piper 1981, P. 12.

42 http://www.faz.net/aktuell/wirtschaft/arbeitsmarkt-und-hartz-iv/ dmgruender-goetz-werner-1000-euro-fuer-jeden-machen-die- menschenfrei-1623224-p2.html; http://www.unternimm-die-zukunft.de/de/ zumgrundeinkommen/kurz-gefasst/prinzip

43 https://www.youtube.com/watch?v=PRtlr1e_UgU

44 http://www.microtax.ch/de/home-deutsch/

45 경제학자 슈테판 슐마이스터Stephan Schulmeister가 다음 사이트에서 제시한 논거 참조. https://www.boeckler.de.

46 http://www.handelsblatt.com/politik/deutschland/arbeitsmarkt- jederfuenfte-arbeitet-nicht-in-regulaerem-vollzeit-job/11665150.html

47 https://www.vorwaerts.de/artikel/bedingungslose-grundeinkommen zerstoert-wohlfahrtsstaat

48 http://www.zeit.de/2016/24/bedingungsloses-grundeinkommen-schweiz abstimmung-pro-contra

49 미국에서는 로버트 고든Robert J. Gordon의 다음 저서가 논란이 되었다. *The Rise and Fall of American Growth. The U. S. Standard of Living Since the Civil War*, Princeton University Press 2017, 4. Aufl.

50 http://worldhappiness.report/

51 http://www.neuinstitut.de/die-fuehrenden-laender-in-der-digitalisierung/

52 http://www.faz.net/aktuell/wirtschaft/menschen-wirtschaft/sebastianthrun- im-gespraech-ueber-seine-online-uni-udacity-13363384.html

53 참조. Eagleton: *Kultur*, P. 35 이하.

54 같은 책, P. 37.

55 카를 마르크스가 프리드리히 엥겔스에게 보낸 편지, 1862년 6월 18일, MEW 30, P. 249.

56 참조. Hartmut Rosa: *Beschleunigung und Entfremdung. Versuch einer kritischen Theorie spätmoderner Zeitlichkeit*, Suhrkamp 2013.

57 http://www.deutsches textarchiv.de/book/view/goethe_wahlverw01_ 1809?p=81, P. 76.

58 Richard David Precht: *Anna, die Schule und der liebe Gott*, Goldmann 2013.

59 https://www.gruen-digital.de/wp-content/uploads/2010/11/A-Drs.- 17_24_014-F-Stellungnahme-Gigerenzer-Gerd-Prof.-Dr.pdf

60 Ursus Wehrli: *Kunst aufräumen*, Kein & Aber 2002.

61 Frederick J. Zimmermann, Dimitri A. Christakis und Andrew N. Meltzoff: 「Associations between Media Viewing and Language Divelopment in Children under Age 2 Years」. In: *Journal of Pediatrics*, 151 (4), 2007, P. 364-368.

62 Robert Nozick: *Anarchy, Staat. Utopia*, Lau Verlag 2011.

63 https://de.statista.com/statistik/daten/studie/2229/umfrage/mordopfer- indeutschland-entwicklung-seit-1987/

64 https://www.tagesschau.de/wirtschaft/autonomes-auto-103.html

65 참조. Michael Dobbins: *Urban Design and People*, John Wiley 2009; Douglas Murphy: *The Architecture of Failure*, Zero Books 2012.

66 Morozov (2013), P. 25.

67 William Makepeace Thackeray: *On Being Found Out*. In: Ders.: *Works*. Vol. 20, London 1869, P. 125-132.

68 같은 책.

69 Heinrich Popitz: *Soziale Normen*, Suhrkamp 2006, P. 164.

70 같은 책.

71 지하철 비교는 Morozov (2013), P. 317 이하 참조.

72 Heinrich Popitz: *Soziale Normen*, P. 167.

73 Morozov (2013), P. 16.

74 Di Fabio (2016), P. 39.

75 Sennett (2005), P. 128.

76 Robert B. Reich: *Supercapitalism. The Transformation of Business, Democracy and Every Day Life*, Vintage 2008.

77 http://www.bpb.de/mediathek/243522/netzdebatte-smart-city-specialprof- armin-grunwald

78 http://www.sueddeutsche.de/wirtschaft/montagsinterview-die-grenze- istueberschritten-1.3843812

79 http://www.taz.de/!426234/

80 상업적 스파이 네트워크에 대해서는 다음 사이트 참조. https://www.
privacylab.at/wp-content/uploads/2016/09/Christl-Networks_K_o.pdf

81 https://www.privacy-handbuch.de/handbuch_12b.htm

82 Di Fabio (2016), P. 46.

83 같은 책, P. 18.

84 같은 책, P. 21.

85 참조. Evgeny Morozov: 「Silicon Valley oder die Zukunft des digitalen
Kapitalismus」. In: Blätter für deutsche und internationale Politik I/2018, P.
93-104.

86 Di Fabio (2016), P. 93.

87 Jaron Lanier: *Wem gehört die Zukunft?* 〈*Du bist nicht der Kunde der
Internetkonzerne. Du bist ihr Produkt*〉, Hoffmann und Campe 2014.

88 Heuer/Tranberg (2015).

89 Hofstetter (2018), P. 431.

90 Harari (2017), P. 419 이하.

91 http://www.manager-magazin.de/politik/weltwirtschaft/bitcoin
energieverbrauch-beim-mining-bedroht-das-klima-a-1182060.html

92 https://www.youtube.com/watch?v=SLN407nvHwM

93 https://www.welt.de/wirtschaft/webwelt/article172870280/Rede-in-
Davos-George-Soros-geisselt-Facebook-Google-und-die-CSU.html

94 Marx: *Grundrisse*, In: MEW 42:602.

95 Mathias Greffrath: 「Der Mehrwert der Geschichte」, P. 21. In: Ders.(Hg.) Re.
Das Kapital. Politische Ökonomie im 21. Jahrhundert, Kunstmann 2017.

96 http://www.linke-buecher.de/texte/romane-etc/Morus--%20Utopia.pdf, P.
211.

디지털 혁명

디지털 혁명의 여러 도전 과제를 다룬 표준적 저서로는 MIT의 테크놀로지 전문가인 에릭 브리뇰프슨Erik Brynjolfsson과 앤드루 맥아피Andrew McAfee의 다음 저서가 있다. 『제2의 기계 시대*The Second Machine Age*』(Plassen 2016, 6쇄). 세계 경제 포럼 회장 클라우스 슈밥Klaus Schwab의 진단은 좀 더 신중하다. 『제4차 산업 혁명*Die Vierte Industrielle Revolution*』(Pantheon 2016, 4쇄). 생산 경영 공학과 교수 안드레아스 지스카Andreas Syska는 디지털화의 열광적인 분위기를 경계한다. 『환상 4.0. 스마트 공장에 대한 독일의 순진한 꿈*Illusion 4.0. Deutschlands naiver Traum von der smarten Fabrik*』(CETPM Publishing 2016). 사회학자 필리프 슈타브Philipp Staab도 비슷한 입장이다. 『잘못된 약속. 디지털 자본주의의 성장*Falsche Versprechen. Wachstum im digitalen Kapitalismus*』(Hamburger Edition 2016). 미래 자동화에 대해서는 카오스 컴퓨터 클럽Chaos Computer Club의 대변인 콘스탄체 쿠르츠Constanze Kurz와 프랑크 리거Frank Rieger의 다음 저서 참조.『노동에서 벗어나다. 우리를 대체할 기계 탐사 여행*Arbeitsfrei. Eine Entdeckungsreise zu den Maschinen, die uns ersetzen*』(Goldmann 2015). 앤드루 킨Andrew Keen은 실리콘 밸리의 막대한 권력에 대해 설명한다. 『디지털 붕괴. 인터넷은 왜 실패했고, 우리는 그것을 어떻게 구할 수 있을까?*Das digitale Debakel. Warum das Internet gescheitert ist – und wie wir es retten können*』(DVA 2015, 독일어 번역본, 원제는 『인터넷은 답이 아니다*The Internet is Not the Answer*』). 스위스 문화학자이자 미디어학인 펠릭스 슈탈더Felix Stalder는 디지털화의 철학적·문화적 문제를 다룬다. 『디지털 문화*Kultur der Digitalität*』(Edition Suhrkamp 2017, 2쇄). 베른트 셰러Bernd Scherer는 디지털 문화를 역사로 편입시키는 작업을 시도한다. 『알고리즘 시대*Die Zeit der Algorithmen*』(Matthes & Seitz 2016). 사회 심리학자 하랄트 벨처Harald Welzer는 디지털 문화의 이면을 다룬다. 『스마트 독재. 우리의 자유에 대한 공격*Die smarte Diktatur. Der Angriff auf unsere Freiheit*』(Fischer 2017).

인공 지능

인공 지능의 가능성과 위험에 대해서는 철학자이자 과학 이론가인 클라우스 마인처Klaus Mainzer의 다음 저서를 참조. 『인공 지능-기계는 언제 넘겨받을까?*Künstliche Intelligenz - Wann übernehmen die Maschinen?*』(Springer 2016). 과학 전문 기자 울리히 에버를Ulrich Eberl도 비슷한 입장이다. 『스마트 기계. 인공 지능은 우리의 삶을 어떻게 바꿀까*Smarte Maschinen. Wie Künstliche Intelligenz unser Leben verändert*』(Hanser 2016). 다음 저서들은 훨씬 더 비판적이다. 미국 저널리스트 제이 터크Jay Tuck의 『우리 없는 진화. 인공 지능은 우리를 죽일까? *Evolution ohne uns. Wird Künstliche Intelligenz uns töten?*』(Plassen 2016), 『타게스차이통』 기자 카이 슐리터Kai Schlieter의 『지배 공식. 인공 지능은 어떻게 우리를 예측하고 조종하고 우리 삶을 변화시킬까*Die Herrschaftsformel. Wie Künstliche Intelligenzen uns berechnen, steuern und unser Leben verändern*』(Westend 2015), 과학 전문 기자 라르스 예거Lars Jaeger의 『슈퍼 권력 과학. 천국과 지옥 사이의 우리 미래*Supermacht Wissenschaft. Unsere Zukunft zwischen Himmel und Hölle*』(Gütersloher Verlagshaus 2017).

노동의 미래

본문에서 언급된 노동의 미래에 관한 고전적 저서들은 다음과 같다. 폴 라파르그Paul Lafargue의 『게으를 권리. 〈노동의 권리〉에 대한 반박*Das Recht auf Faulheit. Widerlegung des 〈Rechts auf Arbeit〉*』(1880, 독일어 번역본 Holzinger 2015, 원제는 『게으를 권리*Le droit à la paresse*』), 오스카 와일드Oscar Wilde의 『사회주의와 인간의 영혼*Der Sozialismus und die Seele des Menschen*』(1891, 독일어 번역본 Holzinger 2016, 4쇄, 원제는 『사회주의 아래에서의 인간 영혼*The Soul of Man under Socialism*』). 경제학자이자 문명 비평가인 제러미 리프킨Jeremy Rifkin은 선진 산업국에서 생업 노동이 전반적으로 사라질 거라고 진단한다. 『노동의 종말: 글로벌 노동력 감소와 탈 시장 시대의 시작*The End of Work: The Decline of the Global Labor Force and the Dawn of the Post-Market Era*』. 미국의 IT 전문가 마틴 포드Martin Ford도 비슷한 생각을 피력한다. 『로봇의 부상. 기술과 직업 없는 미래의 위협*Rise of the Robots. Technology and the Threat of a Jobless Future*』. 리처드 세넷Richard Sennett은 디지털 자본주의에서 노동이 점점 가치가 없어질 거라고 주장한다. 『신자본주의의 문화*The Culture of the New Capitalism*』. 지그문트 바우만Zygmunt Bauman은 사회적으로 낙오된 사람들을 염려한다. 『쓰레기가 된 삶. 현대와 그 추방자들*Wasted Lives. Modernity and its Outcasts*』. 저널리스트인 마르크 바이제Marc Beise와 한스 위르겐 야콥스Hans Jürgen Jakobs는 다양한 의견을 통해 노동의 발전과 앞으로의 특징을 전반적으로 개괄한다. 『노동의 미래*Die Zukunft* *der Arbeit*』(Süddeutsche Zeitung Edition 2012). 수학자 토르스텐 휩센Thorsten Hübschen은 고전적인 노동 개념의 해체를 이야기한다. 『사무실을 비우다. 우리가 노동을 새로 고안해야 하는 이유*Out of Office. Warum wir die Arbeit neu erfinden müssen*』(Redline 2015), 노동조합원 라이너 호프만Reiner Hoffmann과 클라우디아 보게단Claudia Bogedan이 엮은 다음 책도 마찬가지이다. 『미래의 노동. 가능성을 활용하고 한계를 정하다*Arbeit der Zukunft. Möglichkeiten nutzen – Grenzen setzen*』(Campus 2015).

측정과 감시

예브게니 모로조프Evgeny Morozov는 솔루셔니즘의 위험성에 대해 전문적 지식으로 상세히 경고한다. 『모든 것을 저장하려면 여기를 클릭하라: 테크놀로지 솔루셔니즘의 어리석음*To Save Everything, Click Here: The Folly of Technological Solutionism*』. 디지털 기업과 정보기관의 정보 수집 및 감시를 경고하는 책들도 많다. 가령 법률가이자 저술가인 이본 호프슈테터Yvonne Hofstetter의 저서도 그중 하나이다. 『그들은 모든 것을 안다. 빅 데이터는 어떻게 우리 삶으로 침입하고, 우리는 왜 자유를 위해 싸워야 하는가*Sie wissen alles. Wie Big Data in unser Leben eindringt und warum wir um unsere Freiheit kämpfen müssen*』(Penguin 2016), 사회학자 크리스토프 쿠클리크Christoph Kucklick의 『미세한 알갱이 사회. 디지털은 어떻게 우리의 현실을 해체하는가*Die granulare Gesellschaft. Wie das Digitale unsere Wirklichkeit auflöst*』(Ullstein 2016), 과학 편집자 크리스토프 드뢰서 Christoph Drösser의 『완전히 계산 가능한. 알고리즘이 우리 대신 결정한다면*Total berechenbar. Wenn Algorithmen für uns entscheiden*』(Hanser 2016), 정보학자 마르쿠스 모르겐로트Markus Morgenroth의 『그들은 당신을 안다! 그들은 당신을 조종한다! 데이터 수집자들의 진정한 권력*Sie kennen dich! Sie steuern dich! Die wahre Macht der Datensammler*』(Knaur 2016), 저널리스트 슈테판 아우스트 Stefan Aust와 토마스 아만Thomas Ammann의 『디지털 독재. 총체적 감시. 데이터 악용. 사이버 전쟁*Digitale Diktatur. Totalüberwachung. Datenmissbrauch. Cyberkrieg*』(Ullstein 2016), 미국 수학자 캐시 오닐Cathy O'Neil의 『대량 살상 수학 무기: 어떻게 빅데이터는 불평등을 확산하고 민주주의를 위협하는가*Weapons of Math Destruction: How Big Data Increases Inequality and Threatens Democracy*』(Hanser 2017). 막스 슈렘스Max Schrems는 페이스북에 맞서 데이터의 자율성을 위해 싸운다. 『당신의 데이터를 위해 싸워라!*Kämpfe um deine Daten!*』(edition a 2014, 2쇄). 사회학자 슈테펜 마우Steffen Mau는 측정의 편재성(遍在性)이라는 문제를 다룬다. 『측정, 가치 평가, 위계질서화*Messen, Werten, Hierarchisieren*』(Suhrkamp 2017). 또 다른 사회학자 지몬 샤우프Simon Schaupp

도 마찬가지 주제에 천착한다. 『디지털 자기 감시. 인공두뇌학적 자본주의의 자기 흔적 쫓기*Digitale Selbstüberwachung. Self-Tracking im kybernetischen Kapitalismus*』(Verlag Graswurzelrevolution 2016).

법

법률가이자 녹색당 정치인 얀 필립 알브레히트Jan Philipp Albrecht는 데이터 악용의 불법성을 지적한다. 『우리 데이터에 손대지 마! 우리는 어떻게 금치산자로 만들어지고 갈취당하는가*Finger weg von unseren Daten! Wie wir entmündigt und ausgenommen werden*』(Knaur 2014). 헌법 재판관을 지낸 우도 디파비오Udo Di Fabio 역시 법적인 상황을 성찰한다. 『디지털 체계의 기본권 효력*Grundrechtsgeltung in digitalen Systemen*』(C. H. Beck 2016).

위장과 기만

슈테판 호이어Steffan Heuer와 페르닐레 트란베르크Pernille Tranberg의 『너희는 나를 잡지 못해! 디지털 자기 방어의 가장 중요한 시도*Mich kriegt ihr nicht! Die wichtigsten Schritte zur digitalen Selbstverteidigung*』(Murmann 2015, 3쇄).

염려

〈슈퍼 지능〉의 출현과 인간 종말의 판타지를 다룬 저서들은 다음과 같다. 스웨덴 철학자 닉 보스트롬Nick Bostrom의 『슈퍼 지능: 경로, 위험, 전략*Superintelligence: paths, dangers, strategies*』, 미국의 방송 기자 제임스 배럿James Barrat의 『우리의 마지막 발명품. 인공 지능과 인간 시대의 종말*Our Final Invention. Artificial Intelligence and the End of the Human Era*』(Graffin 2015), 이스라엘 역사학자 유발 노아 하라리Yuval Noah Harari의 『호모 데우스: 미래의 역사*Homo Deus. A Brief History of Tomorrow*』, MIT 교수 맥스 테그마크Max Tegmark의 『라이프 3.0: 인공지능이 열어갈 인류와 생명의 미래*Life 3.0: Being Human in the Age of Artificial Intelligence*』. 이본 호프슈테터의 다음 책은 인공 지능이 민주주의에 미치는 영향을 다룬다. 『민주주의의 종말. 인공 지능은 어떻게 정치권력을 넘겨받아 우리를 금치산자로 만드는가*Das Ende der Demokratie. Wie die künstliche Intelligenz die Politik übernimmt und uns entmündigt*』(Penguin 2018).

공상들

구글 기술 개발국 팀장 레이먼드 커즈와일Raymond Kurzweil은 기술이 인간의 능력을 앞서는 〈특이점〉의 시대를 꿈꾼다. 『기술이 인간을 초월하는 순간 특이점이 온다*The Singularity is Near: When Humans Transcend Biology*』(Penguin 2006). 제러미 리프킨은 디지털 문화의 토대 위에서 비자본주의적 사회를 꿈꾼다. 『3차 산업 혁명: 수평적 권력은 에너지, 경제, 그리고 세계를 어떻게 바꾸는가*The Third Industrial Revolution. How Lateral Power is Transforming Energy, the Economy, and the World*』. 또 다른 저서에서는 〈사물 인터넷〉에 큰 기대감을 드러낸다. 『한계 비용 제로 사회: 사물 인터넷과 공유경제의 부상*The Zero Marginal Cost Society: The Internet of Things, the Collaborative Common and the Eclipse of Capitalism*』. 그 밖에 자본주의의 종말을 예고한 책들은 다음과 같다. 영국 방송 기자 폴 메이슨 Paul Mason의 『포스트 자본주의 새로운 시작*Postcapitalism. A Guide to our Future*』, 오스트리아 언론인 로베르트 미지크Robert Misik의 『고장 난 자본주의. 자본주의는 죽을 것인가? 그리되면 우리는 행복해질까?*Kaputtalismus. Wird der Kapitalismus sterben, und wenn ja, würde uns das glücklich machen?*』(Aufbau 2016), 닉 스르니체크Nick Srnicek와 알렉스 윌리엄스Alex Williams의 『미래를 창안하라. 포스트 자본주의와 노동 없는 세계*Inventing the Future. Postcapitalism and a World Without Work*』(Verso 2016). 사회의 다양한 변화 가능성을 탐구한 저서로는 다음 책이 있다. 파울 부커만Paul Buckermann, 안네 코펜부르거Anne Koppenburger, 지몬 샤우프Simon Schaupp의 『인공두뇌학, 자본주의, 혁명. 기술적 변화의 해방적 관점들*Kybernetik, Kapitalismus, Revolution. Emanzipatorische Perspektiven im technologischen Wandel*』(Unrast 2017). 미국 사회학자 에릭 올린 라이트Erik Olin Wright는 자본주의 체제에 더 많은 사회주의가 이식되길 꿈꾼다. 『리얼 유토피아: 좋은 사회를 향한 진지한 대화*Envisioning Real Utopias*』. 저널리스트 토마스 라마게Thomas Ramage와 법률가 빅토르 마이어 쇤베르거Viktor Mayer-Schönberger는 빅 데이터를 기반으로 더 공정하고 더 나은 세상을 꿈꾼다. 『디지털. 그리고 데이터 자본주의의 시장, 가치 창출, 공정성*Das Digital. Markt, Wertschöpfung und Gerechtigkeit im Datenkapitalismus*』(Econ 2017).

감사의 글

이 책이 나오기까지 각자의 방식으로 도움을 준 모든 분들께 감사드린다. 이런저런 세미나와 강연, 회의장에서 나왔던 무수한 대화와 자극도 내게 무형의 자산이었다. 또 바이에른 디지털화 센터의 만프레트 브로이 센터장에게 감사의 인사를 전한다. 『차이트』지에서 디지털 미래의 도전을 두고 함께 고민한 사이다. 특히 이 책의 첫 독자였던 한스 위르겐 프레히트, 마르틴 뮐러, 프리츠 파세, 마르코 베어에게는 각별한 고마움을 전한다.

옮긴이의 글

현실을 견인하는 힘으로서의 유토피아

미래를 바라보는 시선에는 크게 두 가지가 있다. 좋아질 거라는 낙관적 관점과 나빠질 거라는 비관적 관점이다. 전자는 긍정이고 후자는 부정이다. 흔히 역사는 긍정의 힘에 의해 만들어진다고 하지만 이 긍정에 냉철한 현실적 인식이 결여되면 그저 믿고 싶은 대로 보려고 하는 맹목적 낙관주의에 빠질 수 있다. 반면에 비관적 관점은 과도한 부정적 감정에 휘둘리면 패배주의나 발목 잡기로 비칠 수도 있지만, 이미 그 자체에 현실을 바꾸는 긍정적 힘이 있기도 하다. 역사건 사회건 이전의 것을 부정함으로써 발전해 나간다는 것이 변증법적 운동의 원리이기 때문이다.

이 책은 부정 속에 담긴 긍정의 힘에 그 뿌리가 있다. 시대는 걷잡을 수 없이 빠르게 변하고 있다. 인공 지능, 자율 주행차, 로봇, 사물 인터넷 등 인간의 삶은 예전과는 차원이 다르게 바뀌었다. 과거의 산업 혁명들에서도 변화는 계속 있어 왔지만 속도와 규모 면에서 비교가 되지 않는다. 세상은 어디로 나아갈까? 정말 기계가 인간의 고된 노동을 떠맡고 인간은 한층 늘어난 수명 속에서 삶을 즐기기만 하면 될까? 아니면 확대된 빈부 격차, 대량 실업, 기후 위기, 인간들에 대한 감시가 일상화된 사회로 나아갈까?

전망은 극단으로 갈린다. 한쪽에선 유토피아를 얘기하고 다른 쪽에선 디스토피아를 얘기한다. 지금으로선 정해진 것이 없다. 그런데 미래를 얘기할 때 우리가 놓치는 것이 있다. 관건은 우리가 앞으로 어떤 사회에서 살지가 아니라 어떤 미래에서 살고 싶으냐는 것이다. 기술의 진보 자체가 인류의 희망이 될 수는 없다. 로봇이 가사를 도맡고, 가상의 홀로그램으로 연애 상대를 만나고, 혈당 수치와 심혈관 정보를 비롯해 나의 모든 건강 상태가 의료 기관에 자동으로 전달되고, 배양기로 우리의 모든 세포가 복제되고, 상품 구매가 전적으로 온라인으로만 이루어지고, 범죄를 없앤다는 명목으로 설치된 치밀한 감시 체계가 우리의 일상을 통제하는 그런 세상이 정말 우리의 미래가 되어야 할까? 그런 세상에서 살고 싶은가? 그렇게 살면 우리는 정말 행복해질까?

나는 개인적으로 꿈꾸는 세상이 있다. 오래전 독일 유학 시절 영국 현대 무용을 본 적이 있다. 공연 시작과 함께 70~80명의 남녀 무용수들이 무대로 우르르 쏟아져 나와 각자 자기만의 춤을 추기 시작한다. 일치하는 춤은 없고, 정해진 동선이나 규칙도 보이지 않는다. 얼핏 보면 무질서해 보이기까지 한다. 하지만 쉴 새 없이 자리를 바꾸며 춤을 추는데도 서로 부딪치거나 엉키는 일은 없다. 일일이 지시하는 연출자도 없다. 각자 그때그때 상황과 분위기에 따라 방향을 틀고 동료들에게

빈 공간을 내준다. 〈따로 그리고 함께〉가 기가 막히게 어우러진 그림이다. 나의 자유는 타인의 자유와 충돌하지 않는다. 각자 자신이 하고 싶은 대로 하고 살면서도 남에게 해를 끼치지 않는다. 얼마나 멋진가?

이 책의 저자 프레히트가 꿈꾸는 세상도 달라 보이지 않는다. 경제적으로 안정된 조건 속에서 각자가 자기실현에 가장 맞는 일을 찾아서 하는 세상이다. 아침에는 특정한 목적과 관련된 일을 하고(사냥꾼), 오후에는 남들을 돌보는 일을 하며(목동), 저녁에는 책을 읽고 세상과 자신에 대해 숙고한다(비평가). 마르크스의 말을 변주한 이 생각은 한편으론 허황해 보이지만, 이상이 없다면 무엇이 우리를 이끌겠는가? 이상은 우리에게 목표와 방향을 제시한다. 인간은 새로운 기술이 있으면 사용하게 되어 있고, 기술이 돈이 된다 싶으면 눈독을 들일 수밖에 없다. 돈과 기술의 논리에 끌려가지 않으려면 지금부터라도 디지털 사회에 올바른 방향을 정하고 그 길에서 벗어나지 않도록 부단히 감시해야 한다. 그렇지 않으면 정말 어떤 세상이 올지 모른다. 게다가 불현듯 등장한 코로나 바이러스의 비대면 문화가 4차 산업혁명을 더욱 가속화하는 상황을 고려하면 더더욱 그렇다. 미래는 주어지는 것이 아니라 만들어 나가는 것이다. 유토피아는 현실을 견인하는 힘이다.

번역가로서 나는 어쩌다 보니 철학자 프레히트의 저작을 전담하다시피 하게 되었다. 그는 독일에서 제일 잘나가는 대중 철학자다. 그가 쓴 〈철학하는 철학사〉 시리즈는 수십만 권이

팔렸고, 출간하는 책마다 베스트셀러 목록에 이름을 올렸다. 게다가 독일 공영 방송에서 자기 이름을 걸고 철학 방송까지 진행한다. 그의 왕성한 집필 활동은 놀라울 정도다. 해마다 책들이 쉼 없이 쏟아진다. 그는 어지러울 정도로 빨리 변하는 사회를 향해 이렇게 묻는다. 왜, 어디다 쓰려고, 무엇을 위해 이렇게 진보하는가? 쓸모없는 철학이 쓸모만 강조하는 세상을 향해 던지는 쓸모 있는 물음이다. 현대 사회에서 철학의 역할을 다시금 성찰하게 된다.

2020년 11월
박종대

찾아보기

옮긴이 박종대 성균관대학교 독어독문학과와 동 대학원을 졸업하고 독일 쾰른에서 문학과 철학을 공부했다. 사람이건 사건이건 겉으로 드러난 것보다 이면에 관심이 많고, 환경을 위해 어디까지 현실적인 욕망을 포기할 수 있는지, 그리고 어떻게 사는 것이 진정 자신을 위하는 길인지 고민하는 제대로 된 이기주의자가 꿈이다. 리하르트 다비트 프레히트의 『세상을 알라』, 『너 자신을 알라』를 포함하여 『콘트라바스』, 『승부』, 『어느 독일인의 삶』, 『9990개의 치즈』, 『데미안』, 『수레바퀴 아래서』 등 1백 권이 넘는 책을 번역했다.

사냥꾼, 목동, 비평가

발행일 **2020년 11월 30일 초판 1쇄**

지은이 **리하르트 다비트 프레히트**
옮긴이 **박종대**
발행인 **홍지웅·홍예빈**
발행처 **주식회사 열린책들**

경기도 파주시 문발로 253 파주출판도시
전화 **031-955-4000** 팩스 **031-955-4004**
www.openbooks.co.kr

이 도서의 국립중앙도서관 출판예정도서목록(CIP)은 서지정보유통지원시스템 홈페이지(http://seoji.nl.go.kr)와 국가자료공동목록시스템(http://www.nl.go.kr/kolisnet)에서 이용하실 수 있습니다.(CIP제어번호: CIP2020040742)